국가 소멸 위기의
저출산문제 해결 방안

출산정책 이전에 결혼장려와 한국형 교육개혁이 필요하다

◇ 고착화된 사회문제 해결 방안은 숲을 먼저 보고 나무를 보아야 한다 ◇

사진작가 오휘상 作

목차

우리 사회에 어떤 문제가 발생하면 시간이 흐르거나 단기간에 해결되는 경우도 있지만, 단기 대책으로 해결될 문제가 아닌 경우가 더 많다. 수도권 집중과 지방 소멸, 취업난과 주택난, 사교육비와 양육비 등 여러 요인과 복합적으로 얽힌 저출산 문제는 개별적인 문제가 아니라 오랜 세월에 걸쳐 고착화된 문제들이다. 특히 저출산 문제는 인구정책, 결혼 기피, 교육 개혁, 빈부 격차, 기업 문화, 고용 문제 등과 연관되어 우리 사회 전반에 고착화되어 있다. 따라서 사안별 해결책보다는 동시에 해결할 종합적인 진단과 그에 따른 처방전이 필요하다.

대통령 직속 '저출산고령사회위원회'는 저출산 문제, 대통령 소속의 '지방시대위원회'는 지역 발전, '국가교육위원회'는 교육 개혁, '경제사회노동위원회'는 노사 관계를 해결하기 위해 각각의 위원회가 설치되었다. 위원회 운영에 따른 예산 낭비는 차치하고, 사회문제 전체를 종합적으로 진단하기보다는 위원회마다 각각 처방전을 제시할 경우 엄청난 예산을 투입하겠지만 그 효과는 미미하거나 더 악화할 수도 있다. 대표적으로 합계출산율을 높이고자 다양한 대책과 엄청난 예산을 투입했지만, 오히려 국가 존립을 위협하고 있다.

저출생 문제 해결을 위해 정부, 지자체, 국회, 학술 단체, 연구소, 언론사, 제 단체들이 '저출산 문제 해결을 위한 ○○○라는 타이틀'로 각종 토론회, 포럼, 정책 토론, 워크숍 등을 다양하게 개최하고 있다. 하지만 학자나 정치인 중심이거나 대체로 학술적 차원의 원론적인 대책이 대부분이다. 이는 학자들의 전문 분야의 경우 학문적 굴레에 얽매이면서 자유롭지 못하기 때문이다.

사단법인 한국결혼장려운동연합의 임원진은 우리 사회에 고착화된 기혼자의 저출산과 양육비, 미혼자의 결혼정책과 주택문제, 사교육 분야의 교육 개혁과 지방 소멸 등을 동시에 해결하기 위한 종합적인 정책을 제안한다. 다만 학위를 받기 위한 연구 논문이나 연구비를 받기 위한 보고서, 그리고 상업적인 출판을 위한 내용은 아니므로 학문적 접근보다는 형식과 틀에 얽매이지 않고, 전문용어보다는 쉬운 단어, 언론사에 이미 보도된 기사와 통계청 자료를 인용하면서 자유롭게 쓴 내용이다.

제1장은 저출산 문제를 진단하기 위해 정확한 현황 파악과 정부의 대응 자세, 합계출산율이 급락한 원인과 청년층의 의식, 그리고 골든타임 5년을 놓칠 때 예상되는 문제점을 설명하였다.

제2장은 저출산 문제 해결을 위한 정부 정책과 선결 과제 중심으로 정부와 지자체, 정치권과 기업의 역할 분담을 통해 우리 국민의 마음마저 움직일 수 있는 정책 방향에 대해 제언하였다.

제3장은 '중기 과제'로 합계출산율을 획기적으로 높이기 위해 혈세에 의존하는 정책보다는 기업과 노동자의 역할 분담이 가능한 통합 시스템 구축과 임금에 대한 정의, 기업의 자율적 참여 방안, 청년용 주택정책 등에 대한 실천 방안과 역할 분담에 대해 제안하였다.

제4장은 '단기 과제'로 출산율은 결혼율과 매우 밀접한 관계가 있음에도 '결혼정책과 결혼 장려는 결혼중개업체 고유 영역이다.'라는 고정관념 때문에 결혼 업무 주관 부처인 여성가족부에 결혼정책을 전담할 부서조차 없다. 정부와 지자체가 제공하는 결혼정책 자료를 확인할 수 없으므로 부득이 출산율을 높일 결혼정책의 필요성, 방향, 실행안 등을 자세히 설명하는 과정에서 조금 더 많은 지면을 할애했다.

제5장은 '장기 과제'로 우리나라에 당면한 제반 사회문제 원인은 일류대 진학을 위한 사교육비에서 시작된다고 생각하여 우리 사회의 제반 문제를 해결하기 위한 '한국형 혁명적 교육개혁'을 제안하였다.

우리 사회의 경직된 사고방식의 공무원과 기득권층에서 간과했던 내용을 중심으로 저출산 문제와 교육정책의 방향을 제시하였다. 기득권층, 현실 타협이나 비난에 능숙한 분이라면 본서의 내용에 대해 실현 불가능한 정책이라며 강한 거부감을 표현할 것이다. 하지만 국가 존립 위기에 몰린 당면 과제를 고려하여 본서에서 언급된 내용보다 더 합리적이거나 효율적인 정책들이 마련될 수 있는 계기가 된다면 소기의 목적은 달성되었다고 생각한다.

본서가 우리 국민의 팍팍한 삶을 해결하는 데 조금이라도 일조할 수 있도록 조금은 과감한 용어와 정부 정책이나 특정 집단을 비판한 점에 대해서는 너그러운 양해를 구한다. 또한 정부 기관, 집단, 단체 등에서 이미 발표한 통계자료나 보도 자료를 그대로 인용한 부분까지도 이해를 구한다.

끝으로 바쁜 일상에도 사단법인 한국결혼장려운동연합 발전을 위한 재능 기부와 원고 준비를 위해 수고해 주신 임원진과 소중한 작품을 기꺼이 제공해 주신 오휘상 사진작가님, 그리고 책으로 생명을 불어넣어 주신 하움출판사 문현광 대표와 편집부 직원들에게 감사드린다.

2023년 12월 15일경

사단법인 한국결혼장려운동연합 임직원(공동 저자) 일동

제1장

[현황 파악]
한국 사회가 당면한 저출생 문제

■ 우리나라 인구 현황
- 대한민국 인구: 2020년 5183만 6,239명(사상 첫 3만 명↓),
  2022년 12만 4천 명↓, 2030년 5010만 명, 2040년 4755만 명,
  2050년 4334만 명, 2070년 3153만 명
- 지역 소멸 위험: 2005년 전국 33곳, 2022년 113곳으로 증가
- 혼인 건수 급감: 2012년 32만 건, 2018년 21만 건, 2022년 19만 건 급감
- 평균 초혼 나이(여성): 2002년 27세, 2012년 29.4세, 2022년 31.3세
- 생산 가능 나이 비율: 2020년 72.1%, 2050년 51.1%, 2070년 46.1%
- 65세 이상 노인 비율: 2020년 15.7%, 2050년 43.8%, 2070년 46.4%
- 2006년 대통령 직속 '저출산고령사회위원회' 출범: '새로마지플랜' 5개년 계획
  ◇ 1차(2006~2010) ◇ 2차(2011~2015)
  ◇ 3차(2016~2020) ◇ 4차(2021~2025)
- 예산집행액: 280조 원(2006~2022년까지, 합계출생률은 지속적 감소)
- 합계출생률: 0.78명(OECD 38개국 중 최하위, 37위 이탈리아 1.24명의 절반 수준)
- 첫째아 출생 연령: 평균 33세(OECD 국가 중 최고령, 2022년은 평균 32.3세)
- 국가 소멸 위기: 한 세대를 35년, '5년 이내에 획기적인 대책'을 마련할 필요

■ 우리나라 저출생 원인
첫째, 결혼 적령기 남녀는 결혼하지 않거나 결혼할 수 없는 환경이다.
둘째, 결혼을 해도 아이를 낳지 않거나 낳을 수 없는 환경이다.
셋째, 아이를 낳아도 하나만 낳거나 다자녀를 낳을 수 없는 환경이다.

- 구직난으로 인한 임시직, 계약직 등으로 안정적인 수입이 보장되지 않는다.
- 결혼 생활에 필요한 내 집 마련의 경제적 부담으로 인한 결혼을 기피한다.
- 자녀 양육비와 사교육비 등 가정경제의 부담으로 인한 출산을 기피한다.
- 여성들의 사회 진출로 인한 여권신장과 경제활동으로 가치관의 변화이다.
- 자기 자녀들이 계층 이동을 할 수 없다고 판단할 때 출산을 포기한다.

1 한국 사회가 당면한 인구문제

한 나라의 인구는 인간집단의 계수(計數)로서 정치적, 경제적, 사회적, 문화적으로 구획된 일정한 지역 내에 거주하는 주민이다. 이는 출생, 사망, 혼인, 이혼 등의 복합적인 요인으로 결정된다. 한 국가의 인구는 생산과 소비, 국방과 문화 등의 중요한 사회지표로 작용하므로 적정한 인구를 유지하는 것은 국가 경쟁력에 매우 중요한 요소로 작용한다. 인구에 관한 통계를 볼 때 우리나라의 인구 위기는 재앙을 넘어 국가 소멸이라는 불행한 미래로 향하고 있다.

가. 합계출산율 급감

합계출산율이란 가임여성 1명이 평생 낳을 것으로 예상되는 출생아의 수이다. 대한민국의 2022년 합계출산율 0.78명(2023.3분기 0.7명)은 경제협력개발기구(OECD) 38개국 평균 1.59명의 절반 수준으로 20년 이상 압도적인 꼴찌이다. OECD 국가 중 37위인 이탈리아

의 1.24명(2020년 기준)보다도 훨씬 더 낮은 수준이다. OECD 국가
중 합계출산율 1.0명이 안 되는 유일한 국가이자 전 세계 224개 국
가 중에서 224위를 차지할 정도로 심각한 수준이다.

2023년 3분기 합계출산율은 0.7명으로, 1년 전보다 0.10명 줄었
다. 연말로 갈수록 출생아가 줄어드는 흐름을 고려하면 4분기 0.6명
대로 떨어질 가능성까지 있다. 둘째와 셋째 이상을 낳는 부부가 있다
는 점을 감안할 때 합계출산율 0.7명은 우리나라 여성 절반 이상이
평생 출산하지 않은 결과라 할 수 있다.

나. 혼인율의 지속적인 추락

우리나라의 혼인 건수는 1996년에 43만 건, 1997년 38만 건,
2016년 28만 건, 2022년도에는 19만여 건으로 급감하면서 합계출
산율에 지대한 영향을 미치고 있다. 2023년도 3분기 혼인 건수도
2022년 3분기 4만 5,413건보다 8.2%(3,707건)가 급감한 4만 1,706
건으로 나타났다.

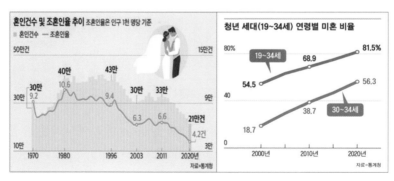

만혼 및 비혼 풍조가 가속화되면서 전체 청년층(19~34세)의 미혼 비

중은 2000년 54.5%, 2010년에 68.9%, 2020년엔 81.5%까지 뛰었다. 청년 미혼 비율이 80%를 넘긴 것은 이번이 처음이다. 평균 혼인 나이(2020년 기준 남성 33.2세, 여성 30.8세)에 해당하는 2000년에는 30~34세의 미혼율도 18.7%에서 2020년에는 56.3%로 20년 만에 37.6%가 올랐다. 30대 후반(35~39세) 미혼율도 2000년 7.5%에서 30.7%, 40대 초반(40~44세)은 2002년 3.8%에서 21%까지 급증하였다.

우리나라 비혼 출산율 2%대(2022년 기준)를 고려할 때 결혼하지 않고 출산할 수는 없다. 혼인율은 출산율과 매우 밀접한 관계가 있다. 합계출산율을 높이기 위해 280조 원(다른 통계에는 380조 원이라는 곳도 있음)이라는 막대한 예산을 투입하였지만, 결혼 업무 담당 부처인 여성가족부에는 결혼정책을 담당할 부서나 공무원이 단 한 명도 없다.(☞ '결혼정책'은 뒷부분에서 자세히 언급한다.)

다. 인구의 자연 감소 시작

대한민국은 출산율이 세계 최하위권임에도 불구하고 2019년까지는 인구가 감소하기보다 오히려 증가했다. 이는 베이비붐 세대들이 당시에 노인의 나이에 진입하지 않았을 뿐만 아니라 의료 수준의 발달과 인프라에 따른 평균 수명이 높아지면서 사망자 수가 줄어들었던 탓이었다.

우리나라 인구는 2020년 5183만 명에서 2021년에 5164만 명(9만 1천 명이 감소), 2022년 5144만 명(20만 명 감소)으로 감소하기 시작하였고, 같은 해 사망자 수가 출생아 수를 초과하는 '인구 자연 감소'가 시작되었다.

인구는 예측할 수 있다. 현재 우리나라 인구 감소는 35년 전 예측한 그대로 진행 중이다. 2041년이 되면 우리나라 인구는 5천만 명을 밑돌 전망이고, 2050년 이후부터는 1년에 60만 명씩 감소하고, 2066년 3957만 4,865명으로 4천만 명대도 무너지고, 2070년엔 3765만 5,867명으로 줄어들 것으로 예상되며, 2100년에는 2000만 명조차도 무너질 것으로 예측한다.

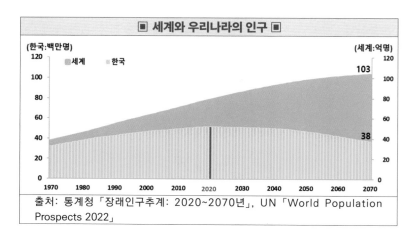

출처: 통계청 「장래인구추계: 2020~2070년」, UN 「World Population Prospects 2022」

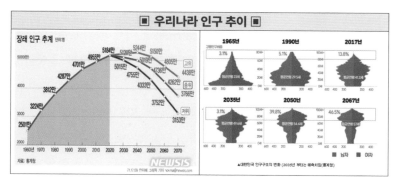

2023년 7월 12일, 한겨레신문, 박종오 기자

"인구 5천만 명 18년 뒤면 깨진다… 성인 남성 '미혼' 절반 육박" 기사
중에서

한국 인구가 저출생 여파로 2041년 5천만명을 밑돌 것으로 전망됐다. 25~49살 성인 남성의 절반가량이 결혼 경험이 없을 만큼 미혼이 대세가 되고 있는 것으로 나타났다. 또 25~49살 똑같은 연령대 구간에서 남성과 여성의 성별 '미혼' 비율이 14%포인트나 큰 차이를 보였다.

통계청은 2023.7.11일 이런 내용의 '저출생과 우리 사회의 변화' 자료를 펴냈다. '인구의 날'을 맞아 기존 통계들을 다시 가공한 것이다. 국내 인구는 2020년 5183만 6239명(7월1일 연앙인구 기준·이하 동일)으로 정점으로 찍은 뒤 매년 감소해 오는 2041년엔 4999만 8451명을 기록할 것으로 추산됐다. 이후에도 인구 감소세가 지속해 2066년 3957만 4865명으로 4천만명대마저 무너져 오는 2070년엔 3765만5867명으로 쪼그라들 것으로 예상됐다. (후략)

라. 초고령사회에 진입하는 노인인구

우리나라의 출생아 수는 25만 명이 무너졌지만 노인인구는 급증하고 있다. 2024년부터는 노인인구 1천만 시대에 진입한다. 2025년에는 인구의 20% 이상이 65세 이상 고령자인 초고령사회에 진입할 것으로 예상된다. 최대 노인 국가라는 일본도 10년이 걸렸는데 우리나라는 불과 7년 만에 초고령사회에 도달하고 있다.

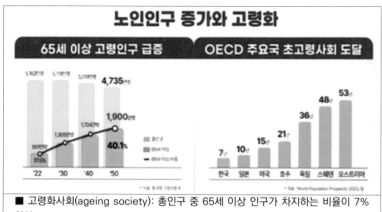

■ 고령화사회(ageing society): 총인구 중 65세 이상 인구가 차지하는 비율이 7% 이상

■ 고령사회(aged society): 총인구 중 65세 이상 인구가 차지하는 비율이 14% 이상

■ 초고령사회(post-aged society): 총인구 중 65세 이상 인구가 차지하는 비율이 20% 이상

마. 일본의 인구정책

합계출산율 급감에 따른 고령화의 속도를 보면, 프랑스에서는 155년 동안 진행된 일이 일본에서는 35년 동안 진행이 되었다. 일본은 고령화 속도에 적응하지 못한 결과 잃어버린 30년이라는 아픈 세월을 겪었다. 우리나라는 일본보다도 더 빠른 25년 만에 고령화사회로 진입하였다. 일본의 경우 아래 기사와 같이 아동가정청을 출범하면서 현재의 출생률 1.26명(2022년 기준)을 유지하기 위해 집중적으로 예산을 투입하고 있다.

2023년 4월 1일, 연합뉴스, 박상현 기자

"日 정부, '저출산 문제·보육정책 사령탑' 아동가정청 출범"

기사 중에서

일본은 일본 정부가 저출생 문제 해결과 보육 정책 수립의 사령탑 역할을 할 총리 직속 조직인 '아동가정청'을 1일 출범시켰다. 아동가정청은 각 부처에 흩어져 있던 출산·보육 담당 조직을 일원화하고, 심각한 저출생 문제를 타개하기 위해 발족했다. 후생노동성에서 한부모 가정 지원, 모자(母子) 보건, 아동 학대 방지 등의 업무가 이관됐다. 내각부가 맡았던 저출생 대책, 아동수당, 어린이 빈곤 업무도 아동가정청으로 옮겨졌다. 초대 장관으로는 설립 준비실장을 지낸 후생노동성 출신 와타나베 유미코가 임명됐다. 정원은 약 430명이다.

2023년 12월 9일, 매일경제, 신윤재 기자

"출산율 한국 1.6배인데… '일본 소멸 막아라' 파격 지원"

기사 중에서

일본의 출산율은 한국 1.6배인 1.26명(2022년 기준)으로 17년 만에 1.3대 밑으로 내려갔고, 출생아 수도 사상 처음 80만 명선이 무너졌다. 이에 기시다 내각은 "일본소멸 막아라"는 기시다 내각은 3년간의 계획을 저출산 대책을 집중 추진하는 '가속화 계획'이라고 명명하고 연간 3조 5천억엔(약 35조원) 규모의 예산을 투입하기로 했고, 2030년대 초까지 아동 관련 예산을 현재의 2배로 늘리겠다는 목표도 명시했다.

바. 우리나라의 대응 자세

우리나라 합계출산율이 급격하게 추락하기 시작한 2005년 대통령 직속 저출산고령사회위원회가 출범하였다. 2006년에 1차 5개년 계획을 수립한 이후 현재 제4차 계획의 절반 정도를 지나고 있다.

합계출산율을 높이기 위해 지난 16년간 무려 280조 원의 예산을 쏟아부었지만, 오히려 저출생으로 인한 국가 소멸의 위기가 앞당겨지고 있다. 국가 소멸이라는 위기의식에 비해 정부 조직에는 전혀 변화가 없으며 지나치게 안일하게 대처하고 있다.

인구 위기에 대응하고 있는 우리나라의 인구정책 거버넌스는 보건복지부 인구정책실 인구아동정책관 산하 '인구정책총괄과'에서 수행하고, 인구정책 관련 주요 기능 중 결혼 업무는 여성가족부에 나누어져 있는 상황이지만 결혼 업무 주관 부처인 여성가족부에는 결혼정책 부서와 공무원이 없다. 인구정책 관련 범정부 부처를 총괄하는 저출산고령사회위원회는 대통령 직속 기관이지만 심의권만 있을 뿐 예산집행권 등 실질적인 권한이 없다. 인구정책과 관련된 정부 조직은 여전히 규모가 작거나 업무가 여러 부처로 분산되어 있는 현실이다.

국회의 '인구위기특별위원회'도 2023년 2월 출범했으나 8개월 동안 국무위원 업무 보고조차 제대로 받지 못한 채 네 차례 회의를 여는 데 그쳤다. 결국 위원회의 활동 기한인 2023년 10월 말까지 아무런 결론 없이 종료되었다.

세계에서 가장 낮은 출산율을 기록 중인 우리나라의 합계출산율은 또다시 세계신기록을 수립하고 있음에도 그 누구도 해답을 제시하지 못하고 있다. 2023년 상반기 인구 자연 감소 규모는 5만 2,032명이고, 2023년에 10만 명 이상의 인구가 줄어들 전망이고, 2023년 3분기까지 합계출산율은 0.7명까지 추락하였고, 4분기에는 0.6명에 근접할 것이라 예상하는 부정적인 통계 수치만 꾸준히 발표되고 있다. 대한민국은 재생산을 포기한 나라, 후세에 물려주고 싶지 않은 나라, 국가 소멸 위기에 봉착했음에도 종합적인 대책을 마련하지 않는 나라가 되어 가고 있다.

사. 향후 5년이 골든 타임

한 세대를 보통 30년이라고 한다. 한 세대가 30년이라는 것은 여성이 결혼, 임신, 출산할 수 있는 평균 연령대가 30세 전후였기 때문이다. 여성들의 만혼 추세와 평균적인 임신과 출산 나이를 기준으로할 때 한 세대를 대략 35년이라 생각할 수 있다. 저출산고령사회위원회가 출범한 지 18년째이고, 앞으로 한 세대가 지나는 15년이 지나기 이전인 5년이 골든 타임이다.

▣ 대한민국 2023년 기준 연령대별 인구수(통계청 기준) ▣							
							단위: 명
년도	나이	남녀 인구	여성	년도	나이	남녀 인구	여성
1980	43세	803,785	393,509	1994	29세	740,705	342,761
1981	42세	846,982	414,494	1995	28세	737,409	340,598
1982	41세	827,675	399,966	1996	27세	728,889	338,963
1983	40세	832,121	404,628	1997	26세	718,896	337,041
1984	39세	765,525	370,451	1998	24세	669,865	319,470
1985	38세	696,040	335,005	1998	25세	696,961	332,815
1986	37세	667,708	319,225	1999	23세	637,797	303,038
1987	36세	657,916	313,169	2000	22세	650,821	310,132
1988	35세	650,175	311,116	2001	21세	585,579	279,806
1989	34세	645,453	305,729	2002	20세	510,158	244,703
1990	33세	658,402	308,041	2003	19세	490,229	236,624
1991	32세	677,319	316,168	2004	18세	473,043	228,002
1992	31세	705,937	330,574	2005	17세	429,457	207,258
1993	30세	748,197	349,145	2006	16세	435,176	209,968

2023년 기준 연령별 통계에서 가입 여성 인구를 확인하면, 1980년(43세)생~1985년(38세)생까지는 33~41만 명대를 유지하다가 1986년(37세)생~1991년(32세)생까지는 31만 명대로 급격하게 하락

하고, 1992년(31세)생~1998년(25세)생까지는 33만 명대를 다시 회복하였다. 1998년(24세)~2000년(22세)까지는 31만 명대로 감소하기 시작하였고, 2001년(21세)생은 전년도 대비 30,326명이 급감하였다. 2002년(20세)생은 전년 대비 35,103명, 2003년(19세)생은 전년 대비 8,079명, 2004년(19세)생은 전년 대비 8,622명, 2003년(18세)생은 전년 대비 8,622명으로 급격하게 감소하기 시작하였다.

이와 같은 사실에서 확인할 수 있듯이 33만 명대를 유지하는 1991년생(31세)이 40세가 될 때까지가 우리나라 출산율을 높일 수 있는 골든 타임이라 할 수 있다. 앞으로 5년 이내에 결혼과 출산을 망설이지 않을 획기적인 정책과 결혼과 출산을 선택할 수밖에 없는 제도를 도입해야만 한다. 만약 골든 타임 5년을 대책 없이 보낸다면 아무리 획기적인 대책을 마련할지라도 가임 여성이 절대 부족한 상황에 몰려 출생률이 사망률을 따라가지 못하게 될 것이다.

합계출산율 하락으로 총인구가 지속해서 감소하고 있지만 정부, 국회, 지자체 등 제 주체들이 안일한 생각으로 허송세월만 보내고 있다. 우리나라 저출생 문제를 해결해야 하는 것은 선택의 문제가 아니라 당면한 절체절명의 해결 과제이다. 국가적 위기를 극복하기 위해서는 발상의 전환을 통해 획기적인 대책을 마련해야 할 때이다. 만약 5년 이내에 합계출산율을 높일 수 있는 획기적인 대책이 마련되지 않는다면 2060년에는 콜먼 교수나 IMF 총재의 주장이 예언이 아닌 현실로 닥칠 수 있다.

2023년 10월 4일, 아세아경제, 방제일 기자

"저출산에 '망한 민국'… 해외 유튜버 영상에 세계가 놀랐다."

기사 중에서

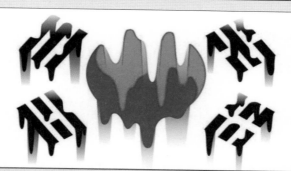

해당 유튜브 섬네일에는 흘러내리는 태극기의 이미지가 담겼으며, 이 영상은 이틀 만에 260만 회에 달하는 조회 수를 기록했다. 댓글 또한 1만 8,000개 이상이 달렸다. [사진 출처=유튜브 채널 'Kurzgesagt – In a Nutshell']

구독자 수 2120만명을 보유한 유튜브 채널이 저출산 위기를 겪는 국가로 한국을 조명하면서 전 세계 누리꾼들의 관심을 끌고 있다. 과학·의학·미래 등을 주제로 하는 유튜브 채널인 '쿠르츠게작트(Kurzgesagt)'에 지난 4일 '한국은 왜 망해가나'(Why Korea is Dying Out)라는 제목의 영상이 게시됐다.

쿠르츠게작트는 지난해 한국의 합계출산율(여성 1명이 평생 낳을 것으로 예상되는 평균 출생아 수)이 0.78명을 기록한 사실을 전했다. 그러면서 "세계에서 가장 낮은 수치"라고 설명했다. 이어 쿠르츠게작트는 "출산율이 빠르게 감소하고 있어 현재 젊은 인구가 100명이라면 2100년에는 그 숫자가 6명으로 줄어든다는 의미"라며 "아무것도 변하지 않는다면 100년 안에 한국의 청년 94%가 줄어든다. 노인의 나라가 되는 것"이라고 지적했다. 또 "2100년 한국의 인구수는 2400만명이 될 것으로 본다. 이는 1950년대로 돌아간 수준"이라고도 언급했다. (후략)

　　　　한국 사회의 저출생 고령사회의 원인

가. 전문가의 견해

저출생의 원인은 전문가들 사이에서도 의견이 엇갈리고 있을 정도로 다양하다. 대체로 인구학적 요인, 경제적인 요인, 문화적 요임, 정책적 요인, 정치적인 요인 등 다양한 요인들이 복합적으로 작용한 결과라 할 수 있다.

국내 인구학 권위자인 서울대 인구정책연구센터장인 조영태 교수는 "인구가 수도권에 과도하게 집중된 서울공화국 현상 때문에 대한민국의 초저출생이 촉발된 것으로 보고 있다. 대한민국은 수도권 중심의 도시 국가가 된 지 오래되었으며, 제2의 도시라고 불리는 부산에서조차도 수도권으로의 인구 유출이 매우 심각하다."라고 설명하고 있다.(출처: 나무위키)

한양대 국제학대학원 전영수 교수는 "지방에는 먹이가 없고, 서울에는 둥지가 없다."라고 비유하였다. 또한 "먹이(고용)를 찾아 떠난 지역 청년들이 둥지(주거)가 없어 알(출산)을 낳지 못한다."라고 비유하였다. 이는 20·30세대의 먹먹한 현실을 빗댄 문구로 저출생으로 인한 인구감소를 직관적으로 설명하고 있다.(출처: 나무위키)

나. 산아제한정책 실패와 급진 페미니즘

1960~70년대 산아제한정책은 1990년대에 접어들면서 결혼 연령층의 인구를 감소시키는 결과를 초래하였다. 또한 90년대에 본격적

으로 유입된 서구의 급진 페미니즘이 결혼에 대한 가치관의 변화를 불러오면서 도덕과 윤리가 상실하고 전통 질서가 힘없이 무너져 가면서 가정 붕괴의 단초를 제공했다고 주장하는 학자도 있다.

이들의 주장으로는, 결혼 및 출산 기피 현상의 계기가 된 1960년대 미국에 등장한 급진 페미니즘의 궁극적인 목표는 가정의 해체이다. 이들은 사회의 갈등을 가부장제라는 프레임으로 이해했다. 급진 페미니스트의 논리는 가부장제를 탄탄하게 지탱해 주는 것이 바로 가족이며, 여성은 결혼을 통해 임신과 출산, 자녀 양육 과정에서 남성에게 완전히 종속됨으로써 가부장제가 더욱 확고하게 다져진다는 생각이었다. 이들의 극단적인 주장은 여성과 남성, 결혼과 성, 임신과 출산의 지극히 당연하고 자연스러운 조합을 임의로 끊어 놓는 결과를 제공하였다.

다. 정부의 기혼자 중심의 출산장려정책 실패

저출생 고령사회 정책의 방향성에 대한 사회적인 논의는 지속적으로 제기되지만, 인구학자, 관료, 정치권에서조차도 '합계출산율을 더 이상 높일 방법이 없다'라는 결론에 도달한 것 같다. 이들은 국가 소멸의 시기를 최대한 늦출 수 있는 방안의 하나로 '이민청 신설'을 주장하기에 이르렀다.

우리나라 대통령 직속 저출산고령사회위원회가 출범한 이후에도 저출생 문제를 논할 때 기성세대인 관료나 정치인들은 '요즘 젊은 세대들의 이기적인 사고방식이 원인이다'라며 MZ세대에 책임을 전가하고 있다. 또한 대부분의 저출생 대책이 만혼과 비혼에 대한 해결책이 아닌 기혼자 중심의 출생지원정책으로 아동수당 지급, 국공립어린이집 확대 방안, 육아휴직 등에 초점을 맞추고 있다.

한국 사회의 저출생 문제는 20~30대의 젊은 층의 사고방식의 문제가 아니라 그들보다 훨씬 나이가 많은 우리 사회를 대표하는 힘 있는 기득권층과 관료 사회가 만든 결과물임에도 이들은 20~30 청년들의 책임으로 전가하고 있다.

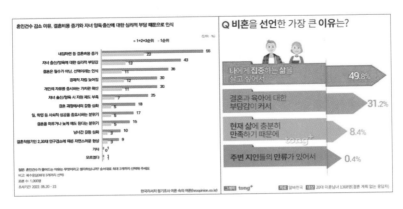

기득권층을 중심으로 한 기성세대는 치열한 경쟁을 통해 주변 사람들을 이겨야만 살아남을 수 있는 사생결단의 경쟁 사회를 만들었다. 또한 선진국에 들어섰지만, 여전히 개발도상국 당시의 가치관을 뛰어넘는 새로운 비전을 제시하지 못하였다. 기득권층이 자신의 기득권을 유지하기 위한 법률과 정책들을 수립하는 데 앞장섰던 결과이다. 심지어 일부 기득권층에서는 "인구가 감소하면 오히려 긍정적인 효과를 기대해 볼 수 있다."라는 주장까지 서슴지 않고 있는 현실이다.

저출생 고령사회 문제를 해결하기 위해 설립된 저출산고령사회위원회는 대통령이 위원장이고, 장관급인 부위원장은 보통 민간에서 맡는다. 역대 부위원장 모두가 정치인이나 교수 출신이었다. 또한 위원으로 참여하는 위원들 또한 대부분 나이가 많고 사회적으로 성공한 분들로 구성되어 있다. MZ세대들의 의견 수렴에 필요한 젊은 위원들이 참여할 수 없는 구조적 한계 때문에 대한민국의 정책은 여전히 기성세대의 가치관이나 개발도상국 당시의 비전에 머물러 있다. 그러므로 미래사회를 대비할 결혼과 출산장려정책을 기대할 수 없는 상황이라 할 수 있다.

라. 청년 세대의 암울한 현실

우리나라 저출생 원인은 "첫째, 결혼 적령기 남녀는 결혼하지 않거나 결혼할 수 없는 환경이다. 둘째, 결혼을 해도 아이를 낳지 않거나 낳을 수 없는 환경이다. 셋째, 아이를 낳아도 하나만 낳거나 다자녀를 낳을 수 없는 환경이다."라는 사회적 환경 때문이라 할 수 있다.

2023년 현재 출산 연령 세대인 1980~1990년대에 태어난 연령대의 청년들이 결혼하지 않거나 출산하지 않는 이유를 정확하게 파악하는 것이 우선 중요하다. 청년들의 부모들은 한강의 기적을 경험하면서 급속한 경제성장과 선순환 구조의 사회를 살면서 개인이 열심히 노력하면 충분히 성공할 수 있었다. 개인이 노력할 의지만 있다면 일자리가 보장되었던 부모 세대들은 경제적인 안정과 자녀들의 출세를 위해 필요한 사교육비를 아낌없이 투자하였다. 그 결과 올바르게 성장한 기쁨과 보람은 부모들에게 돌아갔다.

부모의 헌신적인 희생과 경제적 지원을 받으며 자라 온 MZ세대는 경제적인 부를 축적하기 위한 극심한 경쟁, 도시 국가 형태의 수도권 집중화, 일자리 부족과 고용 불안 문제 등 아무리 노력해도 결코 성공하기 쉽지 않은 무한 경쟁 사회에 내몰리게 되었다. 특히 인구가 수도권에 집중되는 도시 국가 사회에서 결혼에 필요한 내 집 마련의 기회는 점점 더 멀어지고 있다. 출산을 생각할 때 내 자녀들에게 우리 부모가 나에게 지원해 준 만큼의 경제적 안정과 필요한 양육비를 부담할 자신이 없어지는 상황에 직면하면서 결혼과 출산을 포기하기에 이르렀다.

한국사회복지연구회에서 결혼·출산·육아에 대한 미혼 남녀의 생각을 조사한 결과 "미혼 남녀 자신들이 현재 처한 학력, 건강, 고용 형태에 따른 차이보다는 어느 정도 소득만 보장되고, 사회적 신뢰도가 높을수록 결혼과 출산을 중요하게 생각하고, 내가 낳은 자녀가 계층 이동이 가능할 때 결혼과 출산을 필수로 느낄 수 있다."라는 것이다.

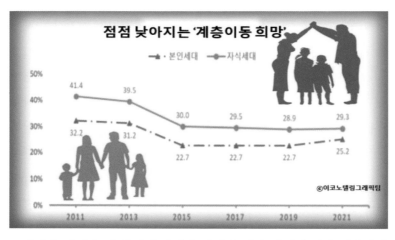

자신이 성인이 될 때까지 치열한 입시와 취업 경쟁 속에서 살아야만 했고, 결혼 적령기가 되었지만 축적한 부는 형편없이 부족한 현실이다. 이들은 자기 자녀가 자신이 겪었던 치열한 경쟁 사회에 내몰릴 것이 두려운 것이다. 자녀들을 행복하게 해 줄 자신이 없다는 생각 때문에 결혼과 출산을 포기할 수밖에 없는 처지이다.

젊은 층을 중심으로 '비혼'과 '딩크족'이 유행처럼 번지는 것은 자아실현과 같은 젊은 층의 욕구 충족이나 가치관의 문제도 분명히 있을 것이다. 하지만 수도권 중심의 도시 국가 형태에서 결혼을 통해 가정을 꾸리는 데 필요한 내 집 마련의 어려움, 출산할 경우 자녀 양육에 필요한 사교육비 등이 청년들에게 결혼과 출산을 망설이도록 만들고 있다.

2023년 5월 1일, 조선일보, 김명진 기자

"中 연구소 '한국, 양육비 비싼 나라 1위… 1인당 GDP 7배 넘어'"
기사 중에서

세계에서 양육비로 가장 많은 돈을 쓰는 나라가 한국이라는 중국 연구소 연구 결과가 나왔다. 자녀를 만 18세까지 기르는 데 드는 비용이 1인당 국내총생산(GDP)의 7배가 넘는다는 것이다

1일(현지 시각) 홍콩 사우스차이나모닝포스트는 베이징 인구·공공정책 연구기관인 위와인구연구소의 최근 보고서를 인용해 이같이 보도했다. 보고서에 따르면 한국에서는 자녀를 0세부터 17세까지 18년간 기를 때 1인당 GDP의 7.79배를 양육비로 쓴다.

한국은행에 따르면 2021년 기준으로 한국의 1인당 GDP는 3만4983달러로 약 4691만원을 조금 넘는 수준이다. 이 연구소 분석대로라면 한국은 자녀가 성인이 될 때까지 3억6500여만원을 양육비로 쓰는 것이다.

위와인구연구소에 따르면, 중국에서 자녀를 한 명 낳아 17세까지 기르는 데 48만5000위안(약 9389만원)이 든다. 대학 졸업까지 시킬 경우 비용은 62만7000위안(약 1억2138만원) 수준으로 추산됐다. 2021년 중국의 근로자 평균 소득은 10만5000위안(약 2032만원)이다.

위와인구연구소는 이 같은 문제를 해결하기 위한 대안으로 "현금과 세금 보조·주택 구입 보조 같은 특정한 정책, 더 많은 탁아소 건설, 성평등 육아 휴직, 외국인 보모 도입, 유연 근무제 촉진, 싱글 여성의 출산권 보장, 난임 기술 지원, 대입 시험과 학교 체제 개혁" 등을 제안했다. (후략)

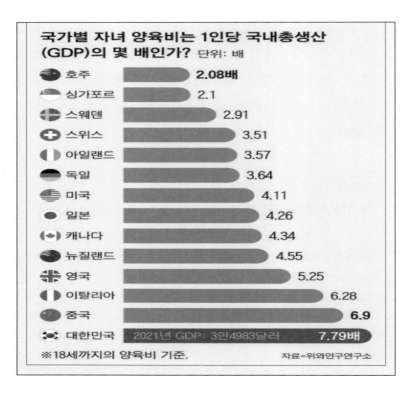

국가별 자녀 양육비는 1인당 국내총생산
(GDP)의 몇 배인가? 단위: 배

호주	2.08배
싱가포르	2.1
스웨덴	2.91
스위스	3.51
아일랜드	3.57
독일	3.64
미국	4.11
일본	4.26
캐나다	4.34
뉴질랜드	4.55
영국	5.25
이탈리아	6.28
중국	6.9
대한민국	2021년 GDP: 3만4983달러 7.79배

※18세까지의 양육비 기준.　　　　자료=위와인구연구소

　　결혼과 출산은 분명 개인적인 행위이지만 동시에 사회 공동체의
맥락에서 이루어지는 사회적인 행위라 할 수 있다. 미래의 삶에 가장
민감한 MZ세대들이 연애, 결혼, 출산을 포기할 수밖에 없는 사회의
냉엄한 현실 속에서 젊은 세대들의 사고방식은 자연스럽게 바뀌는
것이 아니다. 연애, 결혼, 출산을 포기하는 사회적, 경제적, 정책적
원인을 정확하게 진단한 후 이들이 결혼과 출산을 선택할 수밖에 없
는 정책적 대안을 마련해야만 한다. 또한 우리 사회의 삶의 질을 높
이려는 지속적인 노력과 공동체 사회를 실현할 수 있는 단기, 중기,
장기적인 정책 수립이 필요하다.

3 결혼 및 출산 기피 현상으로 예상되는 문제

결혼 및 출산 기피 현상이 만든 저출생 문제는 선진국으로 진입하는 모든 국가에서 나타나는 보편적인 현상일 수 있다. 하지만 선진국들이 다양한 결혼 및 출산장려정책을 통해 인구를 증가시키거나 유지하려고 노력하는 이유는 바로 '인구는 국가를 성장·발전·유지할 수 있는 가장 기초적인 밑바탕'이 되기 때문이다. 우리나라 저출생 문제는 우리가 사는 삶의 전반에 영향을 미치면서 여러 가지 다양한 사회문제를 잉태하게 만든다.

산업	교육	국방	경제	가족	개인	사회
악순환구조	학력인구감소	국방인력부족	생산연령인구	1인가구중심	삶의 질 저하	도덕성해이

인구소멸 ➡ 국가 소멸

가. 학령인구 급감에 따른 각급 학교 폐교 및 소아산부인과 인력난

저출산과 수도권 집중화에 따라 지방의 각급 학교가 통폐합되거나 폐교가 시작된 지 오래되었다. 그런데 우리나라 수도인 서울에서조차도 각급 학교가 폐교될 것이라 누구도 생각하지 못했을 것이다.

2015년 금천구 흥일초등학교, 2020년 강서구의 염강초등학교와 공진중학교가 폐교되었고, 광진구에 위치한 화양초등학교는 2023년 3월에 4번째로 폐교되었다. 또한 서울 서대문에 위치한 모 여자 중학교는 1921년 개교하여 100년이 넘는 역사를 지녔으나 폐교 절차를 밟아 2027년에 문을 닫을 예정이다.

서울시 교육청에 따르면, 2023년 서울 초등학교 신입생은 6만 6,324명으로 사상 처음으로 6만 명대로 추락했으며, 최근 3년을 살펴보면 계속해서 감소하는 추세이다. 또한 서울 학령인구는 2023년 113만 8,400명에서 2040년에는 약 66만 명으로 절반이 감소할 것으로 예측되어 폐교나 학교 통폐합이 늘어나는 현상이 나타날 것으로 보인다.

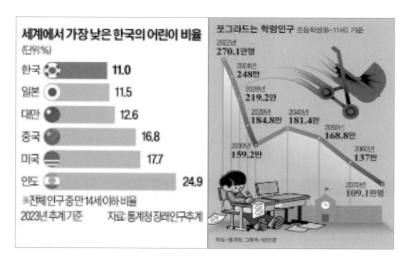

지방에서는 어린이집, 유치원과 각급 학교의 교육 기반 시설이 오래전부터 붕괴되기 시작하였다. 의대생들은 산부인과와 소아과 전공 기피 현상이 뚜렷하고, 지방의 소도시는 물론 종합병원조차도 소아과와 산부인과 전공의가 부족하여 고액의 연봉을 보장하더라도 지원자가 없는 현실이다. 저출산에 따른 학령인구 부족은 우리 사회의 전반에 대혼란이 예상될 정도로 심각한 상황이 되어 가고 있다.

나. 소비와 고용 문제 등 사회 악순환 구조의 지속

대한민국은 한국전쟁의 폐허 속에서도 1955년 이후 출생률이 급격하게 증가한 베이비붐의 영향으로 합계출산율이 급증하였고, 부지런한 국민의 희생을 통해 한강의 기적을 이룰 수 있었다. 베이비붐을 통해 소비의 주체인 어린아이들의 많이 태어나면서 소비가 급증하였다.

높은 소비율은 생산량 증가를 요구하면서 경제 활성화로 이어졌다. 기업의 대량생산은 곧바로 고용 창출로 이어졌고, 풍부한 일자리는 결혼과 출산의 동기를 제공하였다. 국가 경제가 활성화되면서 높은 경제 성장과 GNP가 급증하면서 국민의 삶은 질은 점차 양호해졌다. 하지만 빛이 있으면 그림자가 있듯이 급격한 인구 증가는 진학·취업·혼인·도시화·주택문제 등에서 부득이하게 과도한 경쟁을 피할수 없게 되었다.

도시 국가 형태의 기형적 발전과 기득권 중심의 무한 경쟁 속에서 일자리가 부족한 젊은 층에서 연애와 결혼을 포기하기 시작하였다. 합계출생률이 급격하게 추락하면서 소비의 주체인 아이들이 급격하게 줄어들면서 소비가 감소하였고, 기업은 생산량을 줄일 수밖에 없는 경영 환경에 내몰리면서 경제 침체기에 접어들게 되었다. 기업의 생산량 감소에 따라 기업은 노동자를 고용할 수 없는 환경에 직면하였다. 이에 청년들을 고용할 일자리가 부족하면서 연애, 결혼, 출산, 양육을 포기하는 사회 악순환 구조에 접어들게 되었다.

정치권에서는 일자리 창출을 위해 100만 개, 1천만 개의 일자리를 만들겠다고 국민에게 공약한다. 하지만 소비 주체인 아이들이 줄어들어 기업이 생산량 증가와 일자리를 창출할 여력이 점점 줄어들었다. 정부의 예산 지원으로 마련된 일자리는 양질의 일자리보다는 임시직이나 일당직으로 제한될 수밖에 없다. 기업은 생산량을 줄일 수밖에 없는 상황에서 인위적으로 일자리를 제공할 여력이 없기 때문에 양질의 일자리를 제공할 수가 없다. 합계출산율을 높이면서 소비를 진작시키고, 기업은 생산량을 확대하면서 고용을 창출할 정책 등 우리 사회를 선순환 구조로 전환시킬 특단의 대책이 필요하다.

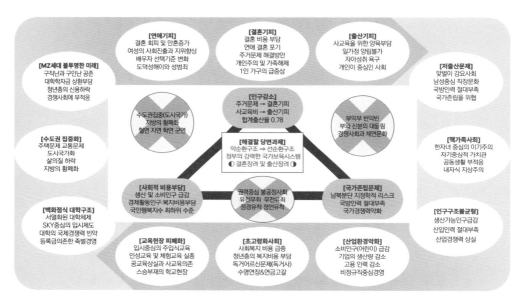

다. 경제활동에 필요한 노동 생산 인구의 절대 부족

합계출생률 급감에 따라 노동 생산 인구는 더욱더 충격적으로 다가온다. 생산 가능 인구는 2020년 3738만 명에서 2070년에는 1737만 명까지 지속해서 감소할 것이다. 생산 연령 인구 100명당 노인 부양 인구는 2020년 22명에서 2070년에는 101명까지 4.6배가 증가할 전망이기 때문에 청년 1인이 노인 1인을 부양해야만 하는 최악의 상황에 직면할 수 있다.

저출생 문제가 지속될 때 1~2차 산업이 쇠퇴하고 노인들을 이용한 3차 산업 중심의 불균형을 초래할 경우 국가의 미래를 보장할 수 없다. 향후 20여 년 이후에는 생산 가능 인구가 절대적으로 감소하면서 경제성장률 둔화, 내수시장 위축, 국가경쟁력 약화 등 한국 사회 전반에 걸친 부정적 영향과 산업 인력 및 국가의 기간산업(정보, 통신, 국방 등)을 이끌어 갈 인력이 절대적으로 부족해진다.

한국은행 경제연구원은 출산율이 높아지지 않으면 2050년 경제성장률이 0% 이하로 낮아질 가능성이 50.4%, 2059년에는 79%에 이른다고 하지만 급격한 인구 감소로 마이너스 경제성장률까지 감수해야만 할 상황이다.

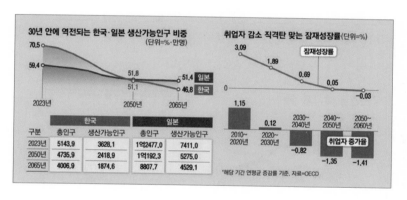

라. 노인인구 부양 의무 증대: 개인과 가족의 삶의 질 추락

합계출산율은 급격하게 감소하는 반면 의료 기술의 발달로 평균수명이 급격히 증가하면서 인구 고령화로 인한 노인인구를 부양할 여력은 현격히 줄어든다. 젊은 세대들이 노인 부양 책임과 자신의 노후 대비 부담을 동시에 느끼게 되면서 개인과 가족의 삶의 질은 현격히 저하되거나 가정경제의 어려움에 봉착하게 되었다.

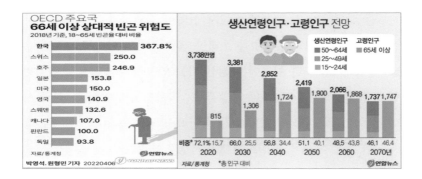

마. 사회복지 기능 약화: 저축률, 연금 고갈, 복지비용

노동인구가 감소하는 반면 부양 인구가 증가하면서 노령연금 등 공공 지출에 필요한 비용이 급증한다. 또한 경제활동 인구가 감소하면서 저축률은 감소하고, 사회보장 등에 필요한 공공 지출 비중이 증가하면서 금융시장의 자금 감소를 유발하게 된다.

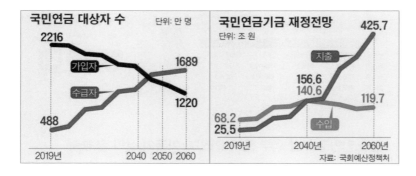

노인인구가 증가하는 반면 연금 가입자의 증가율이 상대적으로 낮아 향후 연금 지출액이 연금 수입액을 초과하여 2093년쯤에는 경제활동 가능 인구의 월급 중에서 42%를 국민연금으로 부담하지 않는다면 연금 고갈 사태를 막을 수 없는 상황에 직면한다.

바. 국방력의 약화에 따른 국가 존립의 위협

한반도의 지정학적 위치와 남북 분단의 상황에서 병역의무 대상자가 절대적으로 부족하여 자주국방의 어려움에 봉착할 것이다. 우리나라의 국방 인력은 통상 60여만 명의 병력 수준으로 장교·부사관이 20만 명 이상, 병사는 40여만 명 수준을 유지해 왔다. 2006년 54만 8,000명이던 육군 병력은 2012년 50만 6,000명, 2018년 46만 4,000명으로 줄었고, 2023년에는 간신히 36만 5,000명을 유지하고 있다.

병사의 복무 기간이 현재와 같이 18개월의 징병제로 유지될 경우 2025년에는 병력 규모가 30만 명, 2040년에는 약 16~17만 명까지 축소될 것으로 예측되면서 병역 충원 대책이 심각한 문제로 등장하고 있다.

2023년 10월 23일 육군 본부는 "미래 육군 여군 인력 활용성 제고 방안에 대한 연구 용역에 착수하였다."라고 밝혔다. 그러면서 "초저출산 추세가 갈수록 심각해지면서 2차 인구 절벽에 의한 병역 자원의 급격한 감소와 적정 상비 병력 확보 제한이 예상된다." "20세 남자 인구의 급격한 감소로 인한 육군의 병력 공급 부족을 메울 수 있는 여러 방안 중 여군 확대 방안에 관한 집중적인 연구가 필요하다."라고 밝혔다.

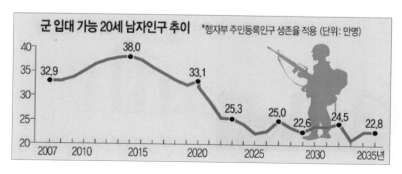

군 입대 가능 20세 남자인구 추이 *행자부 주민등록인구 생존율 적용 (단위: 만명)

인구 절벽에 의한 병역의무를 수행할 자원이 부족하다는 예측 속에서 현재에도 매년 1~2만 명씩 감소하는 추세이기 때문에 국방을 책임질 젊은 층이 절대 부족한 상황에 직면했다. 이런 상황에서 우리 군대의 체질을 '병력 위주에서 고도화된 과학 군 위주로 과감히 전환하거나 복무 기간을 연장, 모병제로 전환해도 된다.'라는 생각을 할 수 있을 것이다.

하지만 국방 인력이 부족한 상태에서 분단국가의 병역제도는 그렇게 간단치 않기에 문제의 심각성이 있다. 《뉴욕 타임스》칼럼니스트 로스 다우서트는 "한국이 유능한 야전군을 유지하려고 고군분투한다면 합계출산율 1.8명인 북한이 어느 시점에선가 남침할 가능성도 있을 것이다."라고 지적하였다.

사. 미혼자로 인한 가족해체

결혼을 희망하는 미혼 남녀들이 배우자를 찾지 못하면서 가정의 소중함보다는 자신만의 이기주의로 인해 가족해체 현상이 뚜렷해지고 있다. 청년들이 여러 가지 사회적 여건으로 결혼 및 출산할 수 없는 상황으로 내몰리면서 성 문란과 도덕성 해이 현상은 점점 더 심각해질 수 있다.

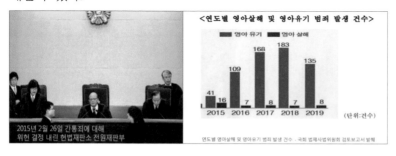

2015년 2월 26일 간통죄에 대해
위헌 결정 내린 헌법재판소 전원재판부

<연도별 영아살해 및 영아유기 범죄 발생 건수>

영아살해 및 영아유기 범죄 발생 건수 · 국회 법제사법위원회 검토보고서 발췌

2019년 4월 헌법재판소는 낙태죄(임신중절을 전면 금지한 처벌 조항)의 헌법 불합치 판결을 했고, 2009년 혼인빙자간음죄 폐지에 이어 2015년 간통죄까지 위헌 결정으로 폐지되었다. 미혼 남녀의 연애는 가정을 꾸리기 위한 결혼보다는 이성과 엔조이 형태의 만남으로 급격하게 변하고 있다.

결혼과 출산을 포기하거나 가정의 소중함을 인식하지 못하는 환경 속에서 무분별한 남녀 관계로 인해 원치 않는 임신과 미혼모, 미혼부도 증가하고 있다. 임신중절 수술이 연간 100만 건을 상회하고, 2023년에는 영아 살해가 사회문제로 대두되기도 했다. 반면 신생아 출산은 25만 명 수준의 극한 상황에 처해 있다.

우리나라도 프랑스의 박스(PACS, 시민연대 계약)와 같은 제도를 통해 혼외출산을 인정할 수 있는 법률적, 제도적 장치를 마련하는 등 좀 더 성숙한 사회 분위기 조성을 위해 노력해야만 할 것이다. 그뿐만 아니라 고아 수출 세계 1위라는 국가적 망신까지 극복할 수 있도록 입양에 대한 편견을 없앨 수 있는 특별한 대책까지 동시에 마련할 필요가 있다.

아. '성' 소외자의 성범죄 증가와 여성의 피해

미혼 남녀가 예비 성범죄자로 언급되거나 그런 취급을 받아서는 결코 안 될 일이다. '성매매방지특별법'이나 인간의 욕구를 억제하는 정책은 성(性) 소외자 또는 성적 질환자들을 억압하게 되고 이로 인한 피해자 대부분은 힘없는 여성과 어린아이 그리고 노인들이다. 이들을 대상으로 '묻지 마 범죄'가 증가하고 있다.

2004년 2월 성매매에 종사하는 피해 여성들의 인권 보호와 성매매를 근절하기 위해 긍정적인 부분만을 고려한 〈성매매 알선 등 행위의 처벌에 관한 법률〉(성매매처벌법)과 〈성매매 방지 및 피해자 보호 등에 관한 법률〉(성매매방지법) 등 '성매매방지특별법'이 제정되었다.

성매매 업주들에게 '저승사자'로 불렸던 김강자 전 서울 종암경찰서장은 '성매매처벌법'이 제정되는 데 실마리를 제공하였다. 반대로 여성 단체와 남성을 중심으로 위헌 법률 심판을 여러 차례 청구하였다. 이들은 집창촌을 합법화하여 생계형 성매매 여성은 보호하고, 장애인 등 성(性) 소외 남성들에게 욕구 해소 기회를 제공해야 한다고 주장하였다.

2015년 4월 9일, 쿠키뉴스, 조현우 기자

"'미아리 포청천' 김강자 출석… '성매매 특별법 위헌' 놓고 헌법재판소 공개 변론"
기사 중에서

위헌 심판대에 오른 성매매 특별법 21조 1항은 '성매매를 한 사람은 1년 이하의 징역이나 300만원 이하의 벌금·구류·과료에 처한다'고 정하고 있다. 성매매 특별법은 2002년 1월 군산 개복동의 성매매업소에서 발생한 화재로 여성 14명이 숨진 사고를 계기로 2004년 제정돼 시행에 들어갔다. (중략)

독일이나 네덜란드에서 성매매 합법화 이후 성판매자의 권익보호 효과는 미미한 반면 부작용은 많이 발생하고 있다는 게 합헌론 측 주장이다. 반면 위헌법률심판 제청을 신청한 성매매 여성 측 참고인으로 나설 김강자 전 총경은 "생계형 성매매 여성 대부분은 빈곤과 낮은 교육수준으로 다른 직업을 선택하기 어렵다. 특정 지역에 한해 성매매를 허용할 필요가 있다"며 위헌론에 힘을 보탤 예정이다. 김 전 총경은 서울 종암경찰서장으로 재직하면서 성매매 집결지인 속칭 '미아리 텍사스촌'을 집중단속하는 등 성매매와 전쟁을 폈지만 퇴임 후 성매매 특별법에 줄곧 반대했다. (후략)

OECD 국가 중 매춘을 전면 금지한 나라는 대한민국과 슬로베니아 2개 국가뿐이다. 다른 나라는 여성의 인권이 없기에 매춘을 허용한 것은 아닐 것이다. '성매매방지특별법'이 제정된 이후 부유층은 고급 룸살롱, 오피스텔 등에서 소위 비생계형 성매매 여성과 유흥을 즐길 수 있지만 성(性) 소외 남성들의 경우 욕구를 해소할 마땅한 방법이 없다. 최근 급증하는 성(性) 소외자들로 인한 디지털 성범죄 등 다양한 형태의 성범죄 피해자가 발생하는 것은 우연이 아니라 이러한 사회현상과 무관하지 않을 것이다.

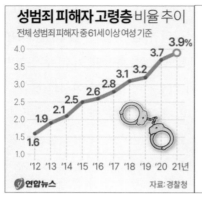

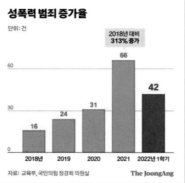

자. 국가의 소멸 위기: 국가 존립의 문제

2015년 데이비드 콜먼(David Coleman) 옥스퍼드대 교수는 "지구상에서 가장 먼저 사라질 나라가 대한민국"이며, 전 IMF 총재인 크리스틴 나가르드는 "한국의 저출생 문제가 지속된다면 한국은 집단 자살사회로 달려간다."라고 지적하였다.

언론 매체를 통해 저출생 고령사회가 매일 화두가 되고, 정부와 지자체에서 1일 1건의 대책을 발표하는 것은 더 큰 문제를 야기할 수 있다. 그렇다고 그냥 넘어갈 문제도 아니다. 합계출산율을 이대로 방치한다면 2100년 한국의 인구는 지금의 절반도 안 되는 2천만 명 이하로 줄어든다. 2300년이 되면 사실상 국가 소멸 단계에 접어들고, 2750년에는 대한민국이 지구상에서 완전히 사라지게 된다는 것이다.

이와 같이 결혼 및 출산 기피 현상으로 예상되는 문제점과 성 소외자로 인한 사회문제에 대해 간단히 살펴보았다. 결혼 및 출산 기피 현상으로 예상되는 문제는 결국 사회 악순환 구조를 고착시키거나 다양한 제반 사회문제를 잉태시키거나 국가 존립의 위기까지 초래할 수 있다. 범정부 차원에서 강력한 리더십을 발휘하여 통합된 결혼 및 출산장려

정책을 마련한 후 지자체, 기업, 사회, 시민단체뿐만 아니라 모든 국민이 합심하여 하루빨리 이 문제를 해결해야만 할 것이다.

제2장

[정책 방향]

저출생 문제 극복을 위한
정책 수립 시 고려사항

- 개인의 확고한 신념으로 비혼 및 무출산을 선택한 청년들의 생각은 존중
- 저출산 문제를 해결하는 것은 지원금이나 계몽만으로는 분명한 한계
- 중앙 정부 중심의 강력한 컨트롤타워 역할을 담당할 중앙 부처가 필요
- 장려금과 지원금은 용돈 개념이 아닌 국가보육 통합 시스템으로 지급
- 정부와 지자체로 분산된 출산에 따른 각종 지원금 통합 지급이 필요

- 결혼과 출산할 때 받을 혜택을 모든 국민이 알기 쉽도록 정리·홍보 필요
- 저출생으로 인한 악순환 구조를 선순환 구조로 전환할 우선 정책 필요
- 기혼자 중심의 출산 장려보다는 미혼자 대상으로 결혼 장려 우선 정책
- 결혼과 출산을 희망하는 청년들에게 거주할 주택을 제공하는 정책
- 건강한 가정과 자녀 양육의 소중한 가치를 느끼거나 변화시킬 정책

- 무자녀보다 유자녀 부모가 좀 더 여유로운 삶을 살 수 있는 사회구조
- 기혼자, 유자녀, 다자녀가 우대받는 사회적 분위기와 법률적 제도적 장치
- 한국인의 경쟁 풍토, 비교 문화 등을 반영할 수 있는 정부 주도의 정책
- 기업에 강요하는 육아휴직은 출산율을 높일 필요조건이지 충분조건은 아님
- 국가보육정책은 혈세가 아니라 정부, 지자체, 기업의 역할 분담으로 가능

- 기업의 여건을 무시한 '육아휴직' 강요보다는 기업이 자발적으로 참여가 필요
- 인구가 곧 소비이고, 소비 없는 기업 없다는 인식하에 기업의 적극적인 참여
- 사회문제의 근원인 사교육비 부담을 없앨 '한국형 혁명적 교육개혁'을 실행
- 대학 체제를 개혁하여 학문 분야와 기술 수준을 세계 최고 수준으로 유도
- 교유개혁과 지역 균형 발전을 통해 모든 국민의 행복지수를 세계 1위 국가

인구문제는 국가와 민족의 100년 앞을 내다봐야 할 중차대한 문제이다. 2005년 합계출산율이 1.08명으로 추락하면서 세계 최저 수준의 출산율 및 급격한 고령화 추이를 보이자, 각종 국가·사회적 제반 문제에 대한 효율적 대책 및 제도적 방안을 마련하기 위해 2016년 대통령 직속 '저출산고령사회위원회(www.precap.go.kr)'가 설치되면서 '새로마지 2030 플랜'이 시작되었다.

16년이 지난 2022년 합계출산율 0.78명은 지구상에서 찾아볼 수 없는, 가장 낮은 수치의 유일한 국가이다. 무려 280조 원의 예산을 쏟아부었지만, 오히려 저출생으로 인한 국가 소멸의 위기는 점점 가속화되고 있다.

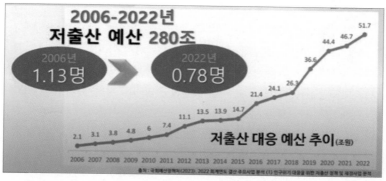

2023년 3월 28일 저출산고령사회위원회의 관계 부처 합동 회의에서 나온 '저출산 심화 현상과 진단'과 '그간 저출산 대응 정책 평가' 그리고 향후 추진 전략과 핵심 분야의 내용을 살펴보면, 위원회

스스로 정책 실패를 인정하면서도 여전히 합계출산율을 높일 획기적인 대안을 마련하기보다는 백화점식 대책을 나열하는 방식에서 벗어나지 못하고 있다.

2023년 3월 28일, 저출산고령사회위원회 관계 부처 합동

[보고 안건] **"윤석열 정부 저출산·고령사회 정책 과제 및 추진 방향"**

---

1. 저출산 심화 현상과 진단

가. 초저출산 심화: '22년 합계출산율 0.78명, 출생아 수 약 24만 명으로 한 세대 전 '91년(합계출산율 1.71명, 71만 명)과 비교 시 출산율 1/2, 출생아 수 1/3 하락

나. 초저출산 심화 원인

① 가족 형성 지연 추세 고착화: (만혼과 비혼 증가) 혼자 살거나 늦게 결혼하는 사회 분위기 고착화, (기혼 가정의 출산율도 하락) 결혼이 늦어지면서 아이를 갖는 연령이 높아졌고, 결혼하더라도 출산을 늦추는 경향 증가 → 만혼과 비혼이 저출산의 주요 요인이었으나, 최근에는 기혼 가구의 평균 자녀 수도 감소 심화

② 가족 형성을 어렵게 하는 복합적 사회경제 요인: 그간 정책 추진에도 불구, 여전히 마음 놓고 결혼·출산·양육을 선택하기 어려운 사회경제적 환경, 초경쟁적인 사회 환경으로, 결혼·출산보다 생존을 더 중요하게 인식, 경제 여건과 고용 불안 등으로 미래에 대한 전망이 부정적-취업 준비 기간 장기화, 고용 불안정성, 높은 주거 비용 등으로 성인 이행기가 지연됨에 따라 결혼·출산 포기, 지연, '15년 이후 활성화된 온라인 소통 환경이 비교 성향을 증폭, 세대 간 계층 이동에 대한 인식도 더욱 부정적으로 변화

2. 그간 저출산 대응 정책 평가: 그간 저출산 정책은 지속 확대, 서비스·시간·수당 지원이라는 정책 외연은 갖췄으나 산발적인 정책 도입으로 인한 제도적·현실적 사각지대와 이에 따른 정책 체감도 저하 문제 존재

① 불명확한 목표 설정: '개인 삶의 질 제고' 등 추상적이고 불명확한 목표

설정

② 근거 기반 평가 미흡: 과제 목표와 관계없는 성과 지표(ex: 예산 집행률)로 형식적 평가, 과제 추진→평가→수정·보완에 이르는 정책 평가·환류 체계 부재

③ 백화점식 과제 나열: 저출산 대책 관련성이나 효과성이 낮은 과제까지 포함, '06~'21년 동안 저출산 대응에 약 280조 원을 투입했으나, 정책 수요가 높은 임신·출산·돌봄 등 아동·가족 직접 지원 부족

④ 실수요자 요구 반영 부족: 청년 세대 가치관, 인식 변화 고려 부족

3. 4대 추진 전략

① 선택과 집중: 저출산 주요 요인 정책 연관성 및 효과성, 체감도 등을 고려하여 핵심 분야 발굴 및 주요 과제에 집중, 돌봄·교육, 일·육아 병행, 주거, 양육 비용 지원, 건강 관련 대책 우선 추진

② 사각지대, 격차 해소: 일·양육 지원제도 등의 제도적, 현실적 사각지대 해소, 동등하고 높은 수준의 돌봄 서비스 제공(유보 통합, 늘봄학교 등), 지역 간 서비스 격차나 수요 공급 불균형 완화 대책 마련

③ 구조 개혁과 인식 제고: 문화·제도 등 사회구조 개혁을 통한 공동체 가치 회복과 가족·양육 친화적 환경 조성을 위한 全 사회적 참여와 공감대 확산, 2030 청년 세대를 중심으로 한 의견 수렴과 양육 부모, 중장년 및 노년층 등 연령 그룹별 정책 수요 파악 및 정책 홍보

④ 정책 추진 기반 강화: 관계 부처, 관련 위원회와의 협업 구조 강화, 정책 평가-환류 체계 강화

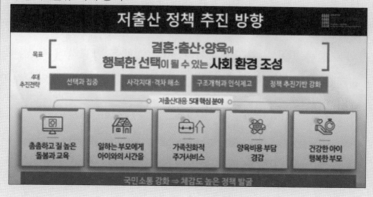

4. 5대 핵심 분야 주요 과제
① 촘촘하고 질 높은 돌봄과 교육: 가정 내 양육 지원, 영유아 어린이집·유치원 돌봄 수준 제고, 안심하고 맡길 수 있는 초등 돌봄 강화, 가정 내 보호가 어려운 아동 등에 대한 지원 강화, 가칭 〈아동 기본법〉 제정 추진
② 일하는 부모에게 아이와 함께 할 시간을: 현행 일·육아 병행 지원 제도 활용을 위한 실질적 사용 여건 조성, 일하면서도 부모 직접 돌봄이 가능하도록 육아기 근로 환경 개선
③ 가족 친화적 주거 서비스: 신혼부부 주택 공급 및 자금 지원 강화, 아이 있는 가구의 공공주택 입주 요건 완화 등 주거 지원 강화, 청년·신혼부부 주거정책 통합 정보 제공
④ 양육 비용 부담 경감: 부모 급여, 자녀 장려금, 세제 지원 강화
⑤ 건강한 아이, 행복한 부모: 임신·난임 지원 및 부담 대폭 완화, 2세 미만 아동 의료비 대폭 경감, 의료 인프라 확충

2023년 12월 3일, 정부와 여당은 "맞벌이 가정의 자녀 돌봄 부담 등을 고려하여 내년부터 늘봄학교를 전국 17개 시도교육청으로 확대하는 방안도 논의했다." "학교 현장의 업무 부담 경감을 위해 기존 학교 업무와 늘봄학교를 분리하고 이를 위한 전담 인력을 확보해 달라."라고 요청했고, 정부는 이를 적극 검토하기로 했다고 한다.

이와 같이 부처별로 매일 발표되는 정책들은 저출생 문제를 근본적으로 해결하겠다는 의지보다는 각계각층의 요구에 떠밀려서 1일 1건의 대책을 발표하는 모양새이다. 이런 정책을 발표하여 시행한다고 진정으로 저출생 문제를 해결할 수 있다고 생각하는지 의심스러울 뿐이다.

저출생 고령사회의 문제를 해결하기 위해서는 합계출산율이 급감하게 된 전반적인 원인 분석과 함께 합리적인 대안을 찾아야만 한다. "각론만 보고 전체를 보지 못한다."라는 행동을 비유한 "나무는 보고 숲을 보지 못한다."라는 속담이 있다. 합계출산율이란 '숲'을 먼저 보고 '나무'인 정책을 수립해야만 한다. 하지만 정부는 합계출산율을 높이기 위한 숲은 보지 못하고, 부처별 아이디어에 의존하거나 각론에 집착하는 정책들을 쏟아 내고 있다. 중앙 부처와 정치권이 각론에 매몰되면서 우왕좌왕하는 모습이기 때문에 우리는 저출생 문제라는 숲을 먼저 파악하면서 정밀하게 진단해 보고자 한다.

첫째, 결혼 및 출생은 구호나 계몽만으로는 한계가 있다. 합계출산율이 추락할 수밖에 없는 현실을 인정하면서 시작해야 한다. 급격한 경제 발전으로 인한 풍요로운 경제력, 복지국가의 출현, 사회보장 제도가 발전함에 따라 1인 가구가 자연스럽게 증가하였다.

경쟁풍토에 지쳐 있는 청년세대, 개인주의의 확대, 독립성과 자아실현에 대한 욕구 증가, 통신의 발달과 도시화에 따른 가치관의 변화, 평균수명 연장, 여성의 교육 수준 향상에 따른 지위, 사회 진출에 따른 혼인율 및 출산율 감소, 경제활동에 따른 만혼의 증가, 자녀 교육을 위한 사교육비 부담, 이혼과 별거의 증가, 고령화에 따른 노인 독신 가구의 증가 등 사회적 변동을 인정하면서 대책을 마련해야 한다. 이와 같은 사회현상을 모두 고려하여 합계출산율을 높일 수 있는 정부 정책의 패러다임 변화가 필요하다. 결혼 및 출생 장려는 '국민의 의식을 전환하자'라는 식의 단순한 구호나 계몽 그리고 용돈 개념의 지원금 정책으로는 분명한 한계가 있다.

둘째, 저출생 문제로 인한 악순환 구조를 선순환 구조로 하루빨리 전환해야 한다. 기득권 중심의 무한 경쟁 사회구조 속에서 시작된 젊은 층의 연애 및 결혼 기피 현상이 저출생 문제의 시작이라 할 수 있다. 출생률이 급격하게 낮아지면서 소비의 주체인 어린아이들이 급격하게 줄어들면서 소비량과 생산량 감소는 기업이 경영 환경에 따라 인재를 고용할 수 없는 환경을 만들었고, MZ세대들의 일자리 부족 문제는 연애와 결혼 기피 현상을 초래하는 악순환 구조로 변했다.

한강의 기적은 베이비붐 세대가 있었기에 가능했고, 그들이 만든 결과물이기도 하다. 높은 출산율은 소비를 진작시켰고, 높은 소비율은 기업의 생산량 증가를 위해 일자리를 창출하였고, 높은 고용률에 따라 젊은 층의 지갑이 두둑해지면서 연애와 결혼, 그리고 높은 출산율을 유지할 수 있었다. 이런 선순환 구조 속에서 국민의 희생을 통한 고도 성장과 높은 출산율이 가능했다. 따라서 한국 사회가 다시 선순환 구조로 전환되기 위해서는 조금은 인위적이거나 파격적인 정책을 마련하여 우선 결혼과 출산할 수 있는 환경을 조성하는 것이 필요하다.

셋째, 기혼자 중심의 출산 장려보다는 미혼자 대상의 결혼장려정책이 우선 필요하다. 우리나라 초저출생의 첫 번째 원인은 "결혼 적령기 남녀는 결혼하지 않거나 결혼할 수 없는 환경이다."라는 점을 고려하여 출산율을 높이기 위해 당장 눈앞에 보이는 기혼자 대상으로 출산장려정책에 역점을 둘 것이 아니라 미혼자 대상으로 결혼할 수 있는 환경 조성과 정책 마련을 위해 행정력을 총동원해야 한다. 현재 결혼 장려를 위한 정부 중심의 신혼부부 행복주택, 지자체 중심의 미혼 남녀 만남 행사 등 실속 없는 결혼장려정책으로는 분명한 한계가 있다.

결혼 및 출산 기피 현상을 해결하기 위해서는 젊은 층의 고용 문제와 일자리 창출, 여성의 경력 단절. 일과 가정 양립 등과 같은 사회적·경제적 문제들을 해결해 나가는 것도 분명 중요하다. 하지만 공무원이나 시민단체에서 "결혼은 결혼중개업체의 고유 영역이다." "결혼은 반드시 혼인신고가 필요하다." "남녀가 결혼해야만 출산할 수 있다."라는 기존 사고의 틀을 과감히 깰 수 있어야 한다. 또한 청년들이 결혼과 출산을 선택할 수밖에 없는 사회적·제도적·법률적 장치를 마련하고, 혼외출산도 받아들일 수 있는 사회적 합의도 필요하다.

넷째, 개인의 확고한 신념으로 비혼 및 무출산을 선택하는 MZ세대의 생각을 존중한다. 개개인의 철학이나 삶의 지향점에 따라 결혼은 각자의 자유와 선택의 영역이다. 자발적 비혼이나 출산을 기피하는 젊은 층의 생각을 비난하기보다는 각자의 사고방식을 존중할 수 있는 성숙한 국민 의식이 필요하다. 이들에게 여전히 19~20세기적 결혼 형태를 강요하기보다는 21세기를 살아가는 청년들의 다양한 선택지를 인정하고 존중하는 사회가 되어야만 한다.

저출생 문제가 대두되던 2005년경 싱글세를 부담시켜 저출생 재원으로 사용하겠다는 방안을 논의하다가 사회적 반발에 가로막혔다.

"싱글세를 부과하면 비혼을 줄이거나 저출생을 해소하여 인구 감소를 막을 수 있을 것이다."라는 근시안적인 사고방식으로 결혼과 출산을 강요해서도 안 된다.

우리나라에는 싱글세란 이름으로 내야 하는 세금은 없지만 2007년에 소수 공제자 추가 공제 제도를 폐지하면서 다자녀 가구 추가 공제 제도가 도입되었다. 다자녀 공제를 인정하는 것은 싱글세가 아니라 역싱글세라 할 수 있다. 비혼과 무출산을 선택하는 분들을 존중하기를 원하는 만큼 국가의 일원으로서 국가 존립의 위기를 극복하기 위한 국가보육정책의 하나로 도입되는 역싱글세(자녀 수당, 자녀 공제 등)를 수용할 수 있어야 한다. 역싱글세는 개인의 삶의 방식에 대한 침해나 결혼과 출산을 강요하는 것이 아니다. 사회 구성원으로서 사회문제에 대한 책임 의식과 결혼과 출산에 대한 사회적 의미를 부여하는 정책으로 인식될 수 있어야 한다.

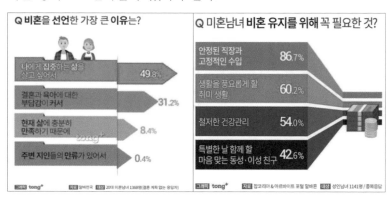

다섯째, 가정 건강과 사회 건강이 동일하다는 국민 의식까지 변화시킬 정책이 필요하다. 합계출산율 0.7은 우리나라 여성의 절반 이상이 출산하지 않은 결과이다. 건강한 사회의 근간인 '가정 해체'의

위기에 이르렀다는 점을 직시해야 한다. 결혼에 대한 여성의 가치관이 바뀌고 시대가 변했더라도 건강한 가정의 소중함의 본질은 변하지 않는다. 아무리 시대가 급변하더라도 변하지 않는 질서는 엄연히 존치되어야 마땅하다. 인간은 동물과 다른 사회적 동물이고, 남녀가 만나 결혼, 임신, 출산, 양육을 통해 가족을 유지하는 것은 인간만이 가능하다. 인류는 이러한 질서 속에서 지금까지 삶을 지탱해 왔고 건강한 가족을 통해 건강한 사회가 유지되어 왔다.

가정이 건강할 때 사회가 건강하고 더 나아가 나라가 건강하게 성장하면서 인류가 공존할 수 있다. 결혼과 출산의 기쁨을 지원하기 위해 단순한 구호성 계몽운동이나 의식 개혁으로는 한계가 있다. 지자체와 언론 매체, 지식인, 지도층, 사회단체는 물론 범정부 차원에서 건강한 가족을 지탱할 제도적인 안전장치를 마련해야만 한다. 기혼자와 미혼자, 무자녀와 유자녀 그리고 다자녀 여부에 따라 양육비 차등 지원을 통해 비혼을 생각했던 미혼자조차도 결혼과 출산을 선택할 수밖에 없는 정책이 필요하다.

여섯째, 출산과 자녀 양육에 따른 소중한 가치를 느낄 수 있는 정책이 필요하다. 2014년 작고한 게리 베커(Gary Becker) 전 시카고대 교수는 결혼, 출산 등의 행위를 경제학적으로 분석, 사회과학 분야 정책에서 큰 영향을 미친 공로를 인정받아 1992년 노벨 경제학상을 수상했다. 베커 교수는 "자녀가 부모에게 주는 기쁨이라는 효용이 양육에 필요한 노동과 자본의 비용을 초과하면 출산하지만, 자녀 양육에 따른 비용이 효용보다 크면 출산하지 않는다."라고 했다. 즉, 출산율은 노동과 자본이라는 비용뿐만 아니라 기쁨이라는 효용도 함께 변수로 작용하는 함수이다.

  결혼으로 인한 배우자가 주는 가정의 안정, 자녀가 주는 기쁨이나
행복은 그 어떤 것과도 비교할 수 없다. 배우자와 자녀를 양육하는
분들은 싱글들과 같이 혼자만의 여유를 즐길 수 없거나 자녀들 때문
에 하고 싶은 일들을 포기할 수밖에 없다. 부모가 된다는 것, 경제적
문제, 육아 환경, 직장 문제, 교육 문제 등으로 아이를 낳고 키우기가
당장은 어렵다고 생각할 수 있다. 특히 여성이 '아이를 낳는다'라는
것은 겉으로 보기에는 '손해가 막심한 일', '여자만의 희생' 등 불공
평하다고 생각할 수 있다.

  하지만 존재 자체만으로 사랑스럽고 소중한 자녀를 낳고 키우면서
깨닫는 기쁨, 아이를 양육하는 과정은 그 어떤 것과도 비교할 수 없
는 행복감을 준다. 자녀가 부모에게 주는 인생의 가장 큰 기쁨과 행
복을 포기하는 것이다. 자녀를 양육하는 부모들은 스스로 많이 성장
할 기회가 된다고 말한다. 그렇게 양육한 자녀들이 이 나라를 지탱하
는 초석이 된다는 사실을 깨닫는다면, 결코 결혼과 출산을 포기할 수
없을 것이다.

출처 : 무료 이미지(www.pexels.com)

  **일곱째, 중앙정부 중심의 강력한 컨트롤타워 역할을 담당할 중앙
부처가 필요하다.** 합계출산율이란 '숲'을 정확하게 파악하고 '나무'인
정책을 수립해야 하는데, 컨트롤타워가 없으므로 숲은 보지 못하고,

기득권층이나 부처별 아이디어 형태의 정책들은 실효성을 기대할 수 없다. 공무원들은 부정부패 예방 차원에서 2년마다 순환 보직을 실시하므로 숲에 어울리는 정책들을 생각조차 할 수 없다. 한 사람의 공무원이나 한 부처에서도 합계출산율이라는 숲을 보고 장기적인 정책을 마련할 수 없으므로 숲을 보고 구체적인 계획을 세울 컨트롤타워가 필요하다.

정부와 지자체는 출산율을 높이기 위해 기혼 부부에게 "양육비를 지원해 줄 테니 아이를 낳아라."라는 개발도상국 방식의 각종 명목의 임신과 출산에 따른 각종 지원금을 지원하고 있다. 하지만 이는 국민의 피부에 와닿지 않거나 국민적 관심을 끌지 못했다. 현재 복지부, 여가부, 저출산고령사회위원회, 지방시대위원회, 경제사회노동위원회, 국가교육위원회 그리고 각 지자체로 분산된 기능을 통합하여 강력한 컨트롤타워 임무를 수행할 중앙 부처가 필요하다.

여덟째, 정부와 지자체의 결혼 및 출산지원금을 통합하여 일원화할 필요가 있다. 인구 증가를 위해 지자체들이 경쟁적으로 현금 지원 정책에 치중할 것이 아니라 정부 주도하에 표준모델을 통해 선택과 집중 방식으로 지원해야만 한다. 현재의 영아 수당, 아동 수당, 첫 만남 이용권, 보육료 지원, 부모 수당 등 현금 지급형 출산장려정책은 한마디로 "의식주가 해결되면 아이를 낳겠지?"라는 지나치게 안이하고 협소한 시각으로 접근한 것이다. 국민의 의식 수준은 크게 변화하였음에도 불구하고 정부 관료들의 눈높이는 "먹고사는 문제를 지원한다."라는 개발도상국 시절의 사고에 머물러 있다.

청년들은 현금 지원 정책으로는 효과가 없다고 지적하고 있다. 최근 강진군청이 출생 장려금으로 아기 한 명당 월 60만 원씩, 7년간 5040만 원을 지급하고, 경남 거창군도 출산 전 6개월간 부모 실거주만 확인되면 500만 원을 지급한다. 재정 자립도가 10%도 안 되는 지자체에서 아무리 출산율이 급하더라도 이렇게 많은 예산을 지출하는 것은 심각한 문제이다.

그럼, 정말로 현금 지원 정책이 효과가 없을까? 절반은 맞고 절반은 틀렸다. 현재 출산한 부모를 대상으로 정부와 지자체에서 출산 장려금을 용돈 개념으로 지급하는 방식은 절반은 맞지만, 저출생 문제를 근본적으로 해결할 수는 없다. 반면 정부와 지자체 그리고 기업과 단체에서 지원하는 출산지원금을 모두 통합하여 지급한다면 시너지 효과를 어렵지 않게 확인할 수 있을 것이다. 자녀를 출산하면 국가보육 차원에서 자녀 양육비를 충분하게 지원할 경우 저출생 문제를 해결할 수 있으므로 나머지 절반까지 맞는다.

지금과 같이 아이를 낳으면 용돈(수당) 개념의 현금성 지원 정책으로는 분명한 한계가 있으므로 다자녀를 출산할 수밖에 없는 사회적 합의를 통한 종합적인 대책을 마련해야만 한다.

아홉째, 한국인의 잠재의식을 이끌어 낼 수 있는 정부 주도의 정책이 필요하다. 출산율을 높이기 위해선 자녀 양육의 기쁨을 극대화하고 양육비 부담을 최소화할 수 있을 뿐만 아니라 무자녀와 유자녀의 차이를 실감할 수 있는 정책이 필요하다. 현금 지원 방식인 '돈'은 결혼과 출산한 가정경제에 도움이 되는 '필요조건'임은 분명하다. 하지만 현금만으로 결혼과 출산을 장려하겠다는 협의의 정책에서 탈피해야만 한다. 기혼자와 미혼자, 유자녀와 무자녀의 차이를 통해 출산과 육아로 인한 기쁨까지 얻을 수 있는 '충분조건'까지 필요하다.

저출생 문제를 해결하고자 아동 수당, 영아 수당, 부모 수당 등 용돈 개념의 현금 지원 정책으로는 더 이상 출산율을 높일 수 없다는 점은 익히 증명되었다. 이제는 우리나라의 문화적·사회적 배경은 물론 비교 문화, 경쟁 풍토, 체면 문화 등 우리 국민의 마음속에 깊이 내재한 잠재 의식이 분출할 수 있는 정책이 필요하다.

같은 장소 같은 시간에 노동력을 제공했더라도 자녀가 있는 근로 자와 무자녀인 근로자의 차별화를 느낄 수 있어야 한다. 무자녀 노동 자는 자기 계발과 자아 성취를 위해 개인적인 시간은 충분하게 즐길 여유를 가진다. 반면 자녀를 양육하는 근로자는 자녀 양육을 위해 많은 것들을 희생한다. 자녀 양육 과정에서 소비 활동은 직간접세를 부담하게 되고, 직간접세는 국가 유지와 사회간접자본 그리고 미래 세대에 필요한 각종 세금을 부담하는 주체가 되기 때문에 반드시 그에 따른 보상이 뒤따를 수 있는 정책이 필요하다.

자녀를 양육하는 근로자에게는 자녀 양육에 필요한 보상 뿐만 아니라 재산까지 축적할 기회까지 제공해야만 빈부 격차도 해소할 수 있다. 비혼이나 무자녀인 분이 '자신의 여유로운 삶을 선택할 것인가?' 아니면 '자녀를 양육하는 근로자가 누리는 보상을 생각하여 결혼과 출산 그리고 자녀 양육을 선택할 것인가?'라는 고민에 빠질 수 있는 유인정책이 필요하다.

열째, 기업에 강요하는 육아휴직은 합계출산율을 높일 필요조건이지 충분조건은 아니다. 현재 정부에서 출산율을 높이기 위해 가장 먼저 강조되는 정책은 '육아휴직 제도'이다. 육아휴직을 신청하려면 회사, 상사 그리고 동료들의 눈치를 볼 수밖에 없는 현실을 간과한 정책들은 공허한 메아리에 그칠 뿐이다. 육아휴직을 법대로 사용할 수 있는 곳은 대체로 공무원, 공공기관 그리고 직원복지가 보장된 일부의 기업뿐이다. 대다수 근로자는 육아휴직을 사용하기 어려운 실정을 간과한 정책은 성공하기 어렵다.

2023년 3월 26일, 연합뉴스, 오보람 기자

"출산율 최저인데… 직장인 45% '육아휴직 자유롭게 못 써'"
기사 중에서

지난해 합계출산율이 0.78명으로 역대 최저를 기록한 가운데 육아휴직을 자유롭게 쓰지 못하는 직장인이 절반 가까이 된다는 조사 결과가 나왔다. 시민단체 직장갑질119와 사무금융우분투재단은 여론조사 전문기관 엠브레인 퍼블릭에 의뢰해 남녀 직장인 1천명을 대상으로 설문한 결과 45.2%가 이같이 답했다고 26일 밝혔다. 성별로는 남성(41.6%)보다 여성(49.9%)이 육아휴직에 제약을 받는 것으로 조사됐다. 이같이 답한 비율은 비정규직(58.5%), 5인 미만 사업장 노동자(67.1%), 월급 150만원 미만 노동자(57.8%) 등 '노동 약자'가 평균보다 높았다.

출산휴가를 마음대로 쓰지 못한다고 답한 직장인은 39.6%였다. 비정규직(56.8%), 5인 미만 사업장 노동자(62.1%), 월급 150만원 미만 노동자(55.0%)는 절반 이상이 출산휴가를 자유롭게 쓰지 못하는 형편이라고 답했다. 가족돌봄휴가 역시 응답자의 53%가 자유롭게 쓰지 못하는 것으로 조사됐다. 가족돌봄휴가는 자녀와 조부모·부모·배우자 등을 돌보기 위해 쓰는 휴가다. 남녀고용평등법에 따라 1년에 열흘까지 쓸 수 있다. 직장갑질119는 육아휴직·출산휴가 등을 썼다가 ▲ 육아휴직 후 급여 삭감 ▲ 안식휴가 대상자에서 제외 ▲ 일방적인 휴가 일수 조정 ▲ 임신기간 근로시간 단축 요청 거절 등 부당한 대우를 당한 사례도 있다고 전했다. (후략)

실제 시민단체 '직장갑질119'의 최근 조사에 따르면 직장인

45.2%가 육아휴직을 자유롭게 쓰지 못한다고 답했다. 또한 출산휴가를 마음대로 사용하기 힘들다는 비율도 39.6%에 달했다. 남성들도 아내의 육아 부담을 덜어 주고 싶은 마음은 클 것이다. 그렇지만 산업 현장에서는 대체 인력을 구하지 못하거나 팀원들에게 업무 부담을 가중할 수밖에 없으므로 현실적으로 육아휴직은 어렵다.

산업 현장의 사정을 간과한 정부는 "근로자의 정당한 권리인 연차휴가, 출산휴가 및 육아휴직 사용을 방해하거나 불이익을 주는 등 위법하거나 잘못된 기업 문화에 대한 국민의 우려를 다시 한번 확인했다."라며 "강력한 단속과 감독을 통해 산업 현장의 법치를 확립하겠다."라고 협박하고 있는 수준에 머물러 있다.

2023년 3월 27일, 중앙일보, 천인성 기자

"이정식 '공짜 노동', 임금 체불 강력 단속… 출산·육아휴직 실태 조사"
기사 중에서

정부의 근로시간 제도 개편안과 관련해 '장시간 근로' 논란이 불거진 가운데 이정식 고용노동부 장관이 27일 "본부와 일선 지방 관서에 법이 확실하게 지켜질 수 있게 올해 강력한 단속·감독을 통해 산업현장의 법치를 확립하라"라고 지시했다. 노동부에 따르면 이날 이 장관은 정부세종청사에서 정책점검회의를 주재하며 "소위 공짜 노동으로 상징되는 근로시간 위반, 임금체불과 함께 근로자의 정당한 권리인 연차휴가, 출산휴가 및 육아휴직 사용을 방해하거나 불이익을 주는 잘못된 기업문화에 대한 국민의 우려를 다시 한번 확인했다"면서 이렇게 밝혔다.

이어 이 장관은 "근로자들이 출산휴가, 육아휴직을 제대로 사용하는지 집중적으로 감독하라"며 "현장의 사용 실태를 대대적으로 조사해 근로자 권리 행사를 위한 실효성 있는 방안을 마련하라"고도 지시했다. 또 "모든 정기 수시감독에 있어 근로시간 실태를 파악하고, 포괄임금, 고정수당 기획감독 및 신고센터 접수 사건 사례를 철저히 분석해 실효성 있는 보완 방안을 마련해달라"라고 당부했다.

정부에서 일방적으로 강요하는 정책이 아니라 영리 목적 기업의 입장과 현실을 고려한 정책을 마련해야 한다. 관료들은 기업 경영자의 입장을 고려하기보다는 일방적으로 육아휴직을 강요하면 그대로 따를 것이라 생각하겠지만, 경영자의 입장에서 한번 생각해야만 할 것이다. 육아휴직을 강요하지 않더라도 기업이 자발적으로 노동자들에게 육아휴직을 권장하고, 근로자는 구성원들의 눈치를 보지 않고 자유롭게 사용할 수 있는 기업 환경을 조성하는 정책이 필요하다.

열한째, 국가보육정책은 혈세가 아니라 정부, 지자체, 기업의 역할 분담이 필요하다. OECD 공공사회복지 지출의 기준은 노인, 가족, 근로 무능력자, 보건, 실업 등 9개 분야에 대한 공적 지출을 의미한다. 우리나라는 국내총생산 대비 사회복지 지출 비중이 OECD 38개 회원국 중 34번째로 낮은 수준이다. 우리나라는 조세와 사회보장 기여금 등 국민부담률이 26.7%, 대표적인 저부담·저복지 국가로 분류된다. 경제 규모 세계 7~8위권인 우리나라는 34번째이고, 한국보다 순위가 낮은 국가는 멕시코, 칠레, 터키 등 3곳뿐이다.

우리나라는 유럽과 비교할 때 낮은 세금과 낮은 수준의 복지정책을 근간으로 정부를 운영하고 있다. 증세 없는 복지는 실제로 불가능하다. 국가 소멸을 막기 위해 전체 국민이 부담해야 할 세율을 현재보다는 대폭 높이는 대신 자녀 양육에 따른 가계 부담을 최소화하고, 빈부 격차를 줄이거나 기본소득을 보장할 수 있는 국가 책임 보육이 요구된다.

유럽은 2019년 기준 미혼이거나 자녀가 없는 근로소득자는 총소득의 약 40%를 세금으로 내야만 한다고 한다. OECD 회원국 평균

25.5%인데 반해 대한민국은 14.9% 수준에 머물러 있다. 독일의 경우 출산수당뿐만 아니라 자녀수당과 부모수당까지 정부가 지원하는데, 높은 세금을 부과하여 확보된 세수를 통해 사회복지 비용으로 지출할 수 있으므로 가능한 국가보육이다.

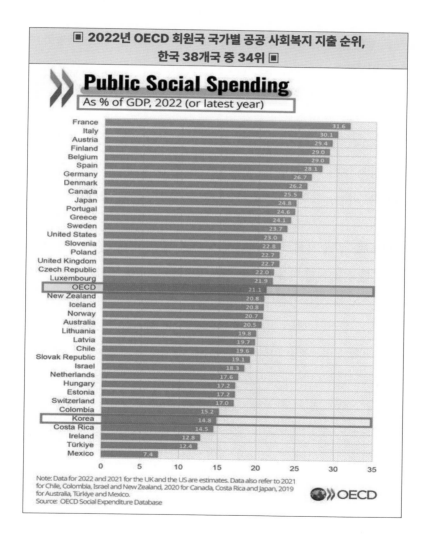

■ 2022년 OECD 회원국 국가별 공공 사회복지 지출 순위, 한국 38개국 중 34위 ■

남북 분단의 상황에서 국방비가 차지하는 비중을 고려할 때 국가 보육정책을 수립하더라도 선진국과 같은 수준의 복지 비용을 투입할 수는 없을 것이다. 또한 국민을 대상으로 과도한 세금을 부담시켜서도 안 되겠지만 국가 소멸을 막을 수 있는 세율 인상 정도는 반드시 필요하다. 그렇다고 합계출생률을 높이기 위해 "국민 혈세인 국가 재정을 무한정 투입하는 방식의 국가보육이 필요하다."라고 주장하는 것도 아니다.

　우리 국민이 아이를 낳고 키우는 즐거움과 자아실현의 목표를 동시에 만족할 수 있도록 수혜자 원칙에 따라 정부는 물론 기업과 노동계가 눈앞의 이해관계보다는 상생 방안을 통해 실효성 있는 결혼 및 출생장려정책을 마련하고, 국가 예산을 집중적으로 투자할 수 있는 과감한 정책을 시행할 수 있도록 함께 노력해야만 할 것이다.

　열두째, 우리 사회의 모든 문제의 근본 원인인 입시중심의 교육제도를 '한국형 혁명적 교육개혁'으로 전환할 필요가 있다. '저출생 문제를 극복 방안을 언급하다가 뜬금없이 교육개혁'이라고 생각할 수도 있다. 우리 사회를 지배하는 빈부 격차, 지역감정, 청소년 문제, 각종 범죄 문제, 계층 이동이 불가능한 사회구조, 수도권 집중화, 주거 문제, 양육비 부담 등으로 인한 저출생 문제의 근원적인 원인은 일류대 진학을 위한 사교육비 부담에서 출발하고 있기 때문에 기존의 입시제도 중심의 교육개혁으로는 분명한 한계가 있기 때문에 '한국형 혁명적 교육개혁' 정책을 제안하는 것이다. 교육개혁이라는 담론은 우리 사회를 지배하는 기득권층에게 강한 거부감을 일으킬 수 있으므로 본서의 마지막인 '제5장 [장기 계획] 한국형 혁명적 교육개

혁과 지역 균형 발전을 통한 삶의 질 향상' 부분에서 자세히 다루기
로 한다.

제3장

[중단기 계획]
저출산 문제를 극복하기 위한
출산장려정책

■ 정부와 지자체의 역할 분담
• 정부와 지자체의 지원금을 모두 통합하여 자녀수당으로 일괄적으로 지급
• 자녀 1인당 지급액은 혈세에 의존하기보다는 기업과 역할 분담
  ◇ 임금에 대한 정의 ◇ 기업의 세율조정
• 지자체는 결혼과 출산을 희망하는 청년들에게 '조건부 거주용 주택' 제공

■ 임금에 대한 정의를 재정립하는 것은 시대적 필연성
• 현재의 '임금'의 정의 : 노동의 대가
• 미래의 '임금'의 정의 : 노동의 대가+소비의 대가+미래 사회의 대가
• 무자녀인 노동자: 미혼자와 무자녀는 1인 소비자→소량 구매와 소액 납세
  → 무자녀 노동자의 노후 복지 문제는 유자녀 노동자 자녀들이 부담하는 구조
• 기혼·유자녀: 본인과 배우자와 자녀들이 소비자 역할→대량 구매와 고액 납세
  → 배우자 및 자녀들은 소비와 미래 사회에 경제활동을 통해 국가 발전에 이바지

■ 매년 임금 인상 과정에서 자녀 1인당 50만 원의 자녀수당 지급
• 노사 협의 과정에서 해당 기업의 전체 임금 인상률에 해당하는 금액을 산출
• 전체 노동자의 0~18세까지 자녀 수에 해당하는 금액으로 분배하여 자녀수당
• 자녀수당이 자녀 1인당 50만 원이 될 때까지 매년 임금 인상분 배정
• 자녀수당이 자녀 1인당 50만 원을 초과한 이후부터는 기존 임금 인상과 동일
• 자영업자, 비정규직, 전업주부, 무직자 등은 미리 정한 기준에 따라 지급

정부와 지자체의 결혼, 출산, 보육 지원 항목

가. '정부24'를 통해 본 출산지원정책

우리 국민이 손쉽게 다양한 정보를 접할 수 있는 정부24 홈페이지 (www.gov.kr)에 접속한 후 '민원서비스〉원스톱서비스'에 있는 ① 맘 편한 임신 ② 행복한 출산 ③ 온종일 돌봄 등의 메뉴를 각각 확인하면 정부에서 준비하는 출산 및 보육 분야에 대해 자세하게 안내되어 있다. 그런데 2023년 8월경의 홈페이지 내용과 2023년 12월 홈페이지의 내용에 많은 차이가 있다는 것은 우리나라의 주요 정책이 얼마나 주먹구구식으로 추진되는지 확인할 수 있다.

■ 맘편한 임신

1) 맘편한 임신 서비스 지원에서 현금('→'는 중간에 변경된 부분)

㉮ 엽산제 지원: 현금/현물→현물 ㉯ 철분제 지원: 현금/현물→현물 ㉰ 표준 모자보건수첩 제공: 현금/현물→현물 ㉱ Mom편한-KTX 서비스: 감면/면제→동일 ㉲ 건강보험 임신출산 진료비 지원→국민행복카드 ㉳ 임신, 출산 진료비 지원: 현금/현물→의료수급자 ㉴ 청소년 산모 임신·출산 의료비 지원: 현금/현물→서비스(의료) ㉵ 산모·신생아 건강관리 지원사업: →이용권으로 단일화 ㉶ 에너지바우처 사업: →이용권으로 단일화 ㉷ SRT 임산부 할인: 감면/면제→동일

2) 난임부부 시술비 지원

㉮ 난임부부 시술비 지원 ㉯ 중앙난임 우울증 상담센터

3) 상담 및 교육

㉮ 여성장애인 교육지원(교육/용역) ㉯ 한국마더세이프 전문상담센터

■ **행복한 출산**

1) 행복출산 원스톱 서비스

㉮ [전국 공통] 출산 관련 서비스 통합처리 신청(행복출산): ① 부모급여 ② 첫 만남 이용권 ③ 양육수당 ④ 출산가구 전기료 감면 ⑤ 아동수당 ⑥ 다자녀 전기료 감면 ⑦ 해산급여 ⑧ 다자녀 도시가스비 경감 ⑨ 여성 장애인 출산비용 지원 ⑩ 다자녀 지역난방비 경감 ⑪ 저소득층 기저귀·조제분유 지원 ⑫ KTX 다자녀행복, SRT 다자녀 가족할인

㉯ [지자체 서비스] 출산 관련 서비스 통합처리 신청(행복출산): ① 시도 출산지원금 ② 시군구 출산지원금 ③ 출산용품 ④ 다자녀출산축하 ⑤ 다자녀 가족사랑카드 ⑥ 다자녀 차량용 스티커 발급 ⑦ 유축기 대여 ⑧ 산후모유 수유교실 ⑨ 5-touch 건강교실

2) 지역별 출산지원 서비스: 585종→601건으로 증가

3) 다자녀 지원 서비스: 387종에서 398건으로 증가(중앙부처는 228종에서 232건으로 증가, 지자체는 159에서 166건으로 증가)

■ **온종일 돌봄: 전국 10,418곳의 시설에서 10,482곳으로 증가**

㉮ 다 함께 돌봄 (돌봄이 필요한 만 6세~12세(초등학생) 아동) ㉯ 지역아동센터(소득이 가구원 수별 기준 중위소득 100% 이하이고 만 18세 미만의 초

등학교 및 중학교에 재학 중인 아동을 지원) ㉣ 청소년 방과후 아카데미(소득이 가구원 수별 기준 중위소득 100% 이하이고 만 18세 미만의 초등학교 및 중학교에 재학 중인 아동을 지원) ㉤ 초등 돌봄교실(돌봄이 꼭 필요한 맞벌이, 저소득층, 한부모 가정 등의 초등학생을 대상으로 돌봄 서비스를 제공) ㉥ 지자체 돌봄(시범 운영) : 돌봄이 필요한 만 6세~12세(초등학생) 아동 ㉦ 학교 돌봄터: 시설 이용, 돌봄이 필요한 만6~12세 아동(초등학생)

나. 2024년 보건복지부 예산, 올해보다 12.2% 높여(정부안)

■ 필수가임력(생식건강) 검진비 및 냉동 난자 사용 비용 지원: 미숙아·선천성 이상아는 소득과 관계없이 의료비 지원: 2024년에는 필수가임력(생식건강) 검진비와 미숙아 등 의료비 지원 예산이 236억 원으로 증가할 예정이다. 해당 예산으로 임신 준비 부부에게는 생식 건강 검진과 냉동 난자 사용에 대한 비용을 지원하며, 미숙아나 선천성 이상아의 의료비도 소득 수준과 관계없이 지원한다.

■ 부모급여 100만 원으로 확대.....둘째부터는 첫 만남 이용권 300만 원: 0세에게 지급하는 부모급여를 70만 원에서 100만 원으로 늘린다. 또한 첫 만남 이용권도 둘째 아이부터 200만 원에서 300만 원으로 늘어난다. 이를 위해 2024년 부모급여와 첫 만남 이용권 예산은 3조 2691억 원으로 확대되었다.

■ 시간제 보육 기관 확대: 정원 미달인 0~2세 반에 기관보육료 추가 지원: 아이를 집에서 돌보다가 필요할 때 어린이집에 맡길 수 있도록 시간제 보육 기관을 1,030개 반에서 2,315개 반으로 확대한다. 정원 미달 영아반(0~2세)은 결원 아동 수만큼 기관보육료를 추가로 지원하는 '영아반 인센티브'를 신설하여 안정적인 보육 서비스 제공한다.

과제	2023년	2024년	주요 내용
부모급여 (영아수당)	0세 70만 원 1세 35만 원	0세 100만 원 1세 70만 원	• 부모급여 확대 * 0세 70만 원, 1세 35만 원 →0세 100만 원, 1세 70만 원
첫 만남 이용권	모든 자녀 각 200만 원	첫째 200만 원 둘째 이상 300만 원	• 다자녀 가구 첫 만남 이용권 지원 확대 (200→300만 원)
보육료 지원	221~653천 원	232~686천 원	• 영유아 보육료 단가 인상: +5% * 영아반 인센티브 신설(23.2~62.9만 원)
시간제 보육	1,030개 반	2,315개 반	• 시간제 보육 제공 기관 확대: +1,285개 반
임신 사전 검사 비용 지원		부부 8.2만 쌍 ('24년 신규)	• 임신 계획 단계 부부에게 필수 가임력 (생식건강) 검진비 지원 * 60개 지자체('24년 상반기 공모 후 선정) * 여성 10만 원, 남성 5만 원 상한
냉동난자 사용 보조 생식술 비용 지원		552명 ('24년 신규)	• 냉동난자 해동 및 보조 생식술 비용 일부 지원(회당 1백만 원, 부부당 2회)
고위험 임산부 의료비 지원	1.3만 명	3.3만 명	• 고위험 임신질환(19종) 진료비 지원 소득 기준(기준 중위 소득 180%) 폐지
권역 난임·우울증 상담센터	7개소	9개소	• 난임·우울증 심리·정서 지원을 위한 상담센터 추가 설치·운영(+2개소)
미숙아·선천성 이상아 의료비 지원	0.8만 명	1.2만 명	• 미숙아·선천성 이상아 의료비 지원 소득 기준 폐지 • 선천성 이상아 의료비 지원 요건 완화 * 출생 후 1년 4개월 이내 입원·수술 →출생 후 2년 이내 입원·수술
생애 초기 건강관리	60개	75개	• 가정방문을 통한 신생아 발달 평가, 모자 건강 상담 지원 보건소 확대
보청기 지원	100명	278명	• 난청 확진아에 대한 보청기 지원 대상 확대(+178명)

다. 정부 지원제도의 복잡성과 재정비의 필요성

정부의 출산 및 보육 분야 지원 정책은 다양하면서도 매우 복잡하게 구성되어 있다. 우리나라 국민의 교육 수준이 아무리 높다지만 지원 제도를 모두 활용하기 위해서는 자격시험에 준하는 학습이 필요할 정도로 혼란스럽다. 직장인이나 저소득층 여성들이 출산 이후에 일과 육아에 지친 몸으로 이와 같은 제도들을 자세히 살펴볼 여유가 있을까? 더구나 '생후 60일 이내에 신청하는 경우 출생이 속한 달부터 소급 지원'와 '생후 60일이 지난 후 신청하는 경우 신청일이 속한 달부터 지원'이 다르므로 지원금을 100% 지급받을 수 있는 국민은 많지 않을 것이다.

정부와 지자체에서 저출생 문제를 해결하기 위한 중앙 부처 정책 지원금 항목에 '영아수당'이라고 분명히 설명되어 있음에도 불구하고 서비스 항목에는 다른 명칭인 '부모수당'으로 정리되어 있는 등 담당 공무원조차도 정확하게 정리하기 어려울 정도로 지급 항목들이 복잡하거나 이해하기 난해하다.

정부와 지자체의 지원금 정책이 매우 복잡하기 때문에 지원 제도와 시설 등을 관리하기 위해서는 많은 공무원까지 필요하게 된다. 지원 제도를 운용하기 위한 기관, 시설, 인건비 등은 자녀 양육을 위해 부모에게 지급하는 비용 대비 많은 예산을 낭비하고 있는 실정이다.

공무원들은 "온라인과 오프라인으로 간단하게 신청하면 혜택을 받을 수 있다."라는 식으로 쉽게 말할 수 있다. 하지만 공무원들은 2년을 기준으로 순환 근무를 하기 때문에 담당 공무원이 해당 업무를 정확하게 숙지하지 못하는 경우도 결코 적지 않다. 담당 공무원이 주어진 업무를 대부분 파악할 때가 될 즈음에 또다른 부서로 인사이동이 이루어지기 때문에 민원인들이 '공무원을 공부시키는 상황에 직면한다'라는 어려움을 호소하는 경우도 적지 않다.

☞ 잠깐, 아래의 항목을 정확하게 구분할 수 있는 공무원이나 일반인이 몇 사람이나 될까?

◇ 영아수당: 영아기 부모의 양육 부담 경감 및 주 양육자의 직접 돌봄이 중요한 영아기 아동 발달의 특성에 따라 영아 부모의 실질적 양육 선택권 보장을 위해 어린이집 등을 이용하지 않고 가정에서 양육하는 0~1세 아동에 월별 영아수당 지원

◇ 양육수당: 가정 보육 시 지급되는 제도로 부모급여 수급 시기가 끝난 만 24개월부터 지원, 2022년 1월 1일 이후 출생아를 대상으로 보육료 및 유아 학비, 종일제 아이돌봄서비스를 지원받지 않는 가정에 0~11개월인 가정엔 월 20만 원, 12~23개월은 15만 원, 24~35개월은 10만 원, 36~86개월은 10만 원으로 양육수당 지급

◇ 부모급여(부모수당): 출산 및 양육으로 인한 생기는 지출을 보전하여 양육의 경제적 부담을 경감해 주는 출산 혜택, 2023년 부모급여는 2022년 이후 출생아부터 적용이 되며 만 0세 아동은 월 70만 원 지원, 만 1세 아동은 월 35만 원의 급여를 지급, 2024년부터는 만 0세 아동은 100만 원, 만 1세 아동은 월 50만 원 지급

◇ 아동수당: 가정 보육과 어린이집 등원 여부와 상관없이 만 8세 미만의 아동이 있는 가정이라면 매월 10만 원의 지원금이 지급되며 부모 급여와 중복 신청이 가능

◇ 보건복지부 예산 항목에 '부모급여(영아수당)은 0세 70만 원에서 100만 원, 1세 35만 원에서 70만 원으로 각각 인상'이라 쓰여 있다.

합계출산율 증가를 위해 이와 같은 복잡한 항목의 지원 제도를 관료들의 아이디어 차원에서 계속해서 추가하거나 나열할 것이 아니다. 정부에서는 모든 국민이 체감할 수 있게 지원한다지만, 우리 국민 누구나 간단명료하게 파악하여 단순하게 신청하고, 신속하게 지원받을 수 있는 제도로 전면 재조정할 필요가 있다.

세금으로 출산율을 높이겠다는 사고에서 탈피

가. 정부와 지자체의 결혼, 출산, 보육 지원 정책

① 실효성 논란의 지원 정책

합계출산율이 높은 유럽의 복지 선진국들의 경우 출생 장려 지원금을 중앙정부 차원에서 일괄적으로 지급하여 일과 가정 양립 정책을 다양하게 모색한다. 가족수당 제도는 아동만을 대상으로 하는 복지정책이 아니라 아동을 포함한 전체 가족을 위한 복지정책을 시행함으로써 합계출산율이 빠른 속도로 회복되었거나 높은 수준을 유지하고 있는 상황이다.

반면 우리나라의 지원 정책은 정부와 지자체별로 각양각색일 뿐만 아니라 지자체에 따라 천차만별이다. 과거의 '출산 억제 정책' 실패를 거울삼아 또다시 실패를 반복해서는 안 될 것이다. 여성의 교육 수준 향상, 결혼에 대한 가치관 변화, 정부의 현금 지원 정책과 지자체의 돌봄 지원 정책이 각각 시행되면서 상호 보완 관계와 시너지 효과보다는 서로 엇박자를 보이거나 국민의 관심을 이끌어 내지 못하고 있다.

정부에서 자녀 양육을 위해 지급하는 지원 항목은 구분이 모호할 정도로 산만하고 혼란스럽다. 지역별 출산 지원 서비스가 601종, 다자녀 지원 서비스가 398종(중앙 부처 232건, 지자체 166건)으로 제각각 지출되면서 자녀를 양육하는 부모는 물론 담당 공무원조차도 명확하게 구분하기 어려울 정도이다.

우리나라의 현금 지원 정책은 서구의 제도를 여과 없이 받아들이는 과정에서 대한민국이라는 문화적·사회적 배경은 물론 비교 문화, 경쟁 풍토, 체면 문화 등에 익숙한 국민의 내면에 잠재된 의식까지 반영하지 못하고 있다. 이제라도 우리 국민의 잠재된 위기 극복 능력까지 깨울 수 있는 중앙 집중 방식의 정책을 통해 결혼율과 출산율을 높일 수 있는 정책을 마련할 필요성이 요구된다.

② 자치단체별 지원금 차이

과거에 비해 출생 장려 지원금이 급격하게 늘어나고 있지만 합계 출산율을 끝을 모를 정도로 추락하고 있다. 자녀 1인당 출산 장려금을 최대 5040만 원까지 지원하는 지자체도 있고, 18세까지 1억을 지급하겠다는 지자체도 있다. 지자체마다 인구 증가를 위해 출산지원금 등을 경쟁적으로 인상하여 지원하고 있는 실정이지만 출산지원금이나 결혼장려금은 전액 지방비로 지급하기 때문에 해당 지자체의 재정 상태에 큰 영향을 미칠 수밖에 없다.

또한 재정 자립도가 높은 강남구와 재정 자립도가 낮은 강서구의 출산지원금은 100배 정도의 차이가 발생하는 상황까지 벌어지고 있다. 부자인 동네와 그렇지 못한 동네로 명확하게 차별이 생기면서 또 다른 지역별 편차와 소득 양극화 그리고 빈부 격차까지 유발하고 있다.

지자체의 재정 자립도 외에도 정당 활동과 선거를 대비할 필요성이 있는 기초단체장과 기초의원은 의회 승인 절차만 통과하면 지급이 가능한 지원 정책들을 무분별하게 도입하고 있다. 재정 자립도 10%도 안 되는 지자체에서도 파격적인 출산지원금을 무리하게 경쟁적으로 지급할 수 밖에 없는 구조이다. 실례로, 어떤 지자체에서는 한 시의원이 조례 개정으로 셋째 아이 이상을 출산하면 1억 원의 파격 장려금을 주는 정책을 추진하다가 포퓰리즘 논란 끝에 무산됐다. 또한 반대의 경우로 인구 증가 효과에 견줘 재정 부담이 크다고 판단되면 출생 장려 지원금을 중단하는 지자체까지 생기고 있는 현실이다.

■ 광역단체별 출산지원금과 서울시 자치구별 출산지원금 예시 ■

그림 IV-1-1 광역 지방자치단체 출산지원금 : 2022년

주: 출산지원금 미지급 지역(서울, 경기, 충북, 전북, 전남, 경남) 미제시
　　출산순위별 동일 금액 지급 시 상위 출산순위만 지원액 표기, 나머지는 동일 색상(띠)로 제시
　　예를 들어, 셋째, 넷째, 다섯째 모두 10만원 지급 시 셋째까지 지원금액 표기, 넷째 이상은 색상(띠)로 제시
　　첫째부터 다섯째까지 동일 지원금액 지급 시 셋째까지만 제시
자료: 17개 광역 및 시도청(2022). 지방자치단체 출산지원정책 내부자료.

③ 지원금 지급의 효과성

자녀 양육에 필요한 지원금을 정부에서 찔끔, 지자체에서 찔끔, 부모의 용돈 형태로 지급한다. 이런 지원 금액이 적지 않음에도 미혼자들이나 무자녀 부부에게는 전혀 알려지지 않거나 피부에 와닿지 않는다. 대부분의 사람은 자녀를 양육하기 위해서는 최소한 18세까지 부모의 품에서 키울 수밖에 없다. 하지만 자녀가 대학을 졸업할 때까지 책임지려면 막연하게 엄청난 양육비(사교육비 등)가 필요하다고 생각하고, 자녀의 교육비 지출 비용에 대해 미리부터 겁을 먹고 결혼과 출산을 포기하게 된다.

자녀를 출산하면 0~1세 자녀에게 영아수당, 8세까지는 아동수당 등을 지급받는데, 유·아동기에 집중적으로 지원해 준다고 아이를 낳겠다는 부모는 그리 많지 않을 것이다. 정부와 지자체의 특단의 조치가 없으면 대한민국의 합계출산율은 더 추락할 수밖에 없다. 연구자들은 서구 사회의 모델들을 참고하면서 서구의 제도를 도입할 것이 아니다. 체면 문화와 경쟁 풍토에 익숙한 우리나라 국민성과 경쟁 사회에 내몰린 젊은 세대들의 사고방식까지도 바꿀 수 있는 대한민국형 출생장려정책이 필요하다.

④ 지원금 지급 범위와 절차

출산한 부부에게 지급되는 지원금의 지급 절차에도 문제가 많다. 정해진 기간에 해당 지역에 일정 기간 거주하면서 출생신고와 함께 자녀의 출생장려금을 직접 신청해야만 한다. 양육수당, 아동수당, 출생장려금, 산후 조리비 등도 산모와 태어난 아이가 사는 지역의 행정복지센터에서 수급자가 직접 방문하여 신청해야만 한다. 부모가 신청하면 담당 공무원이 직접 자택을 방문하여 직접 눈으로 확인한 후 지원금을 수급할 수 있는 구조이다. 만약 지원금 내용을 알지 못하거나 기간 내에 지원금을 신청하지 못하면 지원금을 한 푼도 받지 못하는 경우도 비일비재하게 발생한다고 한다.

2023년 여름에 큰 파문이 있었던 태어난 기록만 있고 출생 신고가 안 된 이른바 '미신고 아동' 문제를 계기로 2024년 7월부터 '출생 통보제'가 시행된다. 의료기관이 출생 사실을 건강보험심사평가원에 통보하고, 건강보험심사평가원은 지자체에 차례대로 통보하는 제도가 시행되므로 출산 장려금 등 모든 지원금 지급 방식을 출산 통보제와 연계하여 원스톱 서비스가 가능하도록 서둘러야만 할 것이다.

이와 같이 정부와 지자체에서 과다한 혈세를 투입하는 비효율적인 지원 정책이 아니라 많은 지원금이 아니더라도 미혼자들이 결혼할 의지를 갖거나 결혼할 수밖에 없는 제도와 기혼 부부들이 기꺼이 한 자녀를 더 출산할 수 있거나 출산을 고려할 수밖에 없는 제도적 장치를 마련해야만 합계출산율을 높일 수 있을 것이다.

나. 자녀 양육비 전액을 정부가 지원할 때 예산 규모

저출생의 원인을 누구도 단편적으로 말할 수 없겠지만 자녀 양육에 필요한 정신적 부담뿐만 아니라 경제적인 부담이 가장 큰 원인이라는 것은 부인할 수 없는 사실이다. 보건사회연구원은 자녀 한 명을 18세까지 양육하는 데 2억 3188만 원, 대학을 졸업할 때까지는 3억 879만 원이 필요하다는 조사 결과를 발표하였다.

국가보육이라는 목표 아래 18세까지의 양육비 전액을 정부 예산으로 모두 지원한다고 가정해 보자. 자녀 1명을 18세까지의 양육비 2억

3188만 원을 18년(216개월)간 지급할 금액을 계산하면 매월 평균 1,073,519원이 지출되고, 대학교까지의 양육비 3억 896만원을 22년 (264개월)간 지급할 금액을 계산하면 매월 1,170,341원이 지출된다.

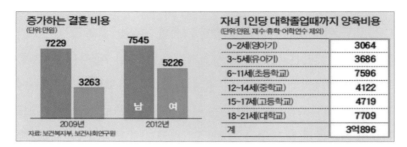

우리나라의 0세부터 18세까지 인구는 2023년을 기준 7,673,145명이고, 2022년도 출생아는 249,186명이다. 만약 자녀 1명을 18세까지 양육하는 데 필요한 비용 전액을 정부 예산으로 지원한다고 가정하여 비용을 산출해 보자. 합계출산율이 앞으로도 더 하락할 것이라는 전문가들의 예측을 감안하더라도 249,186명에게 18세까지 매월 100만 원씩 지급할 경우 53.8조 원이 필요하다. 또한 2022년 현재 0세부터 18세까지 전체 인구 7,673,145명에게 매월 100만 원씩 지급할 경우 매년 92조 원의 예산이 필요하다.

◨ 18세까지 매월 100만원 지급할 때 예산 규모 ◨

- 18세까지 교육비 총액 대비 월 부담액(2억 3188만 원)/216개월=매월 1,073,519원 부담
- 2022년도 출생아 수(249,186명)*100만 원*12월*18년=연간 53.8조 원 필요
- 2022년 현재 18세까지의 총인구(7,673,145명)*매월 100만 원*12개월=연간 92조 원 필요
- 향후 평균 출생아 아동(30만 명)*매월 100만 원(부와 모에게 각각 50만 원씩 지급)*12월*18년=연간 64.8조 원 필요

2022년도 대한민국 정부 예산 총액 604.4조 원을 감안할 때 2022년도 출생아 기준으로 53조 규모의 예산액은 9% 수준이다. 현재 0~18세의 인구에게 지급할 92조 원은 전체 예산의 15%에 해당할 정도의 엄청난 규모이다. 이를 정부에서 모두 지원하자고 주장하는 것은 매우 어리석다고 할 것이다.

◼ 2022년도 1세~18세까지의 인구 분포 ◼						
(통계청 기준, 단위: 명)						
◉ 2022년도 출생아 수: 249,186명(남자 127,454명, 여자 121,732명)						
◉ 2022년도 전체 인구: 51,692,272명(남자 25,835,298명, 여자 25,856,974명)						
연령	인구	남자	여자	연령	인구	남자	여성
0세	255,584	130,781	124,803	10세	477,489	245,151	232,338
1세	269,805	138,308	131,497	11세	470,857	241,901	228,956
2세	284,728	145,670	139,058	12세	453,507	233,852	219,655
3세	312,284	160,313	151,971	13세	439,143	226,321	212,822
4세	336,900	172,984	163,916	14세	464,037	238,569	225,468
5세	367,928	189,011	178,917	15세	475,541	244,716	230,825
6세	417,217	213,434	203,783	16세	435,176	225,208	209,968
7세	437,861	224,414	213,447	17세	429,457	222,199	207,258
8세	433,308	221,832	211,476	18세	473,043	245,041	228,002
9세	439,280	224,873	214,407	합계	7,673,145	3,944,578	3,728,567
※ 10세까지 아동수당: 4,032,384명*10만 원*12월=연간 4,838,860,800,000 원(4조 원)						
※ 7,673,145명*매월 100만 원*12개월=연간 92,077,740,000,000원(92조 원)						

물론 우리나라 예산 규모가 충분하여 출산율을 높이기 위해 매년 53.8조, 92조, 64.8조 원 중 하나를 정부에서 직접 지원할 수 있는 여건이 된다면 당장 지원하면 될 것이다. 하지만 국가의 전체 예산 604조 원의 약 9~15% 예산을 국가보육 지원 예산으로 지출할 수 없기 때문에 허무맹랑한 대책이라 비판하는 사람들도 있겠지만 그에

따른 대안이 없다면 여기서 언급할 이유가 없을 것이다.

다. 정부와 지자체의 출산지원금 통합과 기업의 역할 분담

정부 예산으로 모두 53.8조, 92조, 64.8조 원 중 하나를 무작정 지급하자고 주장하면 분명 허무맹랑한 대책이라 할 수 있다. 다만 정부와 기업을 중심으로 강력한 어젠다를 갖고 노동자와 합의를 이끌어낼 방안을 마련할 수 있고, 정부와 기업 등이 역할 분담을 통해 합리적인 방안을 모색할 경우 자녀 1인당 매월 100만 원씩을 충분히 지원할 수 있다고 생각한다. 눈앞에 닥친 국가 소멸이라는 절체절명의 위기 상황에서 우리나라 국민성이라면 충분히 국민적 동의가 가능할 뿐만 아니라 적극적으로 협조할 수 있는 방안을 제시한다.

우선 정부는 합계출산율을 증가시키기 위해 정부와 지자체에 분산되어 있는 직접 지원금과 간접 지원금을 과감하게 통폐합하여 집행할 준비가 필요하다. 공무원 집단, 대기업 집단, 중소기업 집단 등 각 주체가 역할 분담에 대한 고민과 합의를 끌어낼 수 있다면 정부 예산을 최소화(현재 기준보다 약간 증액하는 수준)할 수 있는 합리적인 출생장려정책을 도출할 수 있다. 정부와 기업의 역할 분담을 통해 자녀 양육에 필요한 비용을 집중적으로 지원할 때 합계출산율을 크게 높일 수 있다.

현재 공무원을 포함한 직장인(노동자)을 기준으로 정부와 지자체는 물론 기업에서 자녀 1인당 지원하는 항목 및 인건비 등을 대략 살펴보자. 다만, 어린이집, 유치원, 초중고의 의무교육에 따른 비용은 정부의 출산지원금에서 간접 지원하는 예산 항목이므로 정부와 지자체 그리고 기업에서 직접 지급하는 비용과 인건비 항목만 살펴보기로 한다.

① 직장인에게 급여를 지급할 때 금액 차이는 있지만 가족수당(자

녀수당)과 학자금을 명목으로 일정 금액을 지급한다.

㉮ 공무원의 경우 가족수당 명목으로 첫째 3만 원, 둘째 7만 원, 셋째 11만 원을 만 19세까지 지급한다. 기업에서도 노사 협의를 통해 지급하는 가족수당은 기업마다 금액 차이가 있을 뿐 자녀 수에 따라 가족수당(자녀수당) 명목으로 지급하고 있다.

㉯ 공무원의 경우 다자녀 대학 학자금 혜택, 기업들은 기업의 형편(단체협약 등)에 따라 직원 복지 차원에서 자녀의 초등, 중등, 고등, 대학, 대학원의 학자금을 지원하고 있다.

② 정부에서는 0세아 영아수당으로 2023년도는 1인당 월 50만 원(2024년 100만 원), 1세아에는 2023년도에는 1인당 매월 35만 원(2024년 50만 원)을 지급하고, 8세까지는 아동수당을 월 10만 원씩 지급한다. 또한 어린이집 이용자는 무료로 이용할 수 있고, 어린이집을 이용하지 않는 부모에게는 가정 양육수당으로 나이에 따라 월 10~20만 원씩 지급한다.

㉮ 0세아 지원금: 2023년 출생아 255,584명*월 50만 원*12월
=1조 5335억 원

→ 2024년 월 100만 원 지급: 3조 680억 원(출생아 수 동일하다는 가정)

㉯ 1세아 지원금: 2022년 출생아 269,805*월 35만*12월=1조 1331억 원

→ 2024년 월 50만 원 지급: 1조 6188억 원(출생아 수 동일하다는 가정)

㉰ 아동수당: 2022년 1~10세 477,489명*월 10만 원*12월=4조 2053만 원

㉒ 가정 양육수당: 12~23개월까지 월 15만 원, 24~85개월까지
월 10만 원

※ 가정 양육수당이 가정어린이집 폐원의 원인으로 작용하는 내용
은 뒷부분에서 상세하게 언급하겠지만, 현재 어린이집에 맡기지 않
고 직접 부양하거나 조부에게 위탁하는 부모에게는 부모수당(가정 양
육수당)을 지급한다는 점을 감안하고, 만약 국가보육을 실시하면서
자녀 1인당 매월 100만 원씩 지급할 경우 어린이집 이용료의 일부를
개별적으로 부담시키는 것도 하나의 방법이 될 수 있다.

③ 지자체와 기업에 따라 첫째 아이, 둘째 아이, 셋째 아이, 넷째
아이 이상의 자녀를 출산할 때 정해진 기간에 따라 출산 장려 지원금
이나 양육수당으로 일정 금액을 지자체와 기업에서는 각각 차등 지
급하고 있다(이와 관련된 자료만 정리해도 책 한 권 분량이 될 것이다).

④ 정부와 지자체는 물론 기업에서도 다자녀 우대 정책으로 각종
지원금과 인센티브 그리고 바우처 제도 등 간접적으로 지급하고 있
다. 또한 앞부분에서 언급한 바와 같이 아이가 태어나면 수급자가 행
정복지센터에 직접 방문하여 신청하고, 담당 공무원이 자택을 방문
하는 구조이므로 공무원들의 인건비도 적지 않은 금액이다.

정부를 중심으로 출산지원금을 통합하여 국가보육을 실시할 경우
출산장려정책 수립과 집행 업무를 담당하는 광역 및 기초단체 공무
원의 수를 대폭 줄일 경우 '작은 정부'까지 실현하는 기대 효과는 물
론 많은 인건비를 절감할 수 있을 것이다.

2007년(최근 통계는 확인 불가) 우리나라의 전국 행정복지센터는
2,090개이다. 앞에서 언급한 출산 통보제를 시행하면서 원스톱 서비
스가 가능하다면, 행정복지센터에서 출산 관련 업무를 담당하는 공

무원을 1~2명씩은 충분히 감원할 여지가 생긴다. 2023년도 공무원 평균연봉을 65,280,000원씩 계산하여 1명을 줄이면 약 1364억 원(65,282,000원*2,090개), 2명을 줄이면 약 2728억 원의 인건비를 절감할 수 있다. 17개 광역단체와 227개 기초단체에서 출산장려정책과 집행을 담당하는 공무원 또한 대폭 감원할 수 있다. 또한 산모들이 행정복지센터를 방문하는 데 필요한 간접 비용까지 줄일 수 있다. 물론 정부 예산이 충분하다면 공무원들을 감원하지 않고 다른 업무로 인사이동을 해서 다른 업무 서비스의 질을 더 강화할 수도 있다.

정부와 지자체 그리고 기업의 형편에 따라 자녀 1인당 지급하는 비용을 모두 합산할 때 자녀 1인당 적지 않은 자녀 양육비을 지급하고 있다는 사실을 확인할 수 있다. 자녀 1인당 매월 100만 원씩 지급해야 한다고 무작정 허무맹랑한 주장이라 폄훼할 것이 아니라 현재 각 주체로부터 지원받는 금액의 평균값을 산출한 후 부족한 금액을 정부와 기업(뒷부분에서 언급하겠지만 기업의 일방적 희생이 아닌 임금에 대한 정의와 노사 합의 절차에 따라)이 분담하여 지급한다면 자녀 1인당 매월 100만 원(최소 60만 원 이상)을 지급하는 것은 결코 어려운 문제가 아닐 것이다.

이와 같은 생각은 정부와 지자체에서 지급하는 각종 지원금에도 불구하고 합계출산율이 지속해서 감소하거나 출산율이 증가하지 않는 이유를 단순하게 생각해야만 그에 따른 해결책도 모색될 수 있다는 것이다. 정부와 정치권은 선택과 집중을 통해 모든 국민이 체감할 수 있는 출산지원금정책을 통해 합계출산율을 높일 방안을 모색해야만 하기 때문이다.

3 | 임금에 대한 정의를 재정립하는 것은 시대적 요구

가. 무자녀와 유자녀의 임금 차등화

〈근로기준법〉제2조 제1항 제5호에 "임금이란 사용자가 근로의 대가로 근로자에게 임금, 봉급, 그 밖에 어떠한 명칭으로든지 지급하는 일체의 금품을 말한다."라고 정의되어 있다. 근로자가 제공한 노동의 대가를 사용자가 지불하는 일체의 금품이 임금이다. 전통적으로 모든 근로자가 소속 기업에서 일한 만큼의 대가를 지불받는 것을 임금이라고 생각해 왔다. 기업은 노동자들이 제공한 노동의 대가를 지급하는 것으로 책임을 다했다고 생각한다. 하지만 기업인들은 "소비 없는 생산은 없다."라는 점과 소비 주체인 인구수(자녀 수)에 따라 기업의 생산량을 결정할 수밖에 없다.

공무원들은 가족수당으로 배우자 4만 원, 첫째 자녀 3만 원, 둘째 자녀 7만 원, 셋째 자녀 11만 원을 만 19세까지 지급하고 있다. 대체적으로 봉급생활자들은 정도의 차이가 있지만 1인당 10만 원 전후의 가족수당을 지급받고 있을 것이다. 공무원과 기업체에서 굳이 '가족수당'이라는 명목으로 수당을 지급하는 이유를 우선 생각해 볼 필요가 있다. 또한 많은 기업들이 기업의 형편(단체협약 등)에 따라 직원들의 자녀에게 초등, 중등, 고등, 대학, 대학원의 학자금을 각각 지원하는 이유 또한 생각해야만 한다.

① 소비의 대가를 지급할 당위성

사무실이나 생산 현장에서 같은 시간의 노동력을 제공했더라도 자녀가 있는 근로자는 자녀 양육을 위해 많은 것을 희생하지만, 무자녀 노동자는 자기 계발과 자아 성취를 위해 개인 시간을 충분하게 즐길 여유를 갖는다. 자녀들을 양육하는 과정에서 의식주와 교육을 위한 소비 활동은 기업의 생산품을 소비하는 소비량에 큰 영향을 미친다.

기업에서 공산품을 생산하는 기준은 소비자가 구매한 판매 물량에 해당하는 수량만 생산할 수밖에 없다. 예를 들어 핸드폰을 생산하는 기업에는 사무직이나 생산직 등 많은 노동자가 함께 근무한다. 현재는 미혼자, 무자녀인 기혼자, 한 자녀인 기혼자, 두 자녀인 기혼자, 세 자녀 이상인 기혼자가 동일한 장소에서 동일한 근로를 했기 때문에 동일한 급여(근무기간이나 능력에 따른 연봉제 등으로 차별화)를 지급하고 있다.

미혼자의 경우 자신이 사용할 핸드폰 한 개만 있으면 충분하므로 핸드폰 1개만 구매하면 된다. 반면 기혼자는 배우자의 핸드폰은 물론 자녀들의 핸드폰을 추가로 구입할 수밖에 없다. 만약 100명의 직원(인구수와 같은 개념)이 모두 미혼자라면 그 기업은 100대의 핸드폰만 생산하여 100대의 핸드폰 판매에 따른 이윤만 추구한다. 그런데 미혼자 50명, 기혼자 50명의 직원, 그리고 기혼자들의 배우자 50명과 자녀가 100명일 경우 기업은 250대 이상의 핸드폰을 생산하여 기업의 이윤을 추구하게 되는 것이다.

핸드폰 제조사의 근로자가 핸드폰을 구매할 때, 기업의 공장도 가격으로 구입하는 것이 아니라 간접세인 부가가치세를 반드시 추가로 부담해야만 하고, 사치성 상품(담배, 인삼, 주류 등)을 생산하는 기업 제품에는 특별소비세까지 부담하게 된다. 미혼자와 무자녀인 근로자는 핸드폰 구매량에 제한받을 뿐만 아니라 소비에 따른 간접세인 부가가치세 납부액 또한 제한된 금액에 지나지 않는다. 반면 유자녀 근로자는 자녀들의 소비에 따른 직간접세까지 부담해야만 한다.

또한 다자녀 가정은 자녀들의 성장에 맞춰 넓은 집으로 확장할 필요성과 자녀 교육비 등 많은 소비 지출이 필요하다. 집을 구입할 때 취·등록세는 물론 일상생활에 필요한 각종 소비 용품을 구입할 때마다 반드시 부가가치세를 부담하게 된다. 이렇게 납부된 각종 직간접 세금은 정부와 지자체의 주요사업비에 필요한 세수가 된다. 기업의 생산 활동에 직접적으로 사용되지는 않더라도 기업들의 원활한 경제활동을 위해 꼭 필요한 사회 기반 시설이나 도로·항만·철도 등 SOC에 지출하거나 사회복지 차원에서 부의 재분배 역할까지 담당하게 된다.

따라서 미혼자와 무자녀보다는 핸드폰을 여러 개 구입할 수 있는 다자녀 직원들에게 소비의 대가를 지급하는 것은 당연하다.

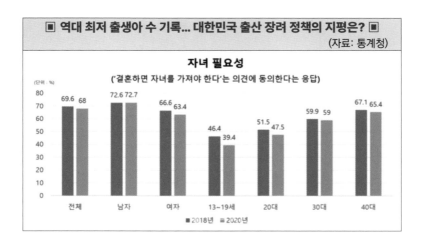

② 미래 사회에 대가를 지불할 타당성

우리 자녀들이 성장한 후에는 경제활동을 통해 국가 유지에 필요한 각종 세금을 부담하는 주체가 되기 때문에 국가의 미래가 존재할 수 있다. 만약 모든 국민이 자녀를 출산하지 않는다면 국가 소멸과 함께 굳이 미래 세대를 준비할 필요조차 없다. 반면 무자녀인 근로자는 자녀가 없으므로 노후에는 일상생활에 필요한 최소의 소비 지출에 따른 부가세 정도를 제외하고는 국가에 직접세를 납부할 의무가 없어질 뿐만 아니라 정부의 노인복지 수혜자가 된다.

결국 같은 기업에서 함께 근무한 근로자의 자녀들이 성장하여 일상생활 및 경제활동 과정에서 각종 납세 의무를 이행함으로써 국가 재정의 원동력이 될 뿐만 아니라 함께 근무할 때 미혼이었던 동료 직원들의 노후의 삶을 풍요롭게 만들 수 있도록 노인 복지 비용까지 부담하게 된다.

나. 근로자에게 자녀수당 지급의 당위성

① 근로자 1인당 50만 원의 가족수당 지급 근거

공무원이나 기업의 노동자들이 같은 공간에서 동일한 시간의 노동을 제공했더라도 소비의 주체인 자녀 유무에 따라 '소비의 대가'와 '미래 사회의 대가'를 모두 '자녀수당'과 같은 형태로 지급해야만 할 의무가 있다.

한국보건사회연구원의 자료 중 자녀 1인의 18세까지 필요한 양육비 2억 3188만 원을 18년(216개월)간 지급하도록 산출하면 매월 1,073,519원이 평균 비용이 나온다. 자녀를 양육하는 부모가 양육비 부담이 없어야 미래 사회가 가능하다. 따라서 자녀수당의 금액은 각각 다르게 생각할 수 있겠지만, 부모에게 자녀 1인당 100만 원을 지급할 경우 부와 모의 근로자에게 각각 50만 원씩 지급할 수 있도록 기준을 만들어야만 한다.

이런 기준은 정부, 기업, 노동계 그리고 사회적 공감대와 합의가 필요할 수 있고, 필요에 따라 법제화까지 필요할 수 있다. 특히 근로자 자녀 1인당 매월 50만 원씩 지원하는 기준에 따라 아버지가 없는 혼외자녀 가정에도 자녀 양육을 위해 한 자녀당 월 100만 원씩 지급할 기준을 마련해야 한다. 직장에서 100만 원 모두를 지급하는 것이 아니라 근로를 제공하는 직장에서 어머니에게 50만 원을 지급하고, 아버지가 없음에도 자녀를 키워야만 하기 때문에 정부에서 매월 50만 원을 지급해야 한다. 다시 말해서 우리나라 18세 이하 자녀 1인당 월 100만 원은 기본적으로 지원받을 수 있는 안전장치를 만들어야 한다.

② 국가보육 시스템으로 통합 후 시행해야만 효과

최근 많은 분이 현재 8세까지 지급하는 아동수당 10만 원을 18세까지 지급해야 한다고 주장하기도 한다. 그런 까닭에 인천시에서 18세까지 1억을 지급하겠다고 했을지도 모르겠다. 하지만 정부에서 지급하는 월 10만 원을 18세까지 연장하여 현재와 같이 용돈 개념으로 지급하는 방식으로는 효과를 기대할 수 없다. 현재와 같은 시스템으로 월 50만 원씩을 지급하더라도 미혼자나 무자녀인 국민은 피부로 느끼지 못한다. 즉, 용돈 형식의 양육비 지원 정책으로는 출산율이 획기적으로 높아지는 효과를 기대할 수 없으므로 현재와 같이 예산 낭비 수준을 벗어나지 못한다.

"사돈이 땅을 사면 배가 아프다."라는 유명한 속담이 있다. 국민의 경쟁 풍토와 비교 문화를 자극할 수 있는 정책만이 효과를 기대할 수 있다. 또한 직장의 월급이 아니라 정부의 세금으로 월 100만 원을 지급하더라도 합계출산율을 기대할 수 없지만, 같은 장소에서 같은 노동력을 제공했지만 자녀 유무에 따라 임금 격차가 발생할 경우 자녀수당 50만 원의 효과가 크게 느껴질 뿐만 아니라 정부의 예산 부담을 최소화할 수 있다.

만약 미혼이거나 무자녀인 근로자가 다자녀인 직원과 차별을 받는다고 생각한다면 결혼을 하거나 다자녀를 출산하면 동일한 혜택을 받을 수 있다고 생각하면 된다. 차별이 아니라 당연하다고 생각하여 기꺼이 받아들이고 소비의 대가와 미래 세대에 대한 대가를 굳이 바라기보다는 좀 적은 액수의 월급이지만 자신의 여유로운 삶을 살아가는 데 투자하게 될 것이다.

③ 기업의 부담 완화를 위한 순차적 방법

현재 공무원을 포함한 기업의 근로자들은 입사부터 정년퇴직까지 대체로 30년 전후로 근무하지만, 고령화 사회에 대비하여 정년 연장이 다양하게 논의되고 있다. 같은 직장에 다니는 동료들의 자녀 1인당 가족수당을 월 50만 원씩 근로자가 퇴직할 때까지 지급하는 것이 아니라 자녀의 나이 18세까지만 지급하는 것이다. 분명 무자녀인 근로자나 이미 자녀들이 성장하여 자녀의 나이가 18세 이상인 근로자는 불만이 생길 수 있다. 하지만 이미 성장한 자녀들이 성장하여 결혼하거나 출산할 수 있는 사회적 환경이 조성되는 것이다. 이와 같이 저출생 문제로 국가 존립의 위기에 몰린 우리나라 모든 국민의 공감대 형성과 사회적 합의가 이뤄진다면 모든 국민은 충분히 납득할 수 있을 것이다.

자녀 1인당 자녀수당을 일시적으로 인상할 경우 공무원이나 기업에게 엄청난 부담으로 작용할 수 있을 것이라며 부정적인 의견을 표출할 수도 있다. 하지만 공무원이나 기업 노동자들의 매년 자연 승급분에 해당하는 임금과는 별도로 매년 임금 인상을 위한 단체교섭(공무원은 봉급 체계에 따라 매년 인상률을 적용)을 진행한다.

공무원의 임금 인상률이나 기업의 단체교섭 과정에서 임금을 인상할 전체 금액(각종 수당을 포함한 금액)을 산정한 후 근로자 수에 따라 정률 또는 정액으로 적용하여 매년 임금 인상률이 결정된다. 가족수당이라는 별도 항목의 임금 인상 없이 단체교섭에서 인상된 임금 총액을 해당 기업(공무원) 근로자의 18세 이하의 전체 자녀 수만큼 분배하는 방식으로 순차적으로 증액해 나간다. 또한 기존에 지급하던 자녀 관련 전체 항목(가족수당, 학비 지원, 축하금 등)을 통폐합하여 자녀수당으로 재산정할 수 있을 것이다.

이와 같은 방법으로 2~3년만 단체협약을 진행하면서 근로자(부 또는 모)에게 자녀수당 지급을 결정한다면 기업체에 따라 자녀수당은 2~5년 이내에 자녀 1인당 매월 50만 원씩을 충분히 지급할 수 있다. 이런 제도가 점차 시스템화될 때 직원 복지를 중요하게 생각하는 기업이나 노동조합을 중심으로 단체교섭 과정에서 자녀 1인당 50만 원 이상의 자녀수당을 지급하는 기업들도 많아질 것이다.

지금도 정상적인 기업의 경영인은 근로자들의 복지 수준 향상을 위해 각종 복지제도를 도입하기 위해 다양하게 노력하고 있다. 만약 아직 생각하지 못했던 기업인들도 적극적으로 참여하는 계기가 될 수 있다. 그럼에도 기업의 적극적인 참여를 유도하기 위해서는 다음 장의 '기업 소속 노동자의 결혼율과 출생률에 따른 세율 반영'에서 자세히 언급한 바와같이 기업들이 적극적으로 동참할 수 있도록 근로자들의 출산율이 높아질 때 법인세 감면 등과 각종 세제 혜택을 부여하는 등의 인센티브를 제공할 법률적 안전장치가 필요하다.

참고로, 합계출산율이 0.78명인 상황에서 전국에서 합계출산율이 1명 이상인 지역은 공무원이 가장 많은 세종시가 1.12명으로 유일하다. 그 이유는 젊은 직원들이 많기도 하겠지만 자녀를 양육하기 위한 안정적인 수입이 보장되는 공무원들이 많기 때문일 것이다. 대한민국의 모든 자녀에게 18세까지 매월 100만 원씩 지급하는 국가보육이 실현되어 자녀를 양육하는 분들의 안정적인 양육비를 지원받을 수 있다면 우리나라의 출산율은 급격하게 높아질 것이며, 다른 한편으로는 부의 균등 분배는 물론 빈부 격차까지 해소해 나갈 기회가 될 수 있다.

기업 소속 노동자의 결혼율과 출생률에 따른 세율 반영

가. 기업의 참여 유도: 합계출산율에 따른 법인세율 차등화

우리나라는 유럽과 비교할 때 낮은 세금과 낮은 수준의 복지정책을 근간으로 정부를 운영하는 대표적인 저부담·저복지 국가로 분류된다. 소비 없는 생산이나 경제 대국 또는 증세 없는 복지는 불가능하다. 인구가 곧 소비이고 국력이다. 세율을 우선 높인 후 기업의 결혼율과 출생률에 따른 세율 반영을 통해 기업이 자발적으로 출생률에 기여할 수 있도록 동기를 부여해야 한다.

기업에서 아무리 좋은 제품을 생산하더라도 소비할 주체가 없다면 생산 설비 라인은 중단할 수밖에 없다. 인구가 감소하면 소비 또한 감소하게 될 것이고, 소비가 감소하면 반드시 경기 위축과 경제 침체를 불러온다. 글로벌 중심의 기업들은 인구와 무관하다는 분도 있겠지만 아무리 글로벌 중심의 기업이라 할지라도 국적 없는 기업은 존재할 수 없을 것이다.

합계출산율 높이기 위한 일과 가정 양립을 위한 화두는 '육아휴직'이다. 정부에서 기업에 육아휴직을 강제하기 위한 법 조항을 근거로 제재한다는 강압적인 방식으로 기업을 압박해서는 안 될 것이다. 기업 경영자로서는 근로자의 육아휴직에 따른 기업의 부담을 줄여 주지 못하기 때문에 기업은 육아휴직에 대해 호의적일 수 없다. 기업이 자발적으로 노동자들에게 결혼과 출산을 장려하고, 육아휴직을 권장할 수 있도록 기업 구성원의 합계출산율에 따라 법인세, 국가사업 입찰 자격, 은행 이자율, 기타 세금 등 다양한 인센티브를 제공해야만 한다.

기업을 경영하는 법인에서 낼 법인세 부과 기준은 과세표준에 따라 일정한 세율로 정해져 있다. 해당 기업 소속 노동자들의 출산율을 적용한 과세표준을 도입하여 법인세율을 차등화하거나 인센티브를 제공할 때 기업들은 구성원들에게 결혼 및 출산을 적극 권장하게 될 것이다. 출산율에 따라 법인세율 차등화의 필요성은 앞에서 언급한 임금에 대한 재정의와 같은 맥락이다. 해당 기업의 근로자들이 다자녀를 양육할 경우 기업에서 낼 세금을 근로자 자녀들이 간접적으로 납부하기 때문이다.

2022년 국가별 법인세율 (지방소득세 법인분 포함)

국가	세율
콜롬비아	35
모로투갈	31.5
호주	30
코스타리카	30
멕시코	30
독일	29.83
일본	29.74
뉴질랜드	28
이탈리아	27.81
한국	27.5
캐나다	26.21
프랑스	25.83
미국	25.81
네덜란드	25.8
오스트리아	25
벨기에	25
스페인	25
룩셈부르크	24.94
이스라엘	23
터키	23
덴마크	22
그리스	22
노르웨이	22
슬로바키아	21
스웨덴	20.6
에스토니아	20
핀란드	20
아이슬란드	20
라트비아	20
스위스	19.7
체코	19
폴란드	19
슬로베니아	19
영국	19
리투아니아	15
아일랜드	12.5
칠레	10
헝가리	9

[단위: %]
자료: oecd statistics
TAX watch

OECD 회원국의 주요세율 (단위: %)

국가	법인세 최고세율 (2015년)	소득세 최고세율 (2015년)	부가가치세 표준세율 (2016년)	조세부담률	국민부담율
호주	30	45	10	27.5	27.5
오스트리아	25	50	20	27.9	42.5
벨기에	33	50	21	30.5	44.7
캐나다	15	29	5	25.7	30.5
칠레	22.5	40	19	18.5	20
체코	19	15	21	19.5	34.3
덴마크	23.5	23.1	25	47.5	47.6
에스토니아	20	20	20	20.8	31.8
핀란드	20	31.8	24	31.1	43.7
프랑스	34.43	45	20	28.3	45
독일	15.83	45	19	22.6	36.5
그리스	26	42	23	23.7	34.4
헝가리	19	16	27	25.9	38.4
아이슬란드	20	31.8	25.5	32.2	35.9
아일랜드	12.5	40	23	23.9	29
이스라엘	26.5	50	18	25.5	30.6
이탈리아	27.5	43	22	30.8	43.9
일본	23.9	45	5	17.9	30.3
한국	22	38	10	17.9	24.3
룩셈부르크	22.47	40	15	27.3	자료없음
멕시코	30	35	16	16.6	19.7
네덜란드	25	52	21	21.7	36.7
뉴질랜드	28	33	15	31.4	31.4
노르웨이	27	25.2	25	31	40.5
폴란드	19	32	23	19.6	31.9
포르투갈	28	48	23	25.8	34.5
슬로바키아	22	25	20	17.1	30.4
슬로베니아	17	50	22	22	36.8
스페인	28	22.5	21	21.4	32.7
스웨덴	22	25	25	32.9	42.8
스위스	8.5	13.2	8	20.1	26.9
터키	20	35	18	21.2	29.3
영국	20	45	20	26.7	32.9
미국	35	39.6	.07	19.3	25.4
OECD평균	23.2	35.9	19.07	25.1	34.2

*부가가치세 제도 없음

BUSINESS watch

2022년도 혼인 건수가 역대 최저를 기록하고 있지만 국내 몇몇 대기업에서는 임직원에게 비혼 선언 시 축하금을 지급하고 있는 웃픈 현실이다. 또한 유명 연예 프로그램에 나와서 회사의 특별한 복지로 "비혼 선언식 제도가 있다."라면서 "결혼하면 축의금, 유급휴가를 주기 때문에 결혼하지 않겠다고 하면 똑같이 축의금과 휴가를 준다." "반려동물을 키우면 월급과 별개로 매달 5만 원씩 준다."라는 식으로 좋은 기업이라 홍보하는 모습을 보면서 다른 나라 사람인 줄 착각하였다.

결혼 축의금과 자녀 학자금 등을 받는 기혼자와 비교해 상대적으로 혜택이 적은 비혼자와의 형평성을 맞추기 위한 차원에서 보상책을 마련했다고 주장하고 싶을 것이다. 하지만 기업이 비혼을 권장하기 위해 비혼 선언자에게 축하금을 지급하는 행태는, 기업 이윤을 위해 노동자들에게 결혼과 출산을 권장하기보다는 육아휴직 등의 기업 부담을 줄이면서 기업에 충성도를 높이기 위한 꼼수가 아닌가 생각한다.

이런 기업에서 생산하는 공산품이나 서비스를 소비할 인구가 없다면 소비자가 굳이 불매운동을 전개하지 않더라도 자연적으로 도태되거나 도태되어야 마땅할 것이다.

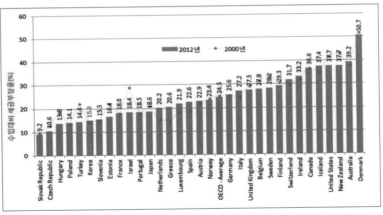

기업체 소속 노동자들에게 유자녀에 따라 자녀수당을 현실화하고, 출산율에 따라 법인세율 차등화가 법제화된다면 기업은 소속 노동자

들에게 이성 교제할 기회를 제공하기 위해 타사의 이성과 그룹 미팅의 기회를 제공하고, 기혼자가 출산을 망설이지 않도록 다양한 육아휴직 제도를 마련할 것이다.

이와 같이 기업 이윤의 사회 환원 차원에서 자사의 노동자들에게 타사의 이성과 만남의 기회를 제공하거나 육아휴직을 적극 지원한다면 궁극적으로 결혼율과 합계출산율이 높아질 것이다. 결국 기업이 생산한 물품을 소비하는 소비자가 많아지는 선순환 효과를 기대할 수 있다.

나. 강대국의 기본 조건은 인구와 GNP 규모

G7으로 대표되는 강대국의 기본 조건은 인구와 1인당 GNP가 기준이다. OECD 28개국 중 인구 5천만 명 이상, 소득 3만 달러 이상 국가들은 미국, 독일, 영국, 프랑스, 일본, 이탈리아 그리고 캐나다이다. G7 국가 중에서 우리나라 인구(5166만 명)보다 적은 캐나다(3806만 명)가 유일하게 G7에 포함된 것은 인구에 비해 전통적인 선진국인 캐나다의 소득(1인당 $52,791)이 신흥 선진국인 우리나라($35,168)보다 높기 때문이라고 한다.

우리나라는 2021년 7월 유엔무역개발회의(UNCTAD)에서 회원국의 만장일치로 선진국의 지위를 얻었다. 하지만 선진국의 지위를 얻었다고 좋아하거나 선진국의 지위가 영원히 유지될 수 있을 것이라는 생각은 하루빨리 버려야 할 것이다. 우리나라의 합계출산율은 전 세계적으로 유례없이 곤두박질치고 있다. 또한 2021년부터는 인구가 급격하게 감소하는 추세로 전환되었다.

구분	소득 (2021, $)	인구 (2021, 만 명)	위치 (G7)	UN 안보리 상임이사국
미국	69,375	33,291	○	○
독일	50,783	8,390	○	2차 대전 패전국
영국	46,200	6,820	○	○
프랑스	45,028	6,542	○	○
일본	40,704	12,536	○	2차 대전 패전국
이탈리아	35,585	6,036	○	2차 대전 패전국
대한민국	35,168	5,166		
캐나다	52,791	3,806	○	
러시아	11,273	14,591		○
중국	22,891	144,421		○

선진국을 뒤따르는 국가의 격차가 계속 지속될 것이라는 착각에 빠져서는 안 될 것이다. 앞서가는 나라가 어느 순간 잘못해서 고꾸라지면 뒤따르는 국가가 계속 쫓아가게 된다. 앞서가는 나라의 국가 시스템이 제대로 작동되지 못하고 갑자기 주저앉는 때 역전 현상이 발생한다. 대한민국의 합계출산율을 높일 수 있는 적극적인 대책을 마련하기보다는 국가 소멸 시기를 최대한 늦출 수 있도록 이민청 설립에 치중한다면 일본의 잃어버린 30년을 답습하다가 급격하게 쇠퇴하는 국가로 전락할 수도 있다.

다. 기업의 ESG 경영과 기업 이윤의 사회 공헌 활동

현대사회의 기업은 노동자를 생산 도구가 아니라 사원의 가족까지 고려하는 기업 풍토를 조성해야만 할 때이다. 노동자들이 행복한 가정을 꾸릴 수 있도록 소속 기업의 미혼자와 기혼자, 무자녀와 유자녀, 다자녀 근로자의 임금체계 및 인사 기준을 차등화 정책으로 전환해야 한다. 회사 구조조정이나 인사 발령 시 동등한 능력이라면 다자녀, 유자녀, 기혼자 우선 원칙을 적용하는 인사 풍토를 제도화해야만 할 것이다.

2023년 6월 29일, 조선비즈, 김유진 기자

"하나은행, 중소기업 ESG 경영 확산 위해 5000억 원 자금 지원"
기사 중에서

하나은행은 지난 28일 서울 중구 소재 대한상공회의소 본사에서 대한상공회의소와 중소기업 ESG 경영지원을 위한 업무 협약을 체결했다. 이승열 하나은행장(왼쪽)과 우태희 대한상공회의소 부회장이 기념촬영을 하고 있다. 〈하나은행 제공〉

하나은행이 중소기업의 ESG(환경·사회·지배구조) 지원을 위해 5000억원 규모의 자금을 지원한다고 29일 밝혔다. 하나은행은 전일 서울 중구 소재 대한상공회의소 본사에서 대한상공회의소와 중소기업 ESG 경영지원을 위한 업무 협약을 체결했다.

하나은행은 이번 업무협약을 통해 중소기업을 대상으로 지속가능연계대출 상품인 '하나 ESG 지속가능연계대출(SLL형)' 상품을 7월 중 출시한다. 대상 기업에 대해 총 5000억원 규모의 자금을 지원한다. 지속가능연계대출은 중소기업이 스스로 환경, 사회, 지배구조 목표와 평가기준을 설정하고 이를 성실히 이행할 경우 금리우대 등의 혜택을 받을 수 있는 대출을 의미한다.

대한상공회의소는 ESG 경영진단 플랫폼을 통해 대출 희망 중소기업에 대한 ESG 연간 성과를 측정, 평가하며 이를 기반으로 ESG경영 성과 확인서를 발급하는 업무를 담당한다. (후략)

기업은 생산품을 생산하는 것으로 끝나는 것이 아니라 생산품을 소비할 수 있는 인구 증가뿐만 아니라 기업 이윤의 사회 공헌 활동과 시대적인 요구 사항인 ESG 경영을 위해 지속해서 노력해야만 할 것이다. 기업들의 주력 분야는 다르더라도 최근에 공통으로 관심을 기울이고 있는 경영 방식은 바로 'ESG'다. 환경(Environment), 사회(Social), 지배구조(Governance) 3가지 비재무적인 요소를 활용해 기업의 현주소와 미래 가치를 진단하는 ESG는 전 세계적 기업들의 높은 관심을 끌고 있다.

참고로, ESG에 관심 있는 분은 뉴스퀘스트(www.newsquest.co.kr)와 ESG연구소(구 한국CSR연구소 소장 안치용)가 공동으로 2020년 9월에 발표한 '2022 대한민국 100대 상장기업 ESG 지수'를 참고할 경우 우리나라 기업들이 우리 사회에 얼마나 기여하고 있는가를 확인할 수 있다.

라. 기업의 사회적 책임과 다자녀 부모가 우대받는 사회

기업의 사회적 책임은 아무리 강조해도 부족하지 않을 것이다. 백마디의 말보다 하나의 행동이 중요하듯이 기업의 사회적 책임을 실천하고 있는 한미글로벌(회장 김종훈)의 파격적인 저출생 지원 정책에 대해 관련 《중앙일보》 기사를 원문 그대로 첨부한다.

기업의 사회적 역할과 다자녀 부모가 우대받는 사회 건설의 필요성을 강조한 한미글로벌은 자녀를 많이 낳으면 임금과 수당 외에도 승진, 인사, 전보, 근무지 배려 등의 지원과 세제 혜택(세제, 할인, 금리, 공과금 할인 제도, 대출 및 예금금리 차등화 정책 등) 그리고 일하는 부모를 위한 직장 어린이집과 유치원을 비용 부담 없이 이용할 수 있도록 지원하고 있다.

이뿐만 아니라 기업의 근로자들이 결혼할 수 있도록 '결혼추진위원회'는 물론 결혼하는 근로자에게 파격적인 금융적 지원, 저출산·고령화 문제 대책 민간 연구기관까지 설립하였다. 우리나라의 많은 기업이 한미글로벌과 같이 저출산 문제 해결을 위한 기업의 사회적 책임을 다한다면 합계출산율로 인한 국가 존립을 굳이 걱정할 필요가 없을 것이다.

우리나라 기업인들은 일본의 한 기업에서 동료 직원이 육아휴직을 신청할 경우 동료들에게 주어지는 노동 강도를 고려하여 해당 부서의 노동자들에게 월 100만 원씩의 별도 수당을 지급하는 방식으로 육아휴직의 부담을 경감시켜 주고 있다는 점을 참고할 필요가 있다.

또한 기업인들은 현재의 일류대 진학을 위한 입시 제도가 유지될 때까지는 근로자 자녀들의 사교육비 부담이 심각한 현실(본서 제5장의 '한국형 혁명적 교육개혁'에서 해결 방안을 제시한다.)까지 고려하여 대학에 진학할 때까지 다자녀 가구 자녀를 위한 교육비 지원 사업으로 학원비(사교육비), 등록금, 장학금, 근로장학금, 입학 시 가산점, 취업 시 우선 채용 등 다양한 지원정책이 필요할 것이다.

2023년 6월 8일, 중앙일보, 김원 기자

"'셋째 낳으면 무조건 승진'… 저출산 '파격 복지' 내건 이 회사"
전체 기사

셋째 아이를 낳으면 특진을 시켜주는 기업이 있다. 사내에는 결혼추진위원회도 있다. 자녀가 있는 신입사원 지원자에게는 가산점을 주고, 아이가 있는 직원은 2년 동안 재택근무를 할 수 있게 한다. 국내 1위 PM(건설사업관리)기업 한미글로벌의 파격적인 '저출산' 대책이다.

한미글로벌은 구성원들의 출산을 장려하고 가족 친화적 업무환경 조성을 위해 이같은 제도를 마련했다고 8일 밝혔다. 심각한 저출산 문제 해결을 위해 기업이 앞장서야 한다는 김종훈 회장의 철학이 반영된 것이다.

김 회장은 "아이를 적게 낳으면 앞으로 일할 인재도 줄고 먼 미래엔 한국인이 없어질지도 모를 일"이라며 "남의 일이 아니라 우리의 문제"라고 말했다. 그는 지난해 저출산·고령화 문제 대책 민간 연구기관인 한반도미래인구연구원을 설립했다. 이 단체는 정운찬 전 국무총리가 초대 이사장을, 이인실 전 통계청장이 초대 원장을 맡았다.

김종훈 한미글로벌 회장. 전민규 기자

한미글로벌은 요즘 젊은층이 결혼을 망설이는 주된 이유로 주거문제를 꼽는다. 이 회사는 이를 해결하기 위해 직원들에게 제공하는 주택자금대출 지원금을 최대 1억원까지 높였다. 결혼을 앞둔 구성원은 기존 무이자 5000

만원에, 추가로 2% 금리의 5000만원 사내대출을 받을 수 있다. 출산 장려책은 더 파격적이다. 셋째를 출산한 구성원은 승진 연한이나 고과 등의 조건과 상관 없이 무조건 승진한다.

또 애를 낳으면 30일의 특별 출산휴가를 유급으로 추가 부여하고 육아휴직 3개월 동안은 월급을 전액 보전해준다. 두 자녀 이상 출산한 구성원은 최대 2년의 육아휴직 기간도 근속연수로 인정해서 휴직 중 진급 심사를 받을 수 있게 했다. 신입사원 공개채용 때에는 자녀가 있는 지원자에게 서류전형에서 가점을 주는 제도도 도입했다.

일과 육아의 조화를 꾀하기 위해 유연 근무제도도 도입한다. 만 8세 이하의 자녀가 있는 구성원은 2년 동안(2자녀 이상 최대 3년) 재택근무를 할 수 있도록 했다. 한미글로벌 관계자는 "미혼 직원들 사이에선 주택자금대출 지원금 확대가, 아이가 있는 직원은 재택근무제도가 큰 호응을 얻고 있다"며 "두 자녀를 둔 직원들 중 일부는 곧바로 셋째를 갖겠다고 한다"고 말했다.

지금까지 한미글로벌은 자녀 수에 따라 첫째 출산 시 100만원, 둘째 200만원, 셋째 500만원, 넷째부터 1000만원의 출산지원금을 지급해왔다. 출산시 출산휴가와 육아휴직을 연결해 6개월을 의무적으로 쉬어야 하고, 육아휴직은 만 12세 이하 자녀당 최대 2년을 사용할 수 있게 했다. 이외에도 자녀 수에 상관없이 보육비 및 대학교까지의 학자금을 지원하고 있으며, 미혼모, 비혼 출산은 물론 입양가정에도 동등한 지원을 하고 있다.

한미글로벌은 2003년부터 '대한민국 훌륭한 일터(GWP)'와 '한국 최고의 직장 톱10'에 연속 선정됐고, 지난해에는 고용노동부가 주최한 '대한민국 일자리 으뜸기업'을 수상했다. 박정욱 한미글로벌 인사팀장은 "당사의 건설분야 전문성을 활용, 공동주택을 건설해 구성원에게 분양하는 직장주택조합과 어린이집 운영, 다자녀 우대 대출 등 추가 대책을 고려 중"이라고 말했다.

가. 정부와 지자체의 결혼 장려 주택정책

　정부에서는 청년들에게 결혼을 장려하여 출산율을 높이고자 신혼부부 행복주택 정책을 마련하였다. 신혼부부에게 내 집 마련의 기회를 제공하고자 야심 차게 내놓은 신혼희망타운 공급 정책은 신혼부부들에게 외면을 받고 있다. 신혼부부들에게 공급한 후 일정한 기간이 경과한 후에는 분양받아야만 하는 신혼희망타운의 경우 내 집 마련의 기회를 제공할 수 있을지 모르지만, 실수요자들에게는 특별한 장점(이익)이 없기 때문에 외면받고 있다.

2022년 2월 10일, 한경닷컴, 오세성 기자

"'좁아도 너무 좁네'… 신혼희망타운 수도권 추가 모집도 '미달'"
기사 중에서

　주인을 찾지 못한 신혼희망타운이 늘고 있다. 지방은 물론 수도권 선호 지역에서도 미계약과 추가모집, 미달이라는 악순환이 시작된 모양새다. 10일 LH에 따르면 전일 잔여 세대 추가모집 청약 접수를 마감한 수원 당수 A4 신혼희망타운 일부 평형이 미달됐다. 수도권전철 1호선 성균관대역을 이용할 수 있고 경기 남부지역에 위치해 입지여건이 상대적으로 좋다는 평가를 받았던 지역이다. 실거주 의무가 없기에 입주 당시 전세를 놓아 분양 대금을 충당할 수 있는 곳이기도 했다. (중략)

　소형평형에서는 신청자가 손에 꼽을 정도로 적었다. 전용 46㎡A는 38가구 모집에 19명이 지원해 경쟁률이 0.5대 1에 그쳤고, 전용 46㎡B는 5가구 모집에 단 3명만 지원했다. (중략)

정부가 신혼부부에게 내 집 마련의 기회를 제공하고자 야심차게 내놓은 신혼희망타운은 흥행 실패가 계속되고 있다. 지난해 12월 3차 사전청약에서는 2172가구 모집에 1297명만 신청하며 6개 주택형이 해당지역에서 미달됐다. 7152가구를 모집한 지난달 4차 사전청약에서도 7개 주택형이 최종 미달을 기록했다. 시흥거모 A5 전용 55㎡는 294가구 모집에 35명만 신청하며 경쟁률 0.1대 1이라는 굴욕을 겪었다.

수도권 밖에서는 추가모집이 미달된 사례를 쉽게 찾아볼 수 있다. (후략)

서울시의 주택정책은 '서울몽땅정보통(www.youth.seoul.go.kr)'에서 확인할 수 있다.

① 청년 안심주택(공공임대와 민간임대)

② 청년 전세임대주택(대학생과 취업 준비생, LH가 주택 소유자와 전세계약)

③ 행복주택(신혼부부·대학생을 위해 국가와 주택도시기금의 공공임대주택)

④ 신혼희망타운(신혼부부 특화형 공공주택)

⑤ 매입임대주택

⑥ 공동체주택(독립된 공동체 공간)

⑦ 사회주택(사회적경제 주체가 공급하고 운영하는 임대주택)

⑧ 공공임대(LH공사)

⑨ 공공임대(SH공사)

등 다양한 형태로 청년이나 신혼부부들에 주택을 제공하고 있다.

서울시의 청년 안심주택은 대중교통이 편리한 역세권에 청년, 신혼부부의 주거 안정 및 주거난 해소를 위해 시세 대비 저렴한 공공임대와 민간 임대주택을 제공하는 사업이라고 홍보한다. 그렇다면 송파구에서 공급하는 신혼부부용 안심주택 하나를 예로 들면 34.73

㎡(10.5평)를 보증금 9300만 원일 때 매달 임대료 89만 원, 보증금 15,400만 원일 때 임대료 64만 원, 그리고 주차료와 관리비를 추가로 부담해야만 한다.

우선 부모의 지원을 받을 수 없는 청년들에게 보증금과 월세는 감히 넘볼 수 없는 벽이다. 또한 우리나라 국민이 주택을 마련하는 욕구는 주거 개념으로 만족하지 못하고, 집값 상승을 기대하는 투자 개념이 포함되어 있다. 10.5평 규모의 임대주택이 당장 신혼부부 둘이 살기에는 적합할 수도 있다. 그런데 장기적으로 아이를 낳고 키우기에는 너무 좁고, 둘을 낳아 키우는 데 턱없이 비좁은 면적도 문제이고, 신혼부부들이 내 집 마련을 위한 투자가치조차도 없다고 판단한다.

나. 청년주택 드림 청약통장으로 결혼 장려가 가능할까?

2023년 11월, 정부에서는 내 집 마련을 위해 청약통장에 가입한 무주택 청년이 주택을 분양받을 때 연 2% 금리로 주택 구매 자금을 빌려주는 '청년주택 드림 청약통장'을 2024년 2월부터 시행한다고 발표했다. 발표 이후 언론에서 지적한 내용을 간단하게 정리해 본다.

① 가입 조건: 만 19세부터 34세 무주택 청년으로 연 5000만 원 이하 소득자

② 대상 주택: 분양가 6억 원 이하, 전용면적 85㎡(25.7평) 이하

③ 대출 조건:

㉮ 청년주택 드림 청약통장으로 당첨 시 분양가의 80%까지 대출

㉯ 청약통장 1년 이상 가입, 1000만 원 이상 납입

㉰ 미혼 연 7000만 원, 기혼 1억 원 이하

㉱ 금리 최저 2.2%(결혼 0.1%, 출판 0.5%, 추가 출산 1명당 0.2%로

추가로 금리 혜택)

㉮ 최종 최저금리 1.4%, 만기 시 소득별 차별

'청년주택 드림 청약통장'은 급격한 금리 인상 속에서 내 집 마련을 위해 소위 '영끌' 형태로 대출받아 내 집을 살 수 없다. 청년들에게 부담을 낮춰 줄 수 있다는 점에서 긍정 평가를 받고 있다. 하지만 "대다수 젊은 청년들의 내 집 마련을 위한 실효성보다는 저소득층의 좌절감이나 빈부 격차만 더 심화시킬 수 있다."라는 우려가 있다.

첫째, 현재 부동산 시장의 추세를 보면 분양가는 상승 중이고, 서울에서 85㎡(25.7평) 이하의 아파트 중 6억 이하 물량은 전체의 7%밖에 되지 않는다. 앞으로는 6억 이하의 물량은 매우 제한적일 것이기에 젊은 층의 혜택은 그리 크지 않다는 것이다.

둘째, 청약에 당첨되더라도 은행 융자 이자율이 6%대인 상황이지만 중도금은 지원 대상에서 제외되었다. 분양가의 80%까지 대출이 가능하다지만 잔금에 대한 저금리 상품이다. 중도금 대출이 불가능한 구조로 설계되었다면 재력이 있는 일부 계층에게만 그 혜택이 돌아갈 것이다.

이처럼 정부에서 저출생 문제를 극복하기 위해 선보인 주택정책이 부모의 도움을 받거나 고소득층의 청년들에게는 좋은 기회가 될 수 있다. 하지만 사회 초년생이거나 연봉이 적은 청년, 그리고 맨손으로 시작하지만 결혼하고 출산하고 싶은 20대 후반이나 30대 초반의 청년들에게 내 집 마련까지는 아니더라도 청년들이 거주할 수 있는 공간을 제공해 주는 것이 더 실효성이 크다. 이들에게 억 단위 주택청약 제도는 '그림의 떡'이며, 오히려 좌절감만 안겨 주거나 빈부 격차만 심화시킬 수 있다는 지적이다.

다. 결혼 및 출산 장려를 위한 조건부 거주용 주택 제공

청년들의 경우 부모의 도움 없이는 내 집을 마련할 기회조차 주어지지 않는 매우 어려운 환경이다. 이와 같은 현실과 국민의 정서를 고려하여 결혼 장려 및 합계출산율을 높이기 위해 정부와 지자체는 부모의 지원이나 유산상속 없이도 내 집 마련의 꿈을 실현할 수 있도록 청년들에게 '조건부 거주용 청년주택'을 제공할 필요가 있다고 판단하여 기본적인 방향만 제시하고자 한다.

① **주택 성격**: 조건부 거주용 청년주택은 일부 선동가들이 주장하는 '아파트 무상 지급'과는 전혀 다르다. 신혼부부를 위한 임대주택, 생애 최초 주택 분양 등 기존 주택정책이나 무상으로 제공하는 주택과도 전혀 다르다. 분양이나 투자 목적 또는 차익 실현이 가능한 주택이 아니라 일정 기간 조건부로 거주하는 주거 형태이다.

▣ 헝가리의 파격적 출산 지원 제도와 아동수당 ▣

헝가리는 자녀 계획을 세우면 정부가 현지 직장인의 2년 치 연봉인 최대 1000만 포린트(약 3500만 원)를 빌려준다. 5년 이내에 아이를 낳으면 이자 면제, 2명을 출산하면 대출액의 1/3분, 3명 이상이면 전액 탕감한다. 4명 이상 낳을 때 소득세를 평생 면제해 주는 방안도 있다. 헝가리는 파격적 저출생 대책으로 1.24까지 하락했던 합계 출산율을 2020년 1.52로 올렸다. 2019년 시행한 이 대책으로 결혼이 20% 늘었다.

헝가리의 파격적 출산 지원 제도를 우리나라의 실정에 맞도록 변형한 것이다. 헝가리와 같이 비용을 선지급할 경우 상환 과정에서 발생할 도덕적 해이 등 제반 문제점보다는 스스로 자산을 불려 나갈 수

있도록 유도하기 위한 방편으로 청년들에게 거주할 집을 우선 제공하는 형태이다. 그리고 전남 화순군이 추진한 "월 1만 원의 임대료만 내면 20평 임대아파트에서 최장 6년 동안 살 수 있다."라는 정책과 다른 점은 거주 기간에 약속된 '출산의 의무'가 주어진다는 점이다.

② **정책 목적**: 개인 재정 상태가 여의찮아 결혼을 포기하거나 출산을 기피하는 청년들에게 당장 재산이 없더라도 안정적으로 미래를 설계할 수 있는 준비 기간으로 활용할 수 있도록 지원하는 주거정책이다. 결혼과 출산을 하고 싶은 젊은 남녀를 대상으로 부모의 재산 상태, 본인의 재산과 급여 수준 그리고 연애 기간(악용 사례 방지 목적) 등을 각각 배점으로 정한 후 우선순위에 따라 조건부 거주용 주택을 무상으로 거주할 수 있도록 제공한다.

③ **건설 주체**: 토지 임대부 등으로 토지는 지자체 및 국유지를 제공하고, 건축은 국비와 지자체 공동으로 건축비를 부담한다. 지자체별로 인구에 비례하여 33.05~66.11㎡(10~20평) 전후의 일정 가구 이상 오피스텔 형태의 거주 공간을 의무적으로 준비한다. 정부나 지자체의 소유물이기 때문에 주택 건설에 필요한 예산을 우선 지자체에서 투입하였다가 전국적으로 합계출산율이 높아진 이후에는 일반인들에게 공급할 수 있는 오피스텔형 구조의 임대형 주택 형태이다.

④ **입지 조건**: 자가용이 없더라도 편리하게 이용할 수 있도록 인근 전철역에서 5~10분 거리에 있는 곳에 자리 잡도록 한다. 또한 오피스텔형 거주 주택 형태로 제공하여 젊은 층이 개인 사업(젊은 세대의

창업이 가능하도록 사업자와 주거용 겸용으로 구분하고, 관리비만 부담)까지도 가능하도록 법과 제도를 정비하여 취업난 해소에도 기여한다.

⑤ **입주 조건**: 주택에 일정 기간 거주해도 분양받아야 할 의무가 없다. 자녀에게 증여세 면제 한도가 확대될 경우 부모의 도움을 받을 수 있는 청년보다는 부모의 도움을 일체 받을 수 없는 청년에게 혜택이 돌아갈 수 있도록 '부모의 재산 상태'에 따라 입주 자격을 차등화한다. 입주 희망자는 출산이라는 조건으로 일정 기간 관리비만 내면서 주어진 기간 동안 이용할 수 있다. 첫째를 출산한 부모가 둘째, 셋째 자녀를 더 낳기를 희망하는 경우 첫째를 출산하는 조건과 동일한 조건으로 좀 더 넓은 거주지로 이전해 가면서 무상으로 이용할 수 있도록 한다.

⑥ **의무 사항**: 거주 기간 동안 도덕적 해이를 방지하기 위해 매월 일정액(주변의 월세보다 더 많은 금액 기준)을 의무적으로 저축성 임대료 형태로 적립(형가리에서 미리 빌려주는 형태가 아니라 스스로 적립 방식)하여 목돈을 마련할 수 있도록 의무화한다. 출산 조건을 충족할 때 적립금은 100% 환급하여 청년들에게 내 집 마련을 위한 목돈 마련의 기회를 제공한다.

⑦ **악용 불가**: 불임 판정을 받은 부부를 제외하고, 특별한 이유 없이 정해진 기간 내에 출산하는 조건을 포기하는 청년에게는 적립된 임대료 중에서 무상으로 거주한 기간의 비용을 적립금에서 거주지 주변의 월세 기준에 해당하는 금액을 차감한 후 잔액을 지급하고, 거

주 자격을 박탈하는 조건부 거주 주택이다.

⑧ 조건에 따른 주거 면적

㉮ **신혼부부 거주용(A형) 조건부 청년주택(결혼용, 16.52㎡(5평 전후) 오피스텔 형태):** 사회 초년생을 대상으로 결혼과 출산을 희망하는 청년이 5년(차후 합리적 기간 결정) 이내에 출산하는 조건부 거주용 주택을 무상(관리비만 부담)으로 제공한다. 신혼부부를 위한 오피스텔 형태로 무자녀 기간은 5년 정도로 제한 한다. A형 거주용 청년주택은 주거 및 업무 겸용 오피스텔 형태로 인허가를 하여 청년들의 창업 활동까지 지원하여 일자리 창출에도 이바지한다.

㉯ **한 자녀 거주용(B형) 조건부 청년주택(1자녀용, 33.05㎡ (10평 전후) 오피스텔 형태):** 한 자녀를 양육하는 부부를 대상으로 4년(차후 합리적 기간 결정) 이내에 둘째를 출산하는 조건부 거주용 주택을 무상(관리비만 부담)으로 제공한다. 자녀가 있는 부부가 입주하는 주택형 이므로 해당 건물 1층에는 반드시 어린이집을 운영하여 일과 가정의 양립이 가능하도록 지원한다. 조건부 신혼부부용 주택을 제공한 동일한 방법으로 둘째 출산을 유도할 수 있는 주택을 제공한다. 정해진 거주 기간에 둘째 자녀를 출산한 후에는 2자녀용(C형 거주용 청년주택)에 입주할 우선 자격을 부여한다.

㉰ **두 자녀 거주형(C형) 조건부 청년주택용(2자녀용, 66.11㎡ (20평 전후) 임대주택이나 아파트):** 두 자녀를 양육하는 부부를 대상으로 3~5년 이내에 셋째를 출산하는 조건부 거주용 주택을 무상(관리비만

부담)으로 제공하거나 기존 신혼부부 행복주택의 우선 입주자격을 부여한다. 조건부로 신혼부부용 주택과 동일한 방법으로 셋째 출산을 유도할 수 있는 주거 공간이다.

㉣ **기업에서도 지자체와 동일한 방식으로 청년주택을 제공하도록 유도해야 한다.** 기업 자체적으로 직원들의 복지 및 출생 장려를 위해 지자체의 '조건부 거주지 청년주택' A형, B형, C형 등과 같은 청년주택을 마련하고, 기업에서 청년주택을 건설할 때 주택 건설에 대한 각종 세제 혜택이나 인센티브를 부여한다.

⑨ **재원 방안**: 조건부 거주용 청년주택 공급을 위해 지자체의 재원 마련 방안에 대해 의문을 제기할 수 있다. 현재까지 정부와 지자체가 각각 결혼 및 출산 장려금을 지원하던 방식에서 국가보육 시스템이 구축될 경우 정부와 기업이 역할 분담을 통해 자녀 수당을 일괄 지급하는 방식으로 전환된다. 그동안 지자체에서 첫째, 둘째, 셋째, 넷째를 출산함에 따라 지급한 제반 지원금으로 사용하던 재원을 조건부 거주용 청년주택을 신축하는 재원으로 전환한다. 지자체에서 인구에 비례하여 '조건부 거주용 청년주택'을 의무적으로 순차적으로 건설한다면 별도의 예산 증액 없이도 충분히 가능할 것이다.

조건부 거주용 청년주택 외에도 정부 차원에서 공공 임대주택 및 민간 임대주택 임대 시 소득 수준과 자녀 수에 따른 임대료를 차등화하는 정책도 필요하다. 주택이 재산 증식 수단보다는 거주 개념의 정책으로 매매 차익의 과세 기준을 마련할 필요도 있을 것이다.

6 자녀 1인당 양육비 월 100만 원 지급 기준과 방법

앞부분에서 임금에 대한 재정의, 출산율에 따른 기업의 세율 반영, 조건부 거주용 청년주택 등을 통해 정부 예산 부담을 줄이면서 자녀 1인당 월 100만 원(예산 부담을 감안하여 최소한 매월 30만 원 이상)을 지급해야 할 필요성을 설명하였으므로 이제는 지급 기준과 방법에 대해 설명한다.

결혼한 부부의 출산과 자녀 양육을 위한 희생과 노력은 매우 소중하다. 하지만 매일 직장 동료들과 함께 근무하면서 결혼하지 않거나 출산하지 않는 동료들의 여유로운 삶을 부러운 마음으로 바라볼 수밖에 없는 현실이다. 일과 가정 양립에 많은 어려움이 따르기 때문에 미혼자와 무자녀인 동료들은 기혼자와 유자녀 동료들의 자녀 양육으로 버거워하는 모습을 보면서 자연스럽게 결혼과 출산을 기피할 수밖에 없다는 현실이다.

현재 정부에서 8세까지 아동수당 10만 원, 2024년부터 0세아 영아수당(부모수당으로 명칭 변경) 100만 원, 1세아에게 월 50만 원을 지급한다고 우리나라의 합계출산율이 높아질 것이라 기대하는 국민은 아무도 없을 것이다. 현재와 같이 용돈 형식으로 매월 20~30만 원, 또는 50만 원을 지급하더라도 합계출산율 증가를 기대하기는 어렵다. 따라서 국가보육 시스템을 도입하면서 노동의 대가로만 정의된 임금에 대한 정의를 노사협의를 통해 소비의 대가와 미래 사회에 대한 대가로 재정립하여 임금을 지급한다면 많은 변화가 있을 것이다.

기업의 노동자에서 자녀수당을 월 50만 원(최소 30만 원 이상)씩 지급할 때 무자녀 노동자의 불만과 기업의 임금 부담이 커지는 것이 아니라고 이미 언급했다. 현재도 저출산 문제를 심각하게 생각하는 많은 기업인은 근로자의 자녀 출산에 따른 다양한 지원금 제도를 도입하는 상황이다. 아래의 매일유업이나 포스코와 같은 기업의 사례에서 볼 수 있듯이 기업은 출산, 영유아, 교육비 등의 지급 기준을 마련하여 시행하고 있다. 근로자 자녀수당을 공무원은 물론 모든 기업이 제도화하거나 법제화(출산율에 따른 세금 혜택)한다면 기업의 임금 부담은 크지 않지만, 그 기대 효과는 상상 이상이 될 수 있다.

자녀를 양육하는 동료들에게, 자녀 1인당 매월 50만 원(2자녀 월 100만 원의 자녀수당)을 월급 형태로 지급할 때 같은 시간 같은 장소에서 같은 노동력을 제공했음에도 불구하고 자녀를 양육하는 동료들이 무자녀인 노동자의 월급보다 한 자녀일 때 50만 원, 두 자녀일 때 100만 원, 세 자녀일 때 150만 원을 더 받는다면 출산할 수 있는 30대 연령의 월급을 기준할 때 미혼자와 무자녀 근로자가 느끼는 임금차이는 결코 무시할 수 없을 정도로 큰 금액이다.

무자녀인 동료보다 더 받는 임금은 유자녀 근로자의 재산 형성과 빈부 격차 해소에 크게 이바지할 것이다. 무자녀인 근로자는 유자녀 가족들이 누릴 수 있는 행복지수나 가정의 소중함을 그냥 지나칠 수 없다. 동일한 공간에서 동일한 노동의 대가를 제공했음에도 유자녀인 노동자에 비해 무자녀인 노동자들의 급여액 차이가 크면 클수록 비혼 및 무자녀 노동자에게 결혼과 출산할 수 있는 동기를 부여할 수 있다.

정부와 지자체 예산에서 부담하던 모든 지원금을 기업에서 분담하기 때문에 기업 소속의 자녀들에게까지 지급되던 예산이 절감되므로 임금노동자에 포함되지 않은 저소득 자영업자, 무직자, 전업주부, 한부모 등의 자녀에게 18세까지 월 50만 원씩 지급하더라도 정부 예산은 크게 부담되지 않지만 출산율은 급격하게 높아질 수 있을 것이다.

가. 급여생활자 자녀수당은 순차적으로 확대

정부 세금에 의존하지 않고 18세까지의 아동을 양육하는 부모의 직업에 따라 자녀수당을 지급하는 것의 예시를 들어 보고, 구체적인 사항에 대해서는 제도가 시행됐을 때 담당 공무원들의 몫으로 남겨두기로 한다. 만약 계획단계에서 급여생활자가 아닌 전업주부, 저소득층, 한부모 등의 자녀에게 정부에서 매월 50만 원을 지급할 경우 정부 예산의 과다한 지출 규모라 판단되면 매월 50만 원보다는 최소한 매월 30만 원 이상으로 조정할 수도 있을 것이다.

① **공무원 및 공공기관**: 공무원은 배우자 수당 4만 원, 자녀 순서에 따라 3만, 7만, 11만 원의 수당 그리고 공공기관은 학자금까지 지원받는다. 공무원 급여 체계에서 매년 정부에서 정하는 급여 인상분(자연 승급분 제외) 총액을 전체 공무원 중 18세 이하의 자녀 수에 맞게 가족수당으로 배분하여 지급한다. 약간의 기간 차이가 있겠지만 2~5년 전후로 공무원 자녀 1인당 가족수당 50만 원까지 지급함으로써 별도의 예산 증액 없이도 현재보다 훨씬 더 높은 출산율을 기대할 수 있다.

▣ 정부 조직 관리정보 시스템: 공무원 정원(행정부와 헌법기관 포함) ▣					
					(2022년 기준: 명)
	일반	교원	소방직	경찰직	계
국가직	181,707	366,257	66,673	142,990	757,627
지방자치	313,588	699		157	314,444
교육자치	73,865				73,865
입법부	4,176				4,176
사법부	17,997				17,997
헌법재판소	343				343
선거관리위원회	2,961				2,961
전체 인원수	594,637	366,956	66,673	143,147	1,171,413

② **대기업 소속 노동자**: 많은 기업이 임금 인상을 위해 단체교섭을 진행하여 임금 인상액을 결정한다. 단체교섭 과정에서 자연 승급분

은 제외하고, 전체 임금 인상 총액을 결정한 후 근로자 자녀 1인당 지원할 비용(해당 연도 임금 인상 총액÷전체 근로자 18세까지의 전체 자녀 수)으로 지급하면서 매월 50만 원씩 지급될 때까지 순차적으로 인상한다면 기업은 별도의 예산 부담 없이 단체교섭을 통해 합리적으로 해결할 수 있다. 기존의 자녀 관련 지원금 모두를 통합하여 자녀수당을 책정할 경우 짧은 기간 내에 근로자 자녀 1인당 월 50만 원씩 지급할 수 있다. 기업 노동자들의 결혼율과 출산율은 급격하게 증가할 것이고, 해당 기업의 법인세율을 낮출 수 있을 것이다. 인구가 증가할 경우 기업의 생산량은 증가할 뿐만 아니라 고용 창출 효과를 통해 우리 사회는 이른 시일 내에 선순환 구조로 전환될 수 있다.

③ **중소기업 집단**: 노동조합이 없는 중소기업이나 매출액이 일정액을 초과하지 않는 기업은 노동자들의 연봉 또한 일정 금액에 미달할 수 있다. 하지만 노동조합이 없는 기업의 경우에도 정상적인 기업인이라면 위의 대기업과 같은 제도 도입을 망설일 이유가 없을 것이다. 다만 일정액 이하의 매출액이나 연봉이 매우 낮은 기업의 노동자에게는 일정한 비율에 해당하는 가족수당을 정부에서 일부를 보전해 줄 수도 있을 것이다.

나. 자영업자의 자녀수당은 소득별 기준 적용

① **전문직 자영업**: 연 매출액이나 수입이 일정액 이상인 전문직 등 고소득층은 현재에도 출산율이 매우 높은 수준을 유지하고 있다. 따라서 저소득층을 보호하기 위해 자녀수당을 지급하지 않더라도 노블레스 오블리주 정신으로 충분히 이해한다면 높은 합계출산율을 유지

할 수 있다. 다만, 전문직 고소득층의 비혼 및 무자녀인 분들의 경우 사교육비 부담일 수 있으므로 뒷부분에서 자세히 언급할 '제5장 한국형 혁명적 교육개혁'이 해답이 될 수 있을 것이다.

② **5~10인 이하의 가족형 자영업**: 연 매출이나 수입 기준 금액을 마련하고, 이에 미달하는 자영업자에게 구간별 기준을 마련하여 정부에서 일부를 분담하는 방식으로 경영자와 근로자 자녀 1인당 월 50만 원씩 지급할 수 있는 프로그램을 마련해 나간다.

③ **연간 수입이 ○○만 원~○○만 원까지의 일당직 및 저소득층**: 정부에서 일정한 구간별 기준을 마련하여 일정한 비율(자녀 수당을 순차적으로 책정된 금액 기준 ○○% 지급)을 정하고, 부족한 부분에 대하여 정부에서 일부를 지원한다.

④ **연간 수입이 ○○만 원 이하 저소득층**: 정부에서 정한 구간별 기준을 마련하여 자녀수당을 지급한다. 포퓰리즘이 되지 않도록 일정 기간으로 제한하는 등 별도의 안전장치까지 마련할 필요성이 요구된다.

다. 한부모와 무직자의 자녀수당 지급 방안

① **한부모 자녀**: 한부모 자녀는 자칫 경제적인 어려움에 봉착할 수 있으므로 좀 더 촘촘한 시스템을 만들어야 한다. 현재 한부모에게 지원되는 각종 비용을 통합할 경우 예산 부담은 그리 크지 않을 것이다. 아울러 직업을 구하지 못하는 한부모의 경우 직업을 알선하고, 직업을 가진 경우에는 상기 가. 항과 나. 항의 내용에 준한다. 직업을

구할 생각이 없는 한부모에게는 포퓰리즘으로 변질되지 않도록 자녀의 나이(연구가 필요하지만 10세 정도까지)를 기준으로 차등화해 나갈 프로그램도 필요하다.

㉮ **사별한 자녀**: 사별한 배우자 몫은 국가에서 일괄적으로 월 50만 원을 지급한다.

㉯ **이혼한 자녀**: 이혼 과정에서 양육권이 없는 부와 모가 근로자일 경우 자녀 양육비 외에 직장에서 받는 가족수당 명목의 지원금을 자녀를 양육하는 배우자에게 의무적으로 지급하도록 법률로 강제한다.

㉰ **혼외출산 자녀**: 모의 경제활동에 따라 구분하여 지급 여부를 결정하고, 부의 몫은 전액 국가에서 지급하여 자녀 1인당 100만 원이 지급될 수 있도록 지원한다.

※ 참고로 현재 한부모에 대한 다양한 지원금 혜택을 받기 위해 결혼 생활 중임에도 불구하고 고의로 혼인신고를 하지 않는 젊은 층도 있다. 부와 모에게 각각 50만 원씩을 지급할 때 가짜 한부모 신분을 유지하는 것은 아무런 의미가 없어질 것이다.

② **양부모 모두 사별한 자녀**: 양부모가 모두 사별한 경우 아이는 조부모나 친척 또는 시설에 맡겨지고 있다. 전액 국가에서 자녀 1인당 100만 원씩을 매월 지급해야 하겠지만 주변인이나 시설에 맡겨질 때 지원금을 착취하는 일이 없도록 정부 차원에서 철저한 관리 감독이 필요하다.

③ 전업주부와 무직자

㉮ 전업주부(남편): 배우자의 경제활동에 영향을 받으므로 배우자의 소득 기준에 따라 표준 모델을 만들 필요가 있다.

㉯ 무직자: 국가는 무직자에게 우선 직업을 알선하도록 지원하거나 자녀의 나이(연구가 필요하지만 10세까지)를 기준으로 다양한 프로그램을 지원할 필요가 있다.

기존의 사고방식으로 생각할 때 자녀 1인당 매월 100만 원씩 지급할 예산이 걸림돌이 되거나 예산 마련이 장애물로 작용한다고 부정적으로 생각할 수 있다. 하지만, 유정복 인천시장의 "모든 아동에게 18세까지 총 1억 원을 지원하는 출생정책인 '플러스 아이드림(i dream)' 정책을 발표했다."라는 내용을 참고할 필요도 있다.

또한 뒷부분에서 언급할 '한국형 혁명적 교육개혁'이 완성된다면 사교육비 지출이 필요치 않기 때문에 자녀 1인당 대학까지 졸업하는 데 필요한 교육비는 절반 이하로 줄어들 수 있다. 한국형 혁명적 교육개혁이 시행된다면 자녀 1인당 매월 100만 원을 굳이 지급할 것이 아니라 매월 30~40만 원 정도의 자녀 양육비를 지원하더라도 충분히 자녀 양육비 부담을 줄일 수 있지 않을까 생각한다.

▣ 노령연금 지급 시 자녀의 수에 따른 차등화 정책이 필요하다. ▣

2023년을 기준으로 가임 및 출산이 가능한 연령인 40세를 기준으로 25년 이후 인 65세부터 지급하는 노령연금을 자녀 유무에 따라 차별적으로 지급해야 한다. 이와 같은 정책을 미리 법률로 제정하였다가 2050년부터 실시할 수 있는 안전장 치를 마련할 필요가 있다.

무자녀인 노인들은 분명 자기 계발과 자아 성취를 위해 비혼이나 무출산을 선택했 다. 육아 부담 없이 자신에게 투자하면서 충분한 재산을 축적하였을 것이다. 자녀 들의 경제활동으로 부담하는 각종 세금으로 복지 비용을 부담하는데, 무자녀인 노 인들은 노령연금을 받을 자격이 없을 뿐만 아니라 노령연금을 지급하지 않더라도 자신의 삶을 충분히 영위할 수 있을 것이기 때문이다.

7 혼외출산율을 인정할 수 있는 사회적 분위기 조성

우리나라의 전통적인 정서는 "결혼해야만 출산한다." "혼인 신고한 부부만 출산할 수 있다."라는 고정관념이 있는 것도 사실이다. 하지만 시대가 바뀌고 젊은이들의 사고가 바뀌었기 때문에 전통적인 사고에서 벗어나 자발적 비혼모(혼외출산)를 선택하는 젊은 여성들을 위한 제도적 장치를 마련할 필요가 있다.

출처: 통계청, 인구동향조사

2023년 7월 통계청 발표에 따르면 2021년 혼외자를 출생한 인구는 7,700명으로 전체의 2.9%라는 점을 고려할 때 한국 사회에서 아직도 결혼율이 출산율에 큰 영향을 미치고 있다. 한국보건사회연구원에서 발표한 2019년도 출산행태조사 결과에 따르면, 결혼한 여성의 출산율은 1.34명, 결혼하지 않는 여성의 출산율은 0.10 명으로 나타났다. 결혼한 여성의 출산율이 결혼하지 않은 여성의 출산율보다 약 13배 높게 나타났다.

※ 2021년 혼인외의자 출생아 수와 비율은 7,682명(2.9%)으로, 2001년 7,119명(1.3%)보다 563명(1.7%) 증가했다.

유럽의 여러 국가에서 혼외출산율이 50%를 이미 넘었고, 칠레의 경우 71.1%, 아이슬란드 66.9%, 프랑스 56.7%로 높지만, 우리나라의 혼외출산율은 1.9% 수준이다. 우리나라도 혼인신고 이외의 프랑스의 시민연대계약(PACS), 독일의 생활동반자법, 영국의 시빌 파트너십, 이탈리아의 시민결합제도, 일본 동경의 파트너십 증명제도 등과 같은 혼인 형태에 대해 차별하지 않는 법적·제도적 장치를 마련할 필요가 있다.

2023년에 큰 파문이 되었던 태어난 기록만 있고 출생신고는 안 된 이른바 '미신고 아동' 문제로 인해 보건복지부는 2015년부터 2022년까지 출생 미신고 아동 전수조사를 하였다. 이에 따라 영아 살해 문제를 해결할 수 있도록 '출생통보제'가 2024년 7월부터 시행될 예정이다.

반면 '보호출산제'는 다양한 의견 때문에 법제화가 미뤄지고 있다. 임산부가 일정한 상담을 거친 후 의료 기관에서 실명을 밝히지 않고 임산부의 익명성과 비밀성을 보장하고, 낙태와 영아 살해를 방치할 것이 아니라 임신하면 출산할 수 있는 적절한 보호와 지원 방안을 제공해야만 한다. 이미 임신한 여성에게 낙태를 강요할 것이 아니라 임신한 여성이 부담 없이 출산할 수 있도록 하루빨리 '보호출산제'를 법제화하는 것도 중요하다.

'보호출산제' 법제화와 함께 민간 중심으로 운영하는 베이비 박스의 체계적인 관리와 고비용 저효율 구조인 보육원 운영에 관한 전반적인 정책과 지원 제도까지 전면적인 재검토 작업도 필요할 것이다. 뿐만 아니라 입양을 활성화할 수 있는 제도적 장치와 국민 인식 개선 작업 등 우리 사회의 경직된 결혼, 임신, 출산 문화를 혁파할 수 있도록 다양한 제도적 안전장치를 마련할 필요가 있다.

8 국공립어린이집과 부모수당의 문제

가. 국공립어린이집과 가정어린이집의 비교 및 예산

우리나라 국가 경제가 어렵고 가난하던 시절에는 독지가(기업)나 사상가 그리고 종교재단을 중심으로 사립재단을 설립하여 우리나라 교육 발전에 이바지하였다. 1960년 전후로 급격하게 증가한 인구와 우리 부모 세대들의 높은 교육열은 학비가 저렴한 국립인 서울대학교의 무한 팽창을 불러왔다. 서울대는 '서울대 특별법 제정'까지 주창하기에 이르렀다.

서울대 입학 정원의 한계는 수도권 인구 집중과 맞물려 서울 소재 사립대학들의 팽창을 불러왔다. 교육계와 학부모 단체를 중심으로 사학재단의 의존도가 높아질수록 정부를 상대로 사학 중심의 교육정책을 국공립 정책으로 전환해야 한다거나 사학에 국고 지원을 확대해야 한다고 요구하기에 이르렀다.

국공립과 사학의 태동과 성장 배경 그리고 국공립과 사립을 비교하는 과정에서 학자들이나 국민은 정부와 지자체의 전액 지원을 받는 어린이집이나 유치원조차도 국공립을 주장하기에 이르면서 엄청난 예산 낭비와 부작용을 초래하고 있다.

국공립어린이집이나 가정(민간)어린이집은 운영하는 주체만 다를 뿐 정부나 지자체의 예산으로 운영하고 있다. 가정어린이집도 국공립과 크게 다른 구조가 아니다. 다만 국공립어린이집을 운영하려면 정부와 지자체의 집중적인 예산과 공무원 채용 등 가정어린이집보다 훨씬 더 많은 예산이 필요하다. 현재 국공립 활성화를 위해 가정어린이집을 고사시키는 정책이 더 합리적이거나 효율적인지를 심각하게 고민해야만 할 필요가 있다.

어린이집 정보공개포털(https://info.childcare.go.kr)을 통해 국공립어린이집 6,161개, 가정어린이집 12,274개에서 알 수 있듯이 가정어린이집이 국공립어린이집의 두 배 이상을 차지하고 있다. 전국에서 유일하게 서울시의 국공립어린이집 비율이 가정어린이집보다 145%를 초과하였고, 나머지 광역단체 모두 가정어린이집이 월등히 많은 수를 차지하고 있다.

■ 서울시의 국공립어린이집 현황 ■
(모집 정원, 현원, 교직원 수, 2023년 12월 5일 기준)

(단위: 개, 인원: 명)

구청	어린이집	정원	현원	교직원	구청	어린이집	정원	현원	교직원
종로구	30	1,905	1,304	420	마포구	85	4,486	3,500	1,093
중구	24	1,854	1,221	390	양천구	87	4,276	3,570	1,078
용산구	36	2,159	1,586	464	강서구	97	5,450	4,225	1,228
성동구	81	4,777	3,344	1,014	구로구	96	5,141	4,253	1,159
광진구	56	3,033	2,402	686	금천구	55	2,965	2,124	657
동대문구	77	3,909	3,173	874	영등포구	84	4,624	3,724	1,097
중랑구	66	3,912	3,051	933	동작구	71	4,382	3,334	979
성북구	85	4,014	3,340	1,027	관악구	79	4,457	3,290	945
강북구	61	2,720	1,968	655	서초구	94	5,695	4,234	1,232
도봉구	65	3,007	2,384	766	강남구	65	5,326	3,845	1,140
노원구	91	4,473	3,344	1,092	송파구	107	6,501	5,700	1,540
은평구	94	4,805	4,024	1,330	강동구	88	5,370	4,501	1,205
서대문구	64	3,357	2,742	815	합계	1,838	102,598	80,183	23,819

교사 연봉 (인건비)	국공립 인건비	정원 대비 인건비		현원 대비 인건비	
	연봉 대비 총인건비	어린이 1인당 연간 비용	어린이 1인당 월간 인건비	어린이 1인당 연간 비용	어린이 1인당 월간 인건비
2500만 원	595,475,000,000	5,803,963	483,664	7,426,449	618,870
3000만 원	714,570,000,000	6,964,756	580,396	8,911,739	742,644
3500만 원	833,665,000,000	8,125,548	677,129	10,397,029	866,419
4000만 원	952,760,000,000	9,286,341	773,862	11,882,319	990,193

■ 서울시의 국공립어린이집 교사의 보육생 1인당 인건비 산정 예산 ■
(서울시 국공립어린이집 정원 102,598, 현원 80,183, 교직원 23,819명 기준)
(단위: 원, 인원: 명)

※ 국공립어린이집 보육교사의 1호봉 급여(2022년 기준): 2,018,000원

가정어린이집의 경우 최대 정원이 20명으로 제한되면서 0~2세 아동만 입학하는 현실과 보육료 또한 정원 기준이 아니라 현원 기준으로 지급된다. 가정어린이집을 운영하기 위한 인건비에 해당하는 '부모 보육료'를 기준으로 가정어린이집과 국공립어린이집의 아동 1인당 교사의 인건비를 단순한 방식으로 비교해 보았다. 인건비를 비교하는 것은 저임금을 조장하기 위함이 아니라 저출생 문제 해결에 필요한 예산 지출의 문제점을 지적하기 위함이다.

가정어린이집의 아동 1인 대비 교사 1인당 인건비를 산출하면 평균 임금은 428,446원(6,427,000원(514,000*3+452,000*5+375,000*7))/15명) 수준이다. 반면 국공립어린이집의 교사 인건비(임금 호봉표는 미공개 상태)는 현원 대비 618,870원~990,193원이고, 정원을 기준해도 483,664원~773,862원으로 국공립어린이집의 인건비 부담이 훨씬 크다.

■ 2023년도 영유아 보육료 지원 단가 안내 ■
(2022년 12월 26일, 보건복지부)
– 가정어린이집과 민간어린이집에 지원되는 보육 기준 –

구분	교사 1인당 아동 수	(기본 보육 시간) 보육료 (단위: 원)			비고
		부모 보육료		기관 보육료	
		일반	24시간		
0세반	3명	514,000	771,000	599,000	(0~2세반) '22년 대비 부모 보육료 3%인상, 기관 보육료 5% 인상'
1세반	5명	452,000	678,000	326,000	
2세반	7명	375,000	562,500	221,000	
3세반	15명	280,000	420,000	–	(3~5세반) '22년 지원 단가 동일'
4~5세반	20명				

※ 부모 보육료: 주로 교사 급여(4대 보험)와 관련된 비용으로 지출
※ 기관 보육료: 어린이집을 운영하기 위한 급식 및 간식비와 제반 운영비 지출, 정부에서 인건비를 지원받지 않는 민간·가정어린이집 등에서 만 0~2세반

　또한 가정어린이집은 교사 1인당 최대 7명(2세아 기준)의 아동으로 제한되지만, 국공립어린이집 교사 1인당 최대 20명(어린이집 5세 반 기준)까지 담당할 수 있으므로 국공립어린이집 교사의 인건비와 가정어린이집 교사의 인건비 차이는 대략 비교하더라도 2배 이상의 인건비 차이가 있다.

　특히 서울시 국공립어린이집 교사는 공무원 신분이기 때문에 원아가 충원이 안 될 때도 급여(수당, 4대 보험, 공무원 연금 등)를 지급하지만, 가정어린이집의 경우 원아가 기준에 미달할 때 부득이 교사를 해고할 수밖에 없는 구조이다. 결과적으로 가정어린이집보다 국공립어린이집의 운영 비용이 훨씬 더 많은 예산을 낭비하는 구조라 할 수 있다.

나. 국공립어린이집 확대보다는 가정어린이집 내실화

국공립어린이집을 운영하기 위해서는 가정어린이집에 비해 건물 신축비(또는 임대료), 공무원 인건비 및 제반 운영비 등에 필요 이상의 많은 예산을 투입해야만 한다. 국공립어린이집의 재정 규모라면 부모의 주거지 근처에 있는 가정어린이집 활성화를 위해 충분한 재정을 투입하여 현재의 문제점들을 보완하고도 남을 예산 규모이다. 국공립어린이집을 확대하기보다는 가정어린이집의 내실화를 기할 수 있는 정책이 필요하다는 것이 관련 종사자들의 지배적인 의견이다.

어린이집을 이용하지 않는 부모에게 지급하는 부모수당은 더 큰 문제이다. 아파트 단지에 있는 가정어린이집의 경우 최대 정원이 20명으로 제한된다. 가정어린이집을 운영하기 위해서는 어린이집을 이용하는 원아가 최소 10명을 유지해야만 원장 및 교사의 인건비를 지급하면서 간신히 어린이집을 운영할 수 있다. 하지만 저출생의 영향으로 어린이집에 등원하는 이용자 10여 명 내에서 간신히 운영하고 있던 어린이집이 많아졌다.

그런데 갑자기 정부로부터 어린이집에 맡기지 않는 부모들에게 양육수당을 지급하기 시작하면서 가정 양육수당을 받기 위해 아이를 조부모에게 맡기는 경우가 많아졌다. 10여 명의 아동으로 간신히 운영하던 어린이집에서 2~3명의 아동이 등원을 포기하면 남은 7~8명의 아동으로는 더 이상 어린이집을 운영할 수 없는 상황에 처하면서 많은 가정어린이집이 폐원을 결정하기에 이르렀다.

2022년 말 기준 보육통계에서 확인할 수 있듯이 가정어린이집은 10년 동안 절반(2013년 23,632개에서 2022년 12,109개)으로 줄어들었고, 2023년 말 통계를 기준으로 할 때 1년 사이에 1,000여 곳이 넘는 가정어린이집이 폐업으로 사라질 것이라 한다.

아파트 단지 내의 가정어린이집이 폐원하는 상황에서 국공립어린이집에 입소하지 못하거나 자녀를 양육해 줄 조부모가 없는 직장인들은 거주지에서 아주 먼 거리의 다른 아파트 단지의 가정어린이집이나 민간어린이집에 의존해야 한다. 그런데 주변의 어린이집조차 이용할 수 없는 직장인들은 결국 일과 가정 양립이 불가능한 상황에 내몰리면서 직장을 포기할 수밖에 없는 상황에 직면하게 되었다.

◨ 전국 어린이집 연도별 설치 · 운영 현황 ◨								
(2022년 말 기준 보육 통계)								
							2022년 12월 31일 기준 (단위: 개, 인원: 명)	
구분	계	국공립	사회복지	법인/단체	민간	가정	협동	직장
2022	30,923	5,801	1,254	610	9,726	12,109	132	1,291
2021	33,246	5,437	1,285	640	10,603	13,891	142	1,248
2020	35,352	4,958	1,316	671	11,510	15,529	152	1,216
2019	37,371	4,324	1,343	707	12,568	17,117	159	1,153
2018	39,171	3,602	1,377	748	13,518	18,651	164	1,111
2017	40,238	3,157	1,392	771	14,045	19,656	164	1,053
2016	41,084	2,859	1,402	804	14,316	20,598	157	948
2015	42,517	2,629	1,414	834	14,626	22,074	155	785
2014	43,742	2,489	1,420	852	14,822	23,318	149	692
2013	43,770	2,332	1,439	868	14,751	23,632	129	619

국공립어린이집을 확대하거나 부모수당 지급 정책으로 말미암아 결국 가정어린이집의 폐업을 유도한 결과를 초래하였다. 중장기적으로 더 많은 폐해를 잉태하게 된다면 분명 정책의 실패이다. 가정어린이집의 폐업을 유도하면서 국공립과 직장 내 어린이집 활성화 방안을 논하는 것은 어불성설이다.

직장인의 직원 복지를 위해 직장어린이집을 운영하는 것도 하나의 중요한 방법이라 주장하는 학자들도 많다. 하지만 많은 직장인이 직장 내 어린이집에 아이들을 맡기기가 어렵다고 한다. 또한 대규모 공장이나 근로자 대부분이 한곳에 모여있는 기업의 경우에는 직장어린이집을 운영할 수 있지만 지점 형태로 운영하는 금융업과 서비스업의 경우 실제 직장어린이집을 운영하기 어려은 환경이다.

직장어린이집을 이용하는 근로자들도 혼잡한 출퇴근 시간에 자녀와 동반하는 문제는 결코 쉬운 일이 아니다. 또한 야근·회식·외근·출장이 있을 경우 가족 중 누군가는 직장어린이집으로 아이를 데리러 가야만 한다. 특히 부모는 자녀의 친구 관계까지 고려할 수밖에 없는데, 아파트 단지 내의 가정어린이집을 이용할 경우 자연스럽게 동네 친구들이 생기게 되지만 직장어린이집을 이용하는 자녀들의 경우에는 거주지에서 친구 관계 형성이 어렵다고 한다. 이런 문제 때문에 직장어린이집이 있는 직원들조차도 직장어린이집을 이용하지 않기 때문에 대부분의 직장어린이집이 정원을 채우지 못하고 있다.

국공립어린이집, 직장어린이집, 민간어린이집 중심의 정책으로 전환하고자 가정어린이집 폐원을 유도하는 정책이 아니라 주거지에서 가장 이용하기 편리한 가정어린이집을 활성화할 수 있는 정책이 필요하다. 따라서 정부의 관료들이나 정책을 연구하여 지원하는 학자들은 어떤 정책을 마련하기 이전에 새로운 정책을 준비할 때에는 수십, 수백 가지의 부작용까지 고려할 수 있기를 희망한다.

제4장

[단기(즉시) 계획]
미혼자와 독거 어르신
결혼장려정책

■ 결혼정책의 부재
- 결혼율과 출산율은 밀접하지만 여가부와 서울시에는 결혼정책 부서와 공무원 없다.
- 정부의 결혼장려정책에는 주택정책 외에는 어떤 정책 자료조차 찾을 수 없다.
- 결혼은 결혼중개업체 고유 영역이거나 성공한 자들의 전유물이 결코 아니다.

■ 이성 교제 기회를 제공할 필요성
- 직장의 회식 문화가 점점 사라지거나 미디어가 발전하면서 개인 생활 위주의 삶
- 이성을 정면으로 쳐다볼 때 성희롱, 여성이 성희롱으로 느꼈다면 성희롱으로 판단
- 직장이나 길거리에서 이성에게 접근하여 데이트 신청하면 자칫 성추행범
- "열 번 찍어 안 넘어가는 나무 없다."라는 식으로 청혼하면 스토킹 범죄

■ 이성과의 만남의 기회 절대 부족: 비용 부담이나 상처를 입으면 결혼 포기
- 결혼중개업체: 고가의 소개료 부담 및 영리만 추구하는 브로커라는 부정적 이미지
- 카페나 밴드: 비용 부담은 없지만 신원 미확인, 프로필 부재는 결혼까지 장기간 소요
- 스마트폰 앱: 신원 미확인, 편리를 추구하는 과정에서 사건 사고와 엔조이 중심

■ 상시 만남을 위한 공간 필요
- 당일형 미팅실: 이성과 만날 기회를 통해 인생의 동반자를 찾을 수 있는 기회 제공
- 숙박형 미팅장: 숙박하는 과정에서 단시간에 배우자를 찾을 수 있는 기회 제공

■ 지자체의 미혼자 만남 행사의 허와 실
- 대구 달서구의 '결혼팀' 운영: 3인의 인건비, 공무원이 직접 매칭할 수 없다는 한계
- 행사비 대비 비효율성: 청주시는 2014년부터 5년간 매년 진행한 행사에서 3쌍 결혼
- 서울시의 서울팅 계획: 8천만 원 예산 책정하여 행사 준비 중 부정적 여론으로 보류
- 성남시 참가 모집 인원: 200명 모집(남녀 각각 50명씩 2회)에 1,188명의 신청자
- 지자체 단독의 미혼 남녀 만남 행사는 예산 대비 비효율성과 역효과까지 발생
- 지자체장의 홍보성 이벤트인 미혼자 만남 행사의 '성혼율'과 '결혼율'은 관계없음

1 정부와 지자체의 결혼정책

가. '저출산고령사회위원회 1~4차 기본계획'에서 결혼정책

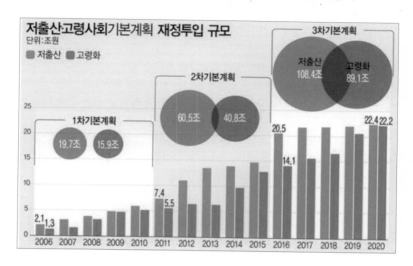

① 1차 기본계획: 결혼정책 없다.

② 2차 기본계획: ㉢ 항이 유일한 결혼정책이다.

㉠ 신혼부부 주거 부담 경감(신혼부부 대상 주택자금 지원 확대)

㉡ 결혼 장려를 위한 사회적 배려 강화(유자녀 현역병에게 상근 예
비역 편입 혜택 부여, 학생 부부를 위한 국공립대학 및 대학원 내 기
혼자 기숙사 확대, 저소득층 중 기혼자에 대하여 장학금 수혜 우선순
위 부여)

㉢ 결혼 관련 교육, 정보 및 서비스 체계적 제공(아래 표)

┌───┐
│ ▣ **결혼 관련 교육, 정보 및 서비스 체계적 제공** ▣ │
├───┤

가. 현황

• 우리나라의 경우 대부분이 법적 혼인 상태에서 출산하고 있으나, 혼인율은 하락하고 초혼연령은 지속적으로 상승하고 있어 출산율이 저하(혼인 건수 및 초혼연령 표기)

• 아울러 막연히 결혼과 출산을 미루거나 적절한 준비 없이 결혼과 출산을 함으로써 건강한 가족관계 형성에 어려움이 발생: 필요한 정보 공급을 통해 결혼·출산을 준비할 수 있는 지원체계 필요

나. 추진 계획

• 단계별 종합 정보 제공 및 결혼 준비 프로그램 운영:

㉠ 결혼 준비, 건강한 가정생활 등 결혼과 관련된 종합 정보 제공

㉡ 지자체, 지역 기관, 기업 등과 연계, 임신 출산 육아 체험 등 결혼 준비 프로그램 도입

㉢ 기초교양센터를 구축하고, 결혼 관련 교양프로그램 개발·운영 유도

• 가족생활교육 및 가족 상담 서비스 내실화: 건강가정지원센터를 통한 생애주기별 교육프로그램 개발·보급·가족 문제 유형별 전문 상담 서비스 제공

└───┘

③ 3차 기본계획: 주택정책 이외에는 없다.

㉠ 청년 · 예비부부 주거 지원 강화

㉡ 학생 부부의 주거 여건 개선

㉢ 신혼부부의 주택 마련 자금 지원 강화

㉣ 신혼부부 맞춤형 임대주택 공급 대폭 확대

④ 4차 기본계획: 결혼정책 없다.

나. 보건복지부 산하의 '인구보건복지협회'에서 운영한 '결혼누리'

대통령 직속 저출산고령사회위원회의 '2차 기본계획'에서 '결혼장려정책' 자료집에서 "07년부터 인구보건복지협회에서 결혼지원센터(www.match.kr)을 운영하고 있으나 아직 활성화가 미흡"이라 언급되었던, 인구보건복지협회에서 운영한 '결혼누리'와 관련된 기사를 첨부한다.

> 2010년 10월 6일, 한겨레, 김소연 기자
>
> **"부모 등급화 보건복지부 황당 결혼 사이트"** 기사 중에서
>
> 보건복지부가 운영비를 지원하는 결혼정보 사이트에서 본인의 학력과 소득, 부모의 직업 등에 따라 회원들을 몇 개의 등급으로 나눠 관리해온 것으로 드러나, 정부가 '결혼의 상품화'를 조장하고 있다는 비판이 나오고 있다.
> 국회 보건복지위원회 소속 최영희 민주당 의원은 5일 복지부 국정감사에서 인구보건복지협회가 운영하는 '결혼누리'(www.wed-info.kr)에 연동된 결혼지원 사이트에서 가정환경이나 학력 등을 기준으로 회원의 등급을 매겨 관리하고 있다고 공개했다. 복지부는 이 협회에 지난해와 올해 각각 5000만 원씩 모두 1억원의 예산을 '결혼누리' 사이트 운영비로 지원했다. (후략)

결혼누리는 정부 산하에서 유일하게 운영하다가 2010년 국정감사에서 '결혼중개업체가 사용하는 회원 등급화'(유료화 기준)를 지적받은 이후에 곧바로 폐쇄되었다. 그런 이유 때문인지 현재까지 정부나 지자체 또는 산하기관에서 미혼자들의 자연스러운 만남을 제공하는 플랫폼은 어느 부처(대구 달서구의 '결혼팀'은 별도로 언급)에서도 운영되고 있지 않은 현실이다.

다. 보건복지부의 인구정책 부서에도 '결혼정책' 부서는 없다

■ 보건복지부 '인구정책실' 조직도 ■			
사회서비스정책관	인구아동정책관	노인정책관	보육정책관
• 사회서비스정책과 • 사회서비스사업과 • 사회서비스자원과 • 사회서비스일자리과	• 인구정책총괄과 • 출산정책과 • 아동복지정책과 • 아동권리과 • 아동학대대응과	• 노인정책과 • 노인지원과 • 요양보험제도과 • 요양보험운영과 • 노인건강과	• 보육정책과 • 보육사업기획과 • 보육기반과

라. 결혼정책 주무 부처인 '여성가족부'에도 부서와 공무원이 없다

결혼율과 출산율이 매우 밀접한 관계가 있다는 것은 삼척동자도 알 수 있다. 국가 존립까지 위협받는 상황이라 합계출산율을 높이기 위해 280조 원이라는 막대한 예산을 투입했다. 하지만 출산율과 밀접한 '결혼' 업무 주관 부처인 여성가족부에서 결혼정책을 담당하는 부처가 '청소년가족정책실' 내의 '다문화가족과'에 소속되어 있다는 사실은 우리나라 미혼자와 다문화 인구의 비율을 감안할 때 이해할 수 없다.

다문화가족과에는 과장을 포함한 7명의 공무원이 근무 중이다. 이중 사무관 1명이 결혼업무를 총괄하고, 나머지 6명은 다문화가족의 업무를 수행하고 있다. 합계출산율에 지대한 영향을 미치는 결혼 업무를 담당할 공무원이 대한민국에 단 한 명뿐이라는 사실을 어떤 국민이 믿겠는가? 그런데 더 당황스러운 것은 사무관 한 명이 오롯이 결혼 업무만 전담하는 것이 아니라 '국외다문화가족지원' 업무까지 수행한다는 사실이다. 담당 사무관은 결혼중개업체를 관리·감독하는 업무만 맡고 있을 뿐 결혼정책 업무는 어느 부처에서도 찾아볼 수 없다. 결국 우리나라 중앙 부처에는 결혼정책을 담당할 공무원이 단 한 명도 없다는 현실이다.

　결혼업무 주관 부처인 여성가족부 장관이나 차관 그리고 청소년 가족정책실이 우리나라 청년 세대의 변화(2000~2020)를 발표한 내용("30~34세 청년 56%가 미혼자이고, 2000년(18.7%) 대비 약 3배 증가하였다.")조차도 확인하거나 고민할 필요가 없다는 것이다.

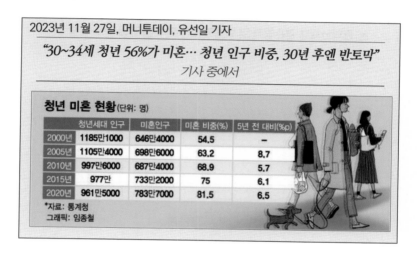

2023년 11월 27일, 머니투데이, 유선일 기자

"30~34세 청년 56%가 미혼… 청년 인구 비중, 30년 후엔 반토막"
기사 중에서

청년 미혼 현황 (단위: 명)

	청년세대 인구	미혼인구	미혼 비중(%)	5년 전 대비(%p)
2000년	1185만1000	646만4000	54.5	—
2005년	1105만4000	698만6000	63.2	8.7
2010년	997만6000	687만4000	68.9	5.7
2015년	977만	733만2000	75	6.1
2020년	961만5000	783만7000	81.5	6.5

*자료: 통계청
그래픽: 임종철

　우리나라 저출생 문제의 심각성이나 결혼 기피 현상에 대해 여성가족부만 모르고 있지는 않을 것이다. 그렇다면 우리나라 여성가족부는 도대체 어느 나라 여성가족부이며, 여성가족부의 장관, 차관, 실장, 과장, 팀장 등은 도대체 어느 나라 공무원인지 묻지 않을 수 없다. 현 정부에서 여성가족부 폐지가 공약 사항이라 해도, 무작정 여의도만 바라보고 있을 것이 아니다. 결혼 업무 주관 부처인 여성가족부는 이제라도 출산율을 높이기 위한 '결혼정책'을 마련해야만 할 것이다.

마. 전국 17개 광역단체에도 결혼 관련 정책 부서와 공무원이 없다

'여성가족부의 사무를 위임'을 받아 업무 수행하는 각 광역단체에서 결혼 업무를 담당할 단독 부서가 없는 것은 어쩌면 당연할 수도 있을 것이다. 기초단체 중에서도 대구 달서구청의 '결혼팀'이 유일하다. 결혼정책 부서는 차치하더라도 결혼장려 업무조차도 없는 실정이다.

▣ 광역단체별 결혼정책 및 다문화관련 부서 및 직원 규모 현황 ▣		
		(홈페이지 기준)
광역단체	결혼정책 부서유무	결혼과 다문화 관련 부서 업무와 관련 공무원 현황 (대략)
서울	없음	외국인다문화 2개 부서 12명 / 저출생정책추진반 15명
부산	없음	결혼중개업관리업무 / 다문화외국인지원팀 5명
인천	없음	다문화관련 2명
대구	없음	결혼중개업 관리 및 지도 / 가족다문화팀 5명
울산	없음	외국인주민센터운영, 국제결혼가족 지원 등 1명
대전	없음	가족다문화팀 4명
광주	없음	다문화업무 9명
세종	없음	인구부서 2명, 다문화 1명
경기	없음	다문화지원팀 13명
강원	없음	다문화가족팀 2명 (결혼중개업 관련 업무)
충북	없음	인구청년정책담당관 23명(외국인관리 3명)
충남	없음	다문화 부서와 공무원 없음
경북	없음	다문화정책팀 5명
경남	없음	다문화파트 4명 (결혼중개업 관리 포함)
전북	없음	가족다문화 6명 (결혼중개업 관리 업무 포함)
전남	없음	인구청년이민국 23명 / 가족다문화팀 5명
제주	없음	가족친화(다문화) 5명 (결혼중개업 관리 포함)

서울시는 2021년 서울시장 직속의 '1인가구특별대책추진단'을 설치(2반 6팀에 31명의 직원)하여 91억 7700만 원의 예산을 배정했었지만

'결혼정책'이나 '결혼 장려'업무조차 찾아볼 수 없었다. 최근 '1인가구 특별대책추진단'을 '여성가족정책실'의 '1인가구담당관'에 편입하면서 '저출생정책추진반'을 설치하여 '저출생정책팀(7명), 저출생사업팀(4명), 저출생문화팀(3명)'과 같은 3개 팀과 반장 1인, 팀장 3인 등 전체 11명의 공무원을 배정하였다. 하지만 모두 기혼자 중심의 '출생 장려' 업무이고, 미혼자 대상의 '결혼 장려'를 위한 업무는 찾아볼 수가 없다.

바. 지자체의 현금 지급 방식의 결혼정책

① 대전시의 결혼지원금: 500만 원

대전시는 2024년부터 2년간 '청년 신혼부부가 살기 좋은 하니(HONEY) 대전 프로젝트'를 통해 2030년까지 합계출산율 1명을 목표로 1조 567억 원을 투입한다. 2025~2026년 결혼하는 부부에게 500만 원의 결혼장려금을 지급한다. 신혼부부들에게는 주택을 우선 분양하고 전세자금 이자도 지원해 준다. 단, 혼인신고 전 일정 기간 이상 대전에 거주한 만 19세부터 39세 이하의 초혼 부부가 대상이다.

데이트 하니(HONEY) 좋은 대전, 선남선녀 결혼 하니(HONEY) 좋은 대전, 정착 하니(HONEY) 좋은 대전, 부모 하니(HONEY) 좋은 대전 등의 프로그램과 양육 비용으로 부모수당·아동수당·양육수당 등 월 40만 원에서 110만 원을 지급하고, 자녀와의 첫 만남을 지원하는 '첫 만남 이용권'은 첫째 아이 200만 원, 둘째 이상부터는 300만 원을 지급한다.

② 기타 지자체의 결혼장려금 지급 현황(시작 연도는 각각 다름)

태안군의 결혼장려금 600만 원, 영동군의 결혼장려금 1000만 원,

경상북도의 결혼지원금 5000만 원, 해남군의 결혼지원금 300만 원, 화순군은 2020년 3월 10일(조례 시행일) 이후 혼인 신고한 부부에게 1000만 원, 영천시는 2022년부터 결혼 장려 300만 원, 여주시는 2023년부터 결혼장려금 50만 원씩 2회 지급, 영양군은 결혼장려금 500만 원, 산청군은 결혼식장 무료 개방과 결혼장려금 400만 원, 사천시는 결혼장려금 50만 원을 각각 지급한다.

지자체 자체적으로 지급하는 출산지원금과 마찬가지로 지자체가 경쟁적으로 결혼지원금을 지급한다고 결혼율과 출산율이 높아질 것으로 생각하는 것은 지양되어야 마땅할 것이다.

사. 증여세 공제액 확대가 결혼장려정책

정부는 2023년 7월 27일 결혼을 장려하기 위해 결혼 자금 증여세 공제 확대 방안으로 부부 합산 3억까지 증여세를 면제하기 위한 세법 개정(국회의 조세위원회 결정 절차와 출산 포함 여부 등으로 논의 중)에 착수하였다. 앞으로는 결혼할 때 부모로부터 결혼 자금을 증여받아도 부부 합산 3억 원까지 세금을 내지 않아도 된다. "결혼을 앞둔 청년들의 경제적 부담을 줄여서 혼인율이 증가하면 저출생 문제를 해소하는 데 도움이 될 것이라고 기대한다."라는 내용이다.

증여세 공제 확대가 결혼 및 출산 장려 정책과의 실질적인 연계성이 부족하다거나 자칫 '부의 대물림'으로 인한 저소득층의 상대적 박탈감을 유발할 수 있다는 우려의 목소리이다. 정작 증여세와 출산율과 연관된 연구결과는 전혀 없는 상태이고, 세금을 내지 않고 '부모로부터 받을 수 있는 돈이 늘어나면 결혼에 대한 경제적 부담이 줄어 혼인을 더 많이 하지 않겠냐'라는 '막연한 기대'와 고령층에 집중된 자산을 빠르게 자녀 세대에 이전하여 '소비 증가 효과'를 통해 경제가 활성화할 것이라 기대하는 것이다.

자녀에게 증여할 방안으로 세법을 개정하면 결혼하는 데 분명 조금이라도 기여할 수는 있을 것이다. 하지만 현재 결혼정보업체에 의뢰하는 20~30대 부유층 자녀들의 경우 수억은 양호한 수준이고, 수십억, 심지어 수백억의 재산을 앞세워 배우자를 찾는 미혼자들도 적지 않다는 점을 고려할 때 증여세 확대가 결혼율과 출산율을 획기적으로 증가시킬 궁극적인 대책이라 할 수 있을지 의문이다.

2023년 7월 28일, 매일경제, 박만원 기자

"'결혼 자금 증여세 면제' 저출산 묘수일까 부자감세일까[핫이슈]"
기사 중에서

27일 정부가 발표한 '1억5000만원 결혼자금 증여세 면제'에 대한 논쟁이 뜨겁다. 젊은 세대의 결혼과 출산 기피를 완화할 수 있다는 긍정 평가가 많지만, 반대하는 쪽에선 "부의 대물림"이라거나 "부자감세"라며 비판한다. 이날 기획재정부가 발표한 세법개정안에서 가장 주목을 끈 것은 상속·증여세를 개정해 예비 신혼부부에게 증여세 부담을 덜어주는 방안이다. 혼인 신고일 전후 각 2년 이내(4년간)에 부모로부터 증여받은 재산에 대해 1억원까지 추가로 공제받을 수 있다. 기존 공제한도(10년간 5000만원)을 더하면 최대 1억5000만원까지 공제받을 수 있게 된다. 신랑, 신부를 합치면 최대 3억원까지 세금없이 증여받을수 있게 된다. (후략)

2 정부와 지자체의 결혼정책 필요성과 지원 방안

가. 정부와 지자체의 결혼장려정책의 필요성

① 공무원의 인식 전환과 체계적인 결혼정책

합계출산율은 혼인율과 밀접한 관계가 있다. 하지만 결혼 업무 주관 부처인 여가부와 서울시에는 결혼정책 부서와 담당 공무원이 없다. 공무원과 시민단체에서 '결혼은 결혼중개업체의 고유 영역이다.' 라는 잘못된 인식이 지배하고 있는 현실에서 결혼정책을 마련하기 어려운 점도 있을 것이다. 하지만 결혼은 분명 결혼중개업체의 고유 영역이 아닐 뿐만 아니라 고유 영역이 되어서도 안 될 것이다.

2014년에 서울시 의회에서 저출생 문제를 극복하자는 취지로 서울시에 결혼정보지원센터를 설립하여 결혼 정보 서비스, 미혼 실태 조사와 결혼 촉진 방안 정책 연구, 결혼 전문 큐레이터 양성, 저렴한 결혼식장 대관 안내 등의 사업을 위해 '결혼 장려 및 결혼촉진 조례안'을 준비하였다. 하지만 서울시 내부에서 "서울시가 결혼 지원 사업까지 담당하게 되면 우선 결혼중개업체의 고유 업무에 대한 과도한 개입이라는 비난을 살 수 있고, 관련 분야 산업에도 부정적인 영향을 줄 수 있다."라고 반발하면서 폐기된 사례가 있었다. 또한 2023년에 서울시가 준비한 '서울팅' 행사마저도 결혼중개업체 영역이거나 세금 낭비라는 식으로 문제를 제기하는 시민단체들을 이겨내지 못하고 보류된 상태이다.

우리나라 합계출산율이 급속히 감소하던 초기에는 기혼자 중심의

출산 장려 정책이 중심을 이루었다. 그럼에도 출산율이 증가하지 않
자, 결혼정책에 관심을 갖게 되면서 정부는 하드웨어에 해당하는 신
혼부부 행복주택 정책을 마련하였고, 지자체에서는 '미혼 남녀 매칭
행사'를 진행하기 시작했다.

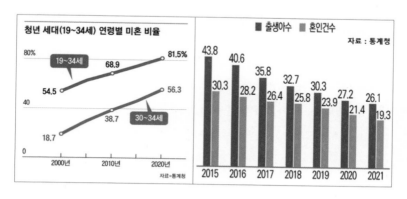

결혼 장려를 위한 신혼부부 행복주택은 내 집 마련을 투자 개념으
로 생각하는 청년들이 많고 출산을 하기에는 공간이 너무 좁기 때문
에 미달 사태이다. 실제 효과는 미미했기에 정부는 또 다른 청년주택
제도를 마련해야만 하는 상화이다. 요즘 20~30 세대는 부모의 도움
없이는 내 집 마련의 기회가 주어지지 않기 때문에 부득이 결혼과 출
산을 생각하는 청년들에게 '조건부 거주용 주택 공급' 정책을 제안하
였다. 아울러 지자체에서 자체적으로 진행되는 미혼 남녀 매칭 행사
또한 실제 결혼 성사율과 동떨어진 보여 주기식 행사 성격을 벗어나
지 못하고 있다.

② 결혼중개업의 중요성과 종사자들의 기여도

결혼중개업은 인류 역사상 가장 어려운 직업 중 하나라고 한다. 일

반적인 물품을 중개할 경우 구매자의 주머니 사정으로 구매 여부가 결정된다. 하지만 배우자를 중개하는 결혼중개업은 구매자의 주머니(결혼을 의뢰한 고객) 사정은 물론 상대방의 주머니(결혼을 의뢰한 또 다른 고객) 사정이 일치해야만 거래가 성사되므로 일방적 구매 방식이 아니라 양방향의 구매자 모두를 만족시켜야만 거래가 성사되는 매우 어려운 직업이다.

또한 결혼이라는 것은 '인륜지대사(人倫之大事)'라고 할 정도이다. 그만큼 한 사람의 인생에서 가장 중요한 선택이므로 매우 어려운 과정이다. 대다수 결혼중개업 종사자의 경우 고객들에게 최고의 배우자를 매칭하기 위해 노력한다. 결혼중개업이 저출생 문제로 인한 국가의 미래를 걱정하는 직업군에 속하는 것은 분명한 사실이다.

③ 결혼중개업체 종사자 자격은 강화하고, 규제는 풀고, 종사자 관리는 체계화인 관리가 필요

여성가족부에 결혼중개업체 이용자로부터 민원이 발생하기 시작하면서 규제 중심 정책으로 결혼중개업 관련 법 조항들을 마련하였다. 대표적으로 창업을 위해 1억 원의 안전장치와 해외 현지의 법에 저촉되어 실제 불가능한 법 조항으로 규제하기에 이르렀다.

여성가족부는 결혼중개업에 종사하는 분들이 저출생 문제에 기여할 수 있도록 결혼중개업 종사자에 대한 진입은 강화하고, 규제는 풀어서 청년들에게 결혼과 출산할 수 있도록 좀 더 다양한 기회를 제공할 수 있는 결혼정책을 마련해야 한다. 결혼업계에 종사하는 분들이 결혼 장려를 통해 출산율을 높일 수 있는 계기를 마련할 수 있기 때문에 결혼중개업에 대해 간단하게 알아보자.

국내 결혼은 사무실을 마련하여 시군 구청에 신고하면 누구나 창업을 할 수 있다. 국제결혼의 경우 한국건강가족진흥원에서 하루 교육 과정을 듣고 1억 원의 예치금과 보증보험의 2중 안전장치를 통해 관할 시군 구청에 신고하면, 이를 허가하는 방식으로 국제결혼중개업이 가능하다.

결혼중개업체 인허가를 위해 1억 원이라는 예치와 같은 방식으로 규제할 것이 아니라 공인중개사나 사회복지사와 같이 결혼중개업체에 관한 충분한 지식과 소양 교육 과정을 이수하거나 일정한 자격시험을 통과한 자로 제한하는 등의 진입 장벽을 강화해야만 한다. 결혼중개업체에서 활동하는 커플매니저는 유형 자산이 아닌 인간의 마음인 무형의 자산을 상대하는 업무 특성상 기본적인 인격을 갖추는 것이 무엇보다 중요하다.

결혼중개업 종사자는 회사에 종속되기보다는 프리랜서 개념으로 활동하기에 유리한 직종이다. 그런 까닭에 회사 소속으로 근무하다가 이직하거나 프리랜서로 전환하는 경우가 많다. 고객 정보를 다루는 결혼 업무의 특성상 회사를 옮기면서 고객의 개인 정보 유출에 따른 불신 문제, 네트워크 매칭 과정에서 고객의 이름이나 직장명 심지어 사진까지 공개하여 개인 정보를 유출하는 비상식적인 종사자도 분명 존재한다. 이런 종사자는 자격을 박탈하거나 집중적으로 관리할 수 있는 체계적인 시스템을 구축해야만 고객의 피해를 최소화하거나 결혼중개업체에 대한 신뢰를 구축할 수 있다.

나. 결혼 장려를 위한 결혼중개업체 지원 방안

저출산 문제를 극복하는 데 결혼중개업체의 역할이 매우 중요할 때이다. 여가부의 결혼정책뿐만 아니라 결혼중개업체들이 올바르게 영업 활동을 통해 우리나라의 결혼율을 높일 수 있도록 다양한 노력이 필요하다. 우리나라 결혼중개업체는 2023년 10월 말 기준 국내 결혼중개업체(신고제)는 739개, 국제결혼중개업체(허가제)는 376개가 있으며, 여기에 종사자는 정확히 파악되지 않고 있는 실정이다.

지역	국내 결혼	국제결혼	지역	국내 결혼	국제결혼
서울	206	64	부산	48	20
대구	71	22	인천	16	9
광주	43	26	대전	33	22
울산	12	4	세종	3	1
경기	83	62	강원	13	7
충북	28	23	충남	27	18
전북	47	26	전남	28	22
경북	23	23	경남	56	20
제주	2	7	합계	739	376

■ 2023년 10월 말 기준 결혼중개업체 현황 ■

　결혼 기피 현상이 심해지면서 결혼중개업체들은 한정된 파이를 두고 경쟁하는 양상이다. 이와 같은 경쟁 구조 속에서 국내의 몇몇 결혼중개업체는 설문 조사를 가장하여 회사 홍보성 기사를 싣는 경우가 빈번하다. 이와 같은 광고성 기사는 자사의 결혼중개업체를 이용할 때 "이런 스펙에 맞는 배우자를 찾을 수 있다."라는 환상을 심어줄 수 있는 매우 위험한 기사라 할 수 있다.

미혼 남녀 각 ○○○명씩 총 ○○○명을 대상으로 진행한 '2023년 이상적 배우자상(像)'이라는 설문 조사에 따르면 "여성이 원하는 남편감은 신장 178cm 이상, 연 소득 6000만 원 이상, 자산 3억 5000만 원 이상, 2~3세 정도의 연상남, 4년제 대졸, 일반 사무직이나 전문직, 부모는 연금이나 자산이 충분하여 지원하지 않아도 될 남성이다. 그리고 남성이 보는 이상적인 아내감은 신장 165cm 이상, 연 소득 5000만 원 이상, 자산 2억 원 이상, 2~3세 연하, 4년제 대졸, 일반 사무직, 뛰어난 외모이다.

결혼업계가 무한 경쟁보다는 선의의 경쟁을 통해 서비스 질은 물론 합계출산율에 기여할 수 있는 정부의 지원 방안을 마련할 필요가 있다.

첫째, 결혼중개업 진입 자격을 강화하고, 일정액 이하 영세업체는 부가세 면제가 필요하다. 국가 존립을 위협하는 출산율 증가에 기여해야 할 결혼중개업은 면세 사업자보다도 훨씬 더 중요한 역할을 담당해야 한다.

결혼중개업체는 대형 업체(중앙 집중식 회사), 중소 규모 업체, 개인(1인) 사업 형태로 구분할 수 있다. 결혼은 결혼할 이성의 종교, 학력, 본인과 부모의 경제력, 신장, 외모, 맞벌이를 위한 거주 지역 등이 걸림돌로 작용하기 때문에 결혼중개업체에서 고객 1인을 매칭하기 위해서는 또래의 이성을 최소한 100여 명 이상을 확보해야만 정상적인 영업이 가능한 어려운 직업이다.

결혼중개업체에서 수백, 수천 명의 고객을 확보하지 못할 경우 매칭에 어려움이 있지만, 또 다른 한편으로는 커플매니저 한 명이 수백, 수천 명과 상담하면서 매칭할 수도 없다는 현실적인 한계가 있다. 결혼중개업체에 고객 민원이 발생하는 이유는 업체의 문제라기보다는 결혼 업종 자체의 한계성 때문이라 할 수 있다. 따라서 여가부에서 정하는 일정한 자격 요건을 충족하고 연간 일정액 이하의 영세업자에게는 부가세 면제를 통해 결혼중개업체를 적극적으로 지원해야만 한다.

참고로, 우리나라에서 부가세 면세 사업자로 등록할 수 있는 업종을 살펴보면, ㉠ 기초생활 필수 품목 ㉡ 의료 서비스, 여객 운송업과 장의업 ㉢ 학원, 교습소 ㉣ 신문, 도서, 잡지, 방송, 예술창작, 행사, 동물원, 식물원 ㉤ 국가가 공급하는 서비스 ㉥ 우표, 인지, 복권, 공중전화, 종교나 자선단체 ㉦ 토지 공급, 인적 용역, 주택&토지의 임대 용역. 금융업, 보험업 ㉧ 유튜버가 근로자를 고용하지 않을 때 등이다.

둘째, 결혼중개업 종사자에게 보조금을 지원해 성혼율을 높여야만 한다. 결혼율은 저출산 문제를 해결하는 데 지대한 영향을 미친다. 결혼업계 종사자들의 안정적인 영업 활동을 보장하기 위해 매출액이 일정액 이하인 경우 정부와 지자체에서 보조금을 지급할 필요가 있다. 보조금을 지급하기 위해 앞에서 언급한 결혼중개업에 대한 진입 자격을 강화하고, 종사자들을 철저하게 관리할 수 있는 시스템 구축이 선행되어야만 할 것이다.

간혹 결혼 상담사의 연간 수입에 대해 "능력에 따라 연봉을 수억까지 별 수 있다."라는 과장된 내용을 볼 수 있지만 현실과 매우 동떨어진 내용이다. 많은 종사자는 일반 급여 생활자에도 미치지 못하거나 최저임금 수준에 머물러 있다. 그러므로 정부와 지자체의 보조금 지

급이 필요하고, 보조금 지급 기준에 대해 다양하게 논의할 수 있어야
만 할 것이다.

　**셋째, 결혼중개업체는 종사자 관리를 체계화하여 불법 무등록자로
인한 고객 피해를 최소화할 필요가 있다.** 여성가족부는 결혼중개업체
의 인허가와 규제 강화에 그치거나 매달 결혼중개업체 현황만 정기
적으로 공시할 것이 아니다. 전국 결혼중개업 종사자들의 전체 인명
부를 정확하게 공개하여 고객의 피해를 예방해야만 한다. 담당자는
개인 정보라는 이유라면서 회피하겠지만 다른 업종의 경우 해당 업
종에 종사하는 명부를 공개하는 곳이 대부분이다. 특히 무형자산을
중개하는 업종 특성상 무등록자로 인한 고객의 피해 예방 차원에서
결혼중개업체와 종사자 명부를 모든 국민이 확인할 수 있도록 안전
장치를 반드시 마련해야 한다.

　**넷째, 결혼중개업체를 이용하지 않는 미혼자들에게 체계적으로 이
성과의 만남과 교제의 기회를 제공할 정책 도입이 필요하다.** 미혼자
중에서 결혼중개업체를 이용할 정도의 스펙을 갖췄다고 생각하는 분
들은 결혼중개업체를 통해 결혼할 수 있다. 반면 결혼중개업체를 이
용할 정도로 충분한 스펙을 갖췄음에도 결혼중개업체 이용을 꺼리는
청년들과 결혼중개업체를 이용하는 것이 부담스러운 청년들에게는
다양한 형태로 이성과 만날 수 있는 기회를 제공해야만 한다.

　참고로, 2023년 8월 통계청의 '사회조사로 살펴본 청년의 의식변
화' 보고서에 따르면 지난해 5월 기준 결혼에 대해 긍정적으로 생각
하는 19~34세 청년의 비중은 36.4%로 집계됐다. 결혼하지 않는 이

유로 '결혼자금 부족'(33.7%)이 가장 높았다. 이어 '결혼 필요성을 못 느낌'(17.3%), '출산·양육 부담'(11.0%), '고용 상태 불안정'(10.2%), '결혼 상대 못 만남(9.7%)' 등의 순이었다. 결혼자금 부족이 이유인 청년의 비중은 여성(26.4%)보다 남성(40.9%)에서 훨씬 높게 나타났다.

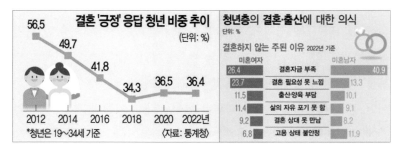

결혼을 부정적으로 생각하는 청년들이나 결혼 상대를 찾지 못한 청년들에게 비용 부담 없이 다양한 형태로 만남의 기회를 제공하여 결혼할 수 있는 동기를 부여할 정책을 통해 합계출산율에 기여할 수 있도록 노력해야만 한다.

다. 결혼은 결혼업체 고유 영역이나 성공한 자의 전유물이 아니다

예전에는 나이가 들면 당연히 '결혼해야만 진짜 어른이 된다.' 또는 '때가 되면 당연히 결혼해야 한다.'라고 생각했다. 30대 중반쯤의 나이에도 결혼하지 않을 때 '어디가 좀 부족하나?'라는 눈총 때문에라도 주변에서 가장 적당한 사람을 골라서 결혼하는 경향이 강했다. 하지만 청년의 고용 불안이 지속되거나 주택 비용이 상승하면서 결혼의 진입 장벽은 점점 더 높아지고 있는 현실이다.

물질만능주의가 팽배한 사회에서 결혼중개업체를 찾는 미혼자들은 상대방의 조건을 우선시할 수밖에 없는 현실이 되었다. 자신의 조건이나 환경은 개의치 않고 오로지 노력하지 않고 신분 상승을 꿈꾸거나 경제적으로 풍족한 삶을 지원해 줄 배우자를 찾는 고객들이 증가하고 있다. 일부 성공한 부류나 스펙이 좋은 일명 '노블레스' 고객들은 성공한 대가를 보상받기 위해 금전적 지원이 가능한 배우자를 찾기 위한 목적으로 결혼중개업체를 찾기도 하고, 정반대인 경우로 성공한 이성을 배우자로 찾고자 거액을 마다하지 않고 결혼중개업체를 찾는 경우도 적지 않은 현실이다.

돈이면 뭐든지 된다는 물질만능주의가 팽배한 영향도 있겠지만 청년들이 결혼을 망설이는 결혼자금 부족, 내 집 마련, 출산에 따른 양육비 부담, 여유로운 부부 생활 등으로 상대방의 조건을 우선시할 수밖에 없는 우리 사회의 현실을 반영한 결과라 할 수 있다. 결혼중개업체의 애로 사항이나 나쁜 이미지는 이런 상황 때문에 시작되었다고 할 수 있다. 자신들의 이상적인 배우자를 찾고자 결혼중개업체에 의뢰한 고객들은 자신의 요구 사항을 모두 충족할 수 없을 때 "결혼중개업체가 배우자를 찾아 주려는 노력보다는 영리에만 몰두한다거나 심지어 사기를 당했다."라는 식으로 비난하기 시작하면서 부정적인 이미지를 형성하는 시발점이 되었다.

결혼중개업 자체가 어려운 직종인 까닭에 고객으로부터 민원 제기 과정에서 나쁜 이미지가 고착되었고, 공무원들은 결혼중개업체를 제재(뒷부분의 '국제결혼' 부분에서 상세하게 언급)의 대상으로만 생각하여 다양한 규제 장치를 마련하기에 급급했다. 거기에 더해 공무원들은 결혼은 결혼중개업체가 담당해야 할 영역이라고 생각하기 때문에 결혼정책이라는 것을 애당초 생각조차 하지 않는다.

2023년 3월 16일, 서울신문, 이영준 기자

"'결혼은 선택이죠' 바뀐 가치관… 지난해 혼인 19만 건 역대 최저"
기사 중에서

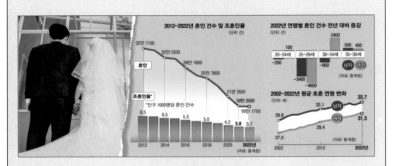

　　2022년도 혼인 건수는 19만 1700건으로 2021년 19만 2500건에서 0.4%(800건) 줄었다. 1970년 관련 통계 작성 이후 최저치다. 혼인 건수는 2012년부터 11년째 감소 중이다. 인구 1000명당 혼인 건수인 조혼인율도 0.1건 줄어든 3.7건으로 역대 최소치를 경신했다. 평균 초혼 연령은 남성이 1년 전보다 0.4세 높아진 33.7세, 여성이 0.2세 높아진 31.3세로 집계됐다. 10년 전인 2012년만 해도 남성 32.1세, 여성 29.4세로 남자는 30대 초반, 여성은 20대 후반이 결혼 적령기였는데, 10년 새 평균 2세가량 높아진 것이다. 평균 재혼 연령도 남성 51.0세, 여성 46.8세로 역대 가장 높았다.

　　결혼은 고가의 소개 비용을 부담해야만 하는 결혼중개업체의 고유 영역이 아니다. 또한 성공한 사람들의 보상이나 인생 역전을 꿈꾸는 자들의 전유물은 더더욱 아니다. 결혼은 조건 대 조건의 결합이 아니라 관심·취미·종교·삶의 방향 등이 비슷한 이성을 만나 단란한 가정을 꾸리는 인생의 중요한 선택의 과정이다.

　　결혼에 관한 생각이나 기준은 시대적 상황에 따라 변하였다. 통계청의 사회조사 결과에서 알 수 있듯이 청년층의 80.9%가 비혼·동거에 긍정적으로 답변한 점을 고려할 때 정부 책임자는 '혼인신고가 필요한 결혼'만을 연상하는 잘못된 인식에서도 하루빨리 벗어나야만 한다. 공무원들부터 결혼은 결혼중개업체의 고유 영역이 아니라는 사고 전환을 통해 결혼 장려를 위한 다양한 정책들을 마련해야만 한다.

가. 이성 교제를 지원할 결혼정책의 필요성

예전에는 단체 활동과 직장 내에서 이성 교제를 통해 배우자를 만날 기회가 많았다. 요즘은 직장의 회식 문화가 점점 사라지거나 미디어가 발전하면서 개인 생활 위주의 삶의 패턴으로 변화하였다. 특히 여성들의 안전을 보장하는 과정에서 이성을 정면으로 쳐다보면 '성희롱'으로 몰린다. 직장이나 길거리에서 이성에게 접근하여 데이트 신청을 하면 '성추행'으로 몰리고, 여성이 성추행이라 주장하면 성추행이 되는 시대이다. 또한 예전에는 "열 번 찍어 안 넘어가는 나무 없다."라는 식으로 열렬한 사랑 표현을 하거나 지속해서 청혼하면서 배우자를 찾았지만, 이제는 '스토킹'(물론 스토킹 범죄자를 옹호하자는 것은 절대 아니다) 범죄로 몰리는 현실이다.

미혼자를 대상으로 조사한 어느 통계에서 47.8%가 이성을 만날 기회조차 없다고 한 답변에서 알 수 있듯이 미혼자들에게 이성을 만나거나 교제할 기회조차 주어지지 않는다. 성남시에서 2023년 7월에 실시한 '솔로몬의 선택' 행사 참가자 200명 모집에 1,188명이 신청한 사실이 이를 설명하고 있다.

결혼중개업체를 찾는 고객들과 지자체의 '미혼 남녀 매칭 행사' 참가자는 분명 다른 미혼자라 할 수 있다. 결혼중개업체 이용을 꺼리는 미혼자들과 결혼중개업체조차 이용할 수 없는 비자발적 미혼자는 이성 교제뿐만 아니라 연애와 결혼할 기회조차도 주어지지 않으므로 지자체에서 진행하는 미혼 남녀 매칭 행사를 찾게 되므로 다양한 만남의 기회를 제공할 결혼장려정책이 반드시 필요하다.

출중한 스펙을 갖추지 못한 평범한 미혼자가 고가의 중개 수수료를 부담하면서까지 결혼중개업체를 이용하다가 자칫 비용만 낭비할 수도 있다. 그렇다고 비용 부담이 없는 솔로 카페나 밴드를 이용할 때는 상세한 프로필이나 신원 인증 절차가 불분명하므로 이성을 만나는 데 불안감이 있다. 카페나 밴드에서 이성을 만날 기회가 주어진다고 하더라도 상대방을 알 수 있는 정확한 프로필을 제공하지 못하므로 상대방을 정확하게 알아가는 데 오랜 시간이 걸리거나 신원 확인이 안 된 이성을 만나는 과정에서 유부남, 유부녀들로 인한 피해를 감수해야 한다.

2023년 9월 21일, 연합뉴스, 박정현 기자

"'미성년자니 합의금 내놔'… 채팅 앱 성매매 미끼 강도질 6명 송치"
기사 중에서

경남 거창경찰서는 강도상해 혐의로 20대 A씨 등 6명을 검거해 3명을 구속 송치하고 3명을 불구속 송치했다고 21일 밝혔다. 이들은 지난달 말부터 이달 초까지 거창군에 있는 모텔 등지에서 채팅앱으로 만난 남성 3명을 폭행·협박해 현금 2천200만원을 빼앗은 혐의를 받는다.

최근에는 스마트폰 시대에 맞춰 간편한 앱을 통해 편리하게 이성과 만날 수 있다지만 신원 인증 기능이 없는 앱의 특성상 결혼보다는 엔조이 수단과 '로맨스 스캠'(연애를 뜻하는 '로맨스'와 신용 사기를 의미하는 '스캠')의 범죄 수단으로 악용되는 경우도 적지 않다.

결혼중개업체, 온라인 카페나 밴드 그리고 스마트폰 앱 등을 이용하는 과정에서 발생하는 비용 부담은 차치하더라도 자칫 상처를 입거나 피해를 당할 경우 이성 교제에 대해 트라우마를 갖거나 결혼을 포기하는 미혼자들도 적지 않다는 안타까운 현실이다. 이성을 만나거나 교제할 기회조차 주어지지 않는 미혼자들에게 다양한 형태의 자연스러운 만남의 기회를 제공해야 할 필요성이 대두되고 있다.

나. 지자체의 결혼정책과 미혼자 만남 행사

2016년에 대구 달서구청장과 경기 양평군수는 '결혼팀' 신설을 공약하였다. 양평군은 군 단위 기초단체이지만 인구가 증가하는 수도권에 위치하기에 결혼팀 신설이 무산되었다. 반면 대구 달서구는 대도시임에도 불구하고 인구가 급감하는 지방의 자치단체이기 때문에 결혼팀을 신설하게 되었다.

대구 달서구의 경우 현재 3명의 담당 공무원이 관내 미혼자들을 대상으로 결혼 장려 업무를 담당하고 있다. 지자체들이 기혼자 중심의 출산정책에 한계를 느끼고 미혼자를 대상으로 한 결혼 장려를 위한 다양한 만남 행사를 제공하기 시작했다. 지자체에서 결혼을 장려하는 것은 시대적 요구라 할 수도 있겠지만 이와 같은 지자체 업무의 내면을 볼 때 실질적인 효과에는 의문을 가질 수밖에 없다.

앞에서 확인하였듯이 지자체별로 결혼장려금을 지급하기 시작하였고, 전국의 228개 지자체에서 경쟁적으로 결혼팀 부서를 만들어 2~3명의 공무원만 배치하더라도 전국에 456~684명의 공무원이 필요하다. 2023년도 공무원 평균 연봉(65,280천 원)을 대입할 때 전국적으로 연간 297~446억 정도의 인건비가 필요한 셈이다.

지자체의 결혼 장려 만남 행사에 대해 일부에서는 청년들을 그저 아이를 낳는 생산수단으로 생각하지 말라거나 젊은 세대의 비혼 원인을 해결하는 데 더 많은 예산을 투입하라고 비난하기도 한다. 이와 같은 의견도 참고할 필요가 있겠지만 미혼자를 대상으로 한 결혼 장려를 위한 정책 마련과 효율적인 지원 정책을 통해 혼인율을 높여야만 출산율도 높아질 수 있다는 사실 또한 간과할 수 없는 현실이다. 결혼 장려를 위해 지자체별로 미혼자를 대상으로 한 만남 행사가 시대적 요구라면, 결혼중개업체의 현실과 젊은 층의 의식 변화를 고려하거나 이를 반영하는 형태의 만남 행사를 철저하게 준비해야만 할 것이다.

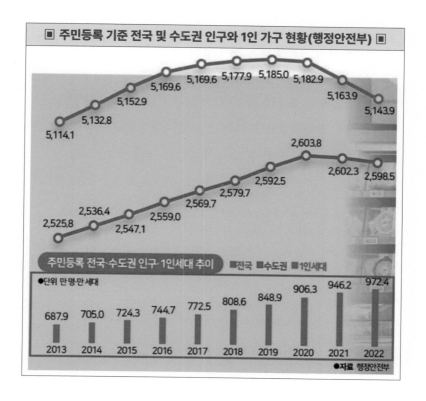

미혼자 만남 행사를 진행하더라도 예산 낭비가 심한 이벤트성 행사보다는 참가하는 이성의 프로필을 정확하게 파악할 수 있는 매칭 플랫폼과 행사에 참가한 미혼자들이 결혼까지 이어질 수 있는 체계적인 프로그램을 마련하는 행사로 진행되어야 한다. 아울러 예산 낭비가 심한 일회성 행사보다는 신원 확인 절차를 마친 미혼자들이 언제든지 이성을 만나거나 교제할 수 있는 기회를 제공할 수 있도록 상시 만남이 가능한 공간 제공도 필요한 시점이다.

다. 지자체 중심의 미혼자 만남 행사의 허와 실

① 자치단체의 미혼자 만남 행사 형태

2016년을 기점으로 지방자치단체에서는 결혼 장려를 위한 미혼자들의 다양한 만남 행사를 진행하고 있다. 코로나19 팬데믹으로 2년여 동안 잠시 주춤했었지만 2023년 전반기에 진행된 지자체 만남 행사 중 언론에 보도된 내용 몇 건만 정리하면 대략 다음과 같다.

행사(모집)	행사 타이틀	인원	커플
2022. 12.	나주시, 미혼 남녀 '솔로 엔딩, 우리 지금 만나' 주선	남녀 34명	4커플
2023. 02.	예천군, '청춘공감 힐링 동아리' 참가자 모집	남녀 40명	
2023. 03.	군위군, 미혼 청춘 남녀들 모두 모여라	남녀 30명	
2023. 03.	달서구, 미혼 남녀 도자기 만들며 사랑의 싹 틔워	남녀 20명	
2023. 03.	대구 달서구, 제4기 결혼친화 서포터즈단 위촉식 개최		
2023. 04.	광양시, 미혼 남녀 만남을 위한 '광양 솔로엔딩' 참가자 모집	남녀 40명	
2023. 03.	군위군, '알콩달콩 청춘 시그널'	남녀 30명	5커플
2023. 04.	포항시, 미혼 남녀 만남 추진 사업 '2023년 둘이서 손잡고 갈래요?'	남녀 60명	4커플
2023. 04.	울진군, '2023 미혼 남녀 인연캠프, 청춘캠핑' 행사 모집		
2023. 04.	나주시, '솔로엔딩, 그대를 봄' 행사	남녀 40명	4커플
2023. 06.	구미시, 연애세포를 깨워라! 두근두근 ~ing 참가자 모집		
2023. 05.	고흥군, 2023 솔로(solo)-몬(man) 봉사단 모집 중		

2023년 6월 광역단체인 서울시는 2023년도 추가경정 예산안을 편성하여 '청년 만남, 서울팅' 사업비로 8천만 원을 편성했으나 세금 낭비라는 비판이 잇따르자 결국 사업을 전면 재점검한 상태에 있다.

"소개팅에 세금 8000만 원 편성?… 비판 봇물에 '서울팅' 무산"
기사 중에서

서울시가 저출생 대책의 하나로 청년 1인 가구들의 자연스러운 만남을 추구하는 '서울팅'을 내세웠다가 근본적인 해결 방안이 아니라는 비판 여론이 쏟아지자 사업 재검토를 결정했다. 앞서 서울시가 계획했던 서울팅 프로그램으로는 ▲씽글이들의 맛 뽐내기(편의점 요리대회) ▲전통시장 상생 맛집 투어 ▲청춘 플로깅 ▲등산 클래스 등이 있다.

일부 시민들은 서울팅이 저출생 문제의 근본적인 원인을 해결하는 것이 아닌 보여주기식 프로젝트라고 지적했다. (중략)

지난 13일 오세훈 서울시장은 서울팅에 관해 "미혼 여성이 남성을 교제할 때 스토킹 성향이 있는 건 아닌지, 극단적 범죄 성향을 가진 사람이 나타나는 게 아닌지 불안이 있다고 한다"라며 "(서울팅은) 적어도 극단적 성향이 있는 사람이 아니라는 것을 확신할 수 있는 자료를 받는다"라고 말했다. (후략)

반면 기초단체인 성남시에서 2023년 7월 2일과 9일 실시한 '솔로몬의 선택' 행사에 27~39세까지의 남성 802명과 여성 386명 등 모두 1,188명이 신청하였다. 추첨을 통해 평균 6대 1의 경쟁률을 뚫고 참가한 남녀 50명씩 2회에 걸쳐 200명의 남녀가 참가하였다. 성남시는 행사 후 남녀 100쌍 중 39%인 39쌍의 커플 성사율을 달성했다고 대대적으로 홍보하기에 이르렀다.

2023년 7월 10일, 연합뉴스, 이우성 기자

"성남시, 미혼 남녀 만남 행사 두 번 열어 '39쌍 커플 매칭'" 기사 중에서

경기 성남시는 미혼남녀 만남 행사인 '솔로몬(SOLOMON)의 선택' 1·2차 행사로 모두 39쌍의 커플 매칭이 성사됐다고 10일 밝혔다. 앞선 2일 위례 밀리토피아 호텔에서 열린 첫 행사에서 15쌍 커플, 9일 그래비티 호텔 서울 판교에서 열린 2차 행사에서 24쌍 커플이 탄생했다. 각각 50쌍씩 참가한 남녀 100쌍 중 39%의 커플 매칭률을 나타냈다. (중략)

시는 참여 자격을 주민등록지가 성남이거나 지역 내 기업체에 근무하는 27~39세(1997~1985년생) 직장인 미혼남녀로 했다. 200명 모집에 1천188명(남자 802명, 여자 386명)의 신청자가 몰렸다. 시는 추첨으로 참가자를 선발해 평균 6대 1의 경쟁률을 뚫은 이들이 행사장에 나왔다. (후략)

배우자를 찾기 위해 결혼정보업체에 의뢰하는 남녀의 성비는 대략 여성 50~60%, 남성 40~50% 정도를 차지한다고 한다. 반면 성남시에 참가 접수한 1,188명 중 여성은 32.4%, 남성은 67.5%를 차지하여, 결혼정보업체를 찾는 고객과 지자체 행사에 신청한 고객의 비율은 정반대의 성비를 보였다. 남녀 비율이 정반대인 점을 정확하게 분석해야만 진정한 의미의 결혼 장려 행사라 할 수 있다. 그것이 아니라면 보여 주기식 일회성 행사에서 벗어나지 못할 것이다.

② 만남 행사 참가자의 커플률

지자체의 일회성 행사의 맹점을 지적하자면, 참가자들의 경우 참가 예정인 이성에 대한 사전 지식이 전혀 제공되지 못하고, 오로지 행사장에서 진행되는 짧은 시간에 간단한 자기소개와 이미지 그리고 레크리에이션으로 39쌍이 탄생하였다고 자화자찬하고 있다. 하지만

39쌍의 커플 중에서 실제 결혼까지 진행할 수 있는 확률은 과연 몇 쌍이나 될 것인지 의문이다.

결혼에 중요하게 작용하는 종교, 학력, 재산, 직장, 부모·형제·자신의 경제력, 성격 등에서 하나의 걸림돌이라도 생긴다면 39쌍의 커플은 그저 행사장 커플에 그칠 뿐이다. 커플이 된 39쌍의 남녀는 다른 참가자들로부터 관심 밖으로 밀려나면서 행사 참가자들로부터 오히려 외면받을 수도 있다.

행사에 참여하는 미혼자들은 어떤 이성이 나오는지 최소한의 프로필조차 사전에 확인할 수 없으므로 행사장의 집중도는 낮아지지만, 행사 참가자는 비용 부담 없이 재미와 호기심을 가미하거나 지자체에 따라 선물까지 제공받을 수 있으므로 만족도는 높을 수 있다.

담당 공무원은 진행자에게 지자체 성과를 홍보하기 위해 많은 커플이 탄생될 수 있도록 진행을 종용하게 될 것이다. 행사 진행자는 행사를 마칠 때 발표할 커플률을 높이기 위해 부단히 노력해야만 한다. 예산 낭비와 실효성에 대한 비난을 피하거나 단체장의 성과를 홍보하기 위해 언론 매체를 통해 "○○행사에 ○○커플 탄생했다."라는 식으로 대대적인 홍보가 필요하다.

이와 같은 노력이 반드시 결혼으로 모두 이어지지 않더라도 이성과 만날 기회가 주어진 것 자체만으로도 의미가 있을 수 있다. 따라서 행사 후 호감이 있는 이성만 연결할 것이 아니라 행사에 참여했던 전체 이성과 자연스럽게 연락을 취할 수 있는 프로그램까지 지원된다면 좀 더 많은 미혼자가 교제와 결혼할 수 있는 기회가 될 수 있을 것이다.

③ 만남 행사 참가자의 성혼율(결혼율)

　지자체의 행사에서 짧은 시간 내에 많은 커플이 탄생한 것처럼 보이지만 결혼까지 성사될 확률은 매우 낮을 수 밖에 없다. 행사 과정에서 커플로 맺어진 남녀 이외에는 당일 행사에 참여한 다른 이성들과 연락할 기회조차 주어지지 않는 비효율적 행사로 그칠 수 있다. 결국 행사 예산 대비 성혼율이 낮은 일회성 행사로 그치거나 성과를 기대하기 어려운 행사에 그쳐서는 안 될 것이다.

　대부분의 지자체가 이와 같은 방식으로 미혼자 대상 만남 행사를 진행하고 있다. 몇몇 지방의 지자체에서는 행사를 기획했다가 여성 참가자들이 부족하여 많은 어려움을 겪은 사례도 적지 않은 현실이다.

　지자체들이 미혼자를 대상으로 결혼 장려 행사를 준비하는 노력은 좋은 일이다. 다만 2016년부터 '결혼 장려팀'을 신설하여 4년 동안 25회 행사를 진행한 대구 달서구에서는 65명의 남녀 만남을 주선하여 8쌍만이 결혼한 사실, 청주시에서 2014년부터 5년간 매년 실시한 매칭 행사에서 3쌍만 결혼한 사실에서 알 수 있듯이 적지 않은 예산(인건비와 행사비)을 투입한 행사에 비해 결혼율은 매우 낮다는 현실을 결코 간과해서는 안 될 것이다.

2019년 10월 16일, 서울PN, 남인우 기자

"5년간 고작 3쌍 결혼… 슬슬 접는 충북 중매사업" 기사 중에서

충북 청주시는 지난해 상·하반기 두 차례 했던 커플매칭 행사를 올해는 다음달 말쯤 한 번만 연다고 16일 밝혔다. 참가 대상은 청주에 거주하거나 청주 소재 기업에 다니는 30~40세 미혼 남녀다. 목표인원은 남성 20명, 여성 20명이다. 참가비는 1만원이다. 행사가 축소된 것은 여성들의 관심이 저조해서다. 남성들은 시 홈페이지와 시정신문에만 홍보해도 목표인원을 채웠다. 하지만 여성은 항상 부족했다. 시 직원들에게 지인 참여를 당부하고 기업에 도움을 청해 겨우 맞춰야 했다. 시 관계자는 "여성들의 결혼 기피 현상이 심해 매번 여성 참가자를 찾느라 어려움을 겪는다"며 "2017년 행사를 시작했는데 그동안 한 쌍만 결혼한 것으로 파악되는 등 효과도 적어 축소했다"고 밝혔다.

2019년 10월 21일, 웨딩TV, 추영 기자

"미혼 남녀 중매에 나선 지자체, 찬반 펭펭!" 기사 중에서

(전략) 미혼 남녀 만남 사업을 적극적으로 추진해온 곳은 대구 달서구다. 달서구청은 2016년부터 '결혼 장려팀'을 신설해 배우자를 찾아주는 업무를 한다. '썸남썸녀 매칭'라는 행사를 2016년부터 시작, 지금까지 25회를 진행해 65명의 남녀 만남을 주선했고, 그 가운데 여덟 쌍이 결혼했다. 구청 직원들은 맺어진 커플들이 잘 지내는지 틈틈이 연락해 확인도 한다. 또한 지난해 9월에는 결혼 장려정책을 통해 새 희망을 제시하고 결혼을 지역 콘텐츠로 개발한다는 내용의 '결혼특구 선포식'을 개최한 바 있다. (후략)

④ 미혼여성들의 수도권 집중 현상

2023년 8월 이투데이에서 주민등록 연앙인구를 분석한 결과에 의하면, 16개 시도(세종 제외) 중 최근 20년간 20·30대 남자 100명당 여자 수가 늘어난 지역은 서울뿐이고, 남성 100명당 대구 89명, 경북의 81명, 전남 84명, 충남 83명, 경기도의 경우 83명으로 나타났다. 강원 인제군의 경우 남자 100명당 여자가 58명에 불과하므로 남녀 모두 결혼한다고 가정할 때 남성 42명은 혼자 살아야만 하는 암울한 현실이 우리 눈앞에 닥쳤다.

이와 같은 사실에 비춰 볼 때 결혼을 장려하기 위해 지방자치단체별로 결혼팀이라는 부서를 만들거나 결혼율을 의심할 수밖에 없는 이벤트성 만남 행사는 이제 지양해야 한다. 전국의 미혼 남녀를 대상으로 좀 더 체계적으로 만남이 이뤄질 수 있는 매칭시스템과 최소한의 예산을 투입하여 최대의 효과를 창출할 수 있는 좀 더 체계적인 프로그램을 준비할 필요성이 요구된다.

2023년 8월 81일, 이투데이, 김지영 기자

"말은 제주로, 여성은 서울로… '결혼할 사람이 없다' [무너진 성비(性比)]" 기사 중에서

지난 20년간 지방의 20·30대 성비가 급격히 무너진 것으로 나타났다. 주된 원인은 젊은 여성들의 서울 쏠림이다. 본지가 20일 주민등록연앙인구를 분석한 결과, 16개 시·도(세종 제외) 중 최근 20년간 20·30대 남자 100명당 여자 수가 늘어난 지역은 서울뿐이다. 2002년 96명에서 지난해 104명이 됐다. 대구·경기·경북에선 10명 이상 줄었다. 시·군·구별로 강원 인제군은 남자 100명당 여자가 58명에 불과했다. 모든 남녀가 1대 1로 짝을 이룬다면, 남자 42명은 상대가 없단 의미다. (후략)

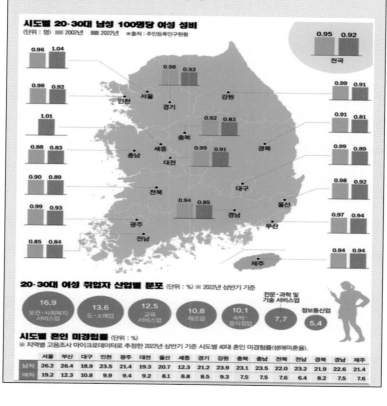

4 미혼자와 독거 어르신을 위한 결혼장려운동

가. 사단법인 한국결혼장려운동연합 설립 목적

① 결혼 장려는 결혼중개업체의 고유 영역이 아니다

공무원을 포함한 많은 사람은 '결혼 장려' 하면 곧바로 '결혼중개업'을 연상한다. 결혼 장려는 결혼중개업과는 전혀 다른 영역이다. 공무원들이 '결혼은 결혼중개업의 영역'이라 생각함으로써 결혼 업무 주무 부처인 여성가족부조차도 결혼정책 부서나 공무원이 없고, 사단법인 인허가 과정에서도 "결혼 장려라는 핑계로 결혼중개업을 할 것이 아니냐?"라는 의심을 받기도 했다.

'결혼중개업'은 결혼을 희망하는 고객을 대상으로 중개료를 받고 고객이 원하는 이성을 소개해 주는 영리 목적의 중개 행위이다. 반면 비영리 사단법인 한국결혼장려운동연합은 결혼을 희망하는 미혼자들에게 비용 부담 없이 이용할 수 있는 매칭플랫폼을 통해 이성과 자연스러운 만남의 기회를 제공하기 위한 목적으로 설립되었다.

정부의 모든 정책에는 하드웨어 부분과 소프트웨어 부분이 균형을 이뤄야 한다. 하드웨어만 발달하거나 소프트웨어만 발달한다면 정책 효과를 기대할 수 없다. 아무리 많은 신혼부부 주택을 공급하더라도 입주할 신혼부부가 없거나 아무리 많은 연인이 있더라도 살림을 꾸릴 주택이 없어서도 안 되는 것과 마찬가지이다. 지자체들이 미혼자를 위한 만남 행사를 진행하는 과정에서 체계적인 시스템을 갖추지 않는다면 결국 보여 주기식 행사로 전락할 수밖에 없는 이유가 하드웨어와 소프트웨어의 부조화 때문이다.

국가 존립을 위협할 정도로 급격하게 추락하는 합계출산율을 높이기 위해 정부와 지자체는 하드웨어 중심의 신혼부부 행복주택과 미혼자들이 비용 부담 없이 이성을 만날 수 있도록 지원할 소프트웨어인 만남의 기회를 제공해야 한다. 또한 공무원들이 '결혼중개업체의 고유 영역'이라는 경직된 고정관념을 버리지 못한다면 정부나 지자체에서 '결혼정책'을 계획하는 것은 불가능할 것이다.

② 사단법인 한국결혼장려운동연합 매칭플랫폼

사단법인 한국결혼장려운동연합(www.k-marry.org)은 한국 사회가 당면한 저출산 문제 극복에 일조하고자 미혼 남녀를 대상으로 다양한 커뮤니티 활동을 통해 이성과 교제할 기회를 제공하고, 가정의 소중한 가치를 실현하기 위한 목적으로 설립되었다. 한국결혼장려운동연합은 비영리 사단법인이자 공익법인(지정 기부금 단체)으로 지정되었다. 또한 미혼자들의 자연스러운 만남이 가능한 매칭플랫폼(www.k-marry.kr)과 독거 어르신을 위한 매칭플랫폼(www.koreasilver.org)을 구축하였다.

사단법인의 매칭플랫폼은 법적으로 솔로인 미혼 남녀 누구나 무

료(회원 가입비와 이용료 일절 없음)로 이용할 수 있다. 하지만 회원 가입 후 반드시 신원 인증을 마쳐야만 이성과의 만남이 가능하다. 신원 인증을 위해 기본적으로 가족관계증명서(상세)와 혼인관계증명서(상세), 재직증명서(어르신은 연금 수령 명세서), 졸업증명서 등을 제출해야 한다.

사단법인의 매칭플랫폼은 자신에게 가장 잘 맞는 배우자를 찾을 수 있도록 최대한 상세하게 프로필을 제공한다. 온라인을 통해 이성의 프로필을 스스로 검색한 후 관심 있는 이성과 쪽지 시스템(개인 정보 노출 없음) 등을 통해 365일 언제든지 연락할 수 있다. 이성과의 만남을 위해 조건에 맞춰 검색하면서 1:1 만남도 가능하고, 이성에 대해 미리 파악하고 만날 수 있으므로 시간 절약이 가능하고, 첫 만남부터 대화의 소재가 풍부하여 쉽게 가까워질 수 있도록 준비되어 있다. 또한 다양한 커뮤니티(지역 모임, 연령 모임, 스포츠, 종교 생활, 봉사 활동 등) 활동을 통해 이성과 자연스럽게 만날 기회를 가질 수 있음으로써 조건이 아닌 인간성과 됨됨이를 기준으로 배우자를 찾을 수 있는 최적의 시스템이라 할 수 있다.

지자체 중심으로 진행되는 미혼자 만남 행사와 비교하자면, 지자체 단독으로 진행되는 행사를 위해 공무원들이 사단법인의 매칭플랫폼과 같은 시스템을 제작하거나 운영할 수는 없을 것이다. 지자체의 매칭 행사는 어쩔 수 없이 일회성 행사로 끝날 수밖에 없는 한계가 있다.

2023년 5월 성남시에서 적지 않은 예산을 지출한 만남 행사에서 사단법인 매칭플랫폼을 적용했다고 가정하면, 참가자들이 결혼으로 이어질 때까지 많은 도움을 받을 수 있으므로 훨씬 더 효율적인 행사가 될 수 있었다. 우선 남녀 1,188명은 매칭플랫폼에서 회원 가입으로 참가 신청하고, 가입하는 순간부터 이성과 연락이 가능하다. 행사에 참여한 200명의 경우에도 행사에 참여하기 전에 참가할 이성에 대한 정확한 프로필을 검토한 후 참석했을 것이다.

참가자들은 이성의 프로필을 꼼꼼히 확인한 후 자신이 관심 있는 이성을 집중적으로 관찰하거나 대화에 임함으로써 행사장의 집중도를 높일 수 있다. 단순한 행사장 커플이 아닌 결혼까지 연결될 확률이 매우 높았을 것이다. 그뿐만 아니라 행사에 직접 참여하지 못한 나머지 988명도 참가자로 선정되지 못했더라도 실망할 필요 없다. 자신에게 맞는 이성을 검색한 후 개별적으로 연락을 취하여 곧바로 1:1 만남이 가능할 뿐만 아니라 각종 커뮤니티 활동을 통해 이성 교제의 기회를 가질 수 있다.

나. 사단법인 매칭플랫폼을 활용할 때 유리한 점

전국의 미혼 남녀들이 상시 만날 수 있는 공간이 마련된다면 굳이 지자체 단독으로 미혼자들의 만남 행사를 준비할 필요가 없다. 하지만 공간이 마련되지 못한다면 지자체는 현재와 같이 자체적으로 행사를 진행할 수밖에 없을 것이다. 미혼자들의 만남 행사를 진행하는 것은 앞에서 언급한 바와 같이 득보다 실이 많을 수 있다. 그럼에도 행사 진행이 필요할 경우 사단법인의 매칭플랫폼을 활용하여 행사를 진행한다면 다음과 같이 매우 유리한 점이 있다.

첫째, 가장 중요한 개인 정보 유출 문제가 없다. 매칭플랫폼은 이름, 직장명, 전화번호 등 개인 정보는 일체 비공개로 설정되어 있다.

전화번호 공개 범위는 이용자 스스로 결정할 수 있으므로 개인 정보 유출 문제는 전혀 걱정할 필요가 없다.

둘째, 사단법인에서 운영하는 매칭플랫폼에서 참가 조건을 사전에 공지한 랜딩 페이지를 제공하여 지자체별, 기업체별 또는 커뮤니티 별로 별도의 행사용으로 제공하여 각각 홍보할 수 있다.

셋째, 지자체의 행사에 참여할 미혼자들은 누구나 무료로 회원 가입을 할 수 있고, 정확한 '신원 인증' 절차를 통해 신원을 검증함으로써 담당 공무원들의 업무를 대폭 줄일 수 있다.

넷째, 행사 유형별 참가 조건을 미리 공지하고, 참가 조건에 맞는 미혼자만 행사에 참여하도록 제한할 수 있다. 행사 유형별 참가자가 결정되면 참가 예정자의 프로필을 사전에 확인할 수 있도록 참가자 명단을 공지한다.

다섯째, 행사 참가자는 참가하는 이성의 프로필을 미리 파악한 후 참석하므로 행사장의 집중도를 높일 수 있다. 오프라인 행사 참가자는 물론 온라인을 통해 행사 미참가자와도 교제할 기회를 제공한다.

여섯째, 지자체에서 단독으로 진행되는 행사 홍보를 위해 행사장에서 곧바로 커플 매칭을 공표하면 선의의 피해자가 발행할 수 있다. 따라서 행사장에서 커플 매칭 방식은 지양하고, 참가자들에게 관심 있는 이성에게 매칭플랫폼에서 스스로 연락을 취할 수 있도록 안내

하는 것이 더 효율적이다.

일곱째, 지방의 경우 참가할 여성이 부족하지만 온라인 매칭플랫폼은 전국 단위로 제공한다. 해당 지자체의 거주자에 제한하지 않고 전국의 미혼 남녀 누구나 참여할 수 있도록 개방하여 지역 홍보 및 지자체의 인구 증가에 이바지할 수 있다.

여덟째, 지역을 기반한 결혼중개업체뿐만 아니라 해당 지역의 제 단체들과 연대할 수 있다. 독거 어르신의 경우 어르신 단체들과 협업할 수 있다. 또한 지역을 기반한 기업체와 단체의 지원(현금 및 선물 등)을 받을 때 기부금(공익법인 역할) 처리가 가능하여 지자체의 예산을 절감할 수도 있다.

아홉째, 매칭플랫폼에 가입한 미혼자들은 행사가 끝난 후에도 다른 이성과 연락을 취하거나 만날 수 있고, 이성으로부터 교제를 희망하는 쪽지를 받을 수 있다. 결혼할 때까지 플랫폼 안에 머물 수 있고, 교제 중에는 곁눈질을 할 수 없도록 교제하는 이성과 합의하여 프로필 잠금장치(타인의 프로필 열람 불가+타인도 프로필 열람 불가)를 통해 교제 중인 이성에게 집중할 수 있다.

마지막으로 지자체와 사단법인이 협업 형태로 미혼 남녀 만남 행사를 진행할 때 시민단체, 여성계. 결혼업계 등에서 예산 낭비, 여타의 비난 목소리까지 사전에 차단할 수 있다.

5 **이성을 만날 수 있는 상설 공간 마련**

가. 이성을 만날 수 있는 상설 공간의 필요성

미혼자들의 결혼 장려를 위해 다양한 행사를 준비하는 지자체 행사의 경우 행사장 사용료 및 참가자의 음·식료품 비용 그리고 행사비 대부분을 지자체에서 부담한다. 반면 미혼자들에게 최적의 시스템을 구축한 사단법인이지만 회원들의 회비로 운영하기 때문에 수십 또는 수백 명의 미혼자에게 수시로 무료 행사를 진행할 재정적인 여유가 없다. 완벽한 매칭플랫폼을 갖췄지만 참가자들이 이용할 공간을 임대하거나 참가자에게 최소한 식음료 제공이 어렵기 때문에 부득이 참가자들에게 비용을 부담시키지 않는 한 정기적으로 만남 행사를 진행할 수 없다는 한계가 있다. 그런 까닭에 정부와 지자체에서 개별적으로 진행하는 비효율적인 미혼 남녀 만남 행사보다는 정부와 광역단체를 중심으로 젊은 미혼자와 독거 어르신들의 상시 만남이 가능한 상설 공간을 마련하는 것이 가장 합리적일 것이다.

미혼 남녀 및 독거 어르신들의 상시 만남이 가능한 장소를 제공할 경우 누구나 자연스러운 만남을 통해 이성과 교제할 기회를 제공할 수 있고 다양한 프로그램을 지원할 수 있다. 만남의 장소에 참가할 연령대를 미리 지정하고, 행사 참가자는 짧은 시간에 상대방을 정확하게 파악할 수 있고 단시간 내에 교제와 결혼(동거)으로 연결될 확률이 매우 높다. 결혼하지 않는 캥거루족 자녀들로 인한 부모들의 고민을 해결할 수도 있고, 혼자 사시는 부모로 인한 자녀들의 고민(부모 부양, 불효 논란,

생활고, 유산 분쟁, 고독사 불안)까지 동시에 해결할 수 있다.

따라서 정부와 광역단체를 중심으로 ① 광역단체의 접근성 좋은 시내에 당일 몇 시간씩 만날 수 있는 공간을 편의상 '당일 미팅실'로 이름 짓고 ② 번잡한 시내를 벗어나 한적한 곳에서 1박 2일이나 2박 3일로 숙박을 겸할 수 있는 공간을 편의상 '숙박형 미팅장'으로 이름 지어 2가지 형태로 준비할 필요가 있다.

① 당일형 미팅실

우리나라 교통 인프라는 전국이 일일생활권이 가능하다. 수도권에 거주하는 싱글뿐만 아니라 전국의 미혼자들이 가장 접근성이 쉬운 서울에 당일 100~300명 정도의 인원이 동시에 모일 수 있는 규모의 공간을 마련할 필요가 있다. 낮에는 독거 어르신들이 참여할 수 있고, 오후 6시 이후에는 퇴근한 젊은 미혼자들이 참여할 수 있는 공간으로 활용할 수 있다.

일자별로 참가 연령대를 지정하거나 공간을 분리하여 참가자 나이대를 다양하게 공지하고, 신원이 확인된 분들만 참가할 수 있도록 접수한 후 참가자로 확정된 분들만 참석하여 이성을 자연스럽게 만날 기회를 제공한다.

◼ [당일형 미팅실] 미혼 남녀 및 독거 어르신 상설 만남의 공간 ◼

◼ 목적
- 전국의 모든 미혼 남녀 및 홀로된 어르신들이 상시 만남을 가질 수 있는 공간
- 짧은 시간 내에 상대방을 정확하게 파악하여 인생 동반자를 찾을 수 있는 기회
- 초고령화 사회에 지방자치단체의 적극적인 동참을 유도하여 저출산 고령사회 극복

> ■ 규모: 전체 100~300명(예산에 따라) 동시에 모여 프로그램을 진행할 정도
> ■ 시설: 시간대별 참석자들의 로테이션을 통해 자연스럽게 상대를 파악할 수준
> ■ 시간대별 이용자(일자별로 연령대 지정, 매일 다른 분들이 교대로 이용)
> • 낮 시간: 장년층의 독거 예방
> • 밤 시간: 미혼 남녀 결혼 장려
> ■ 참가 절차
> • 매칭플랫폼에 회원 가입 후 신원 인증 서류를 제출한 회원으로 제한
> • 사단법인 플랫폼에 일자별로 참가 대상(연령대) 및 프로그램 공지
> • 사단법인 플랫폼에 참가자 접수→참가자 확정→참가 대상자 통보
> ■ 참가 비용: 행사장 운영 방침 및 지자체의 예산 지원 여부에 따라 결정
> ■ 프로그램
> • 다양한 형태의 행사 프로그램을 마련하여 자연스러운 만남과 교제 기회 제공
> • 이성과의 만남뿐만 아니라 연애 코칭, 결혼 예비 학교, 이성 간 매너교육 등
> ※ 행사장에서 인위적 커플 매칭은 불허하고, 매칭플랫폼을 이용하여 각자 연락

② 숙박형 미팅장

전국의 미혼자들이 짧은 시간에 만났다 헤어지는 '당일 미팅실'의 단점을 보완하기 위해 1박 2일 또는 2박 3일 형태로 만날 수 있는 숙박형 공간이다. "역사는 밤에 이뤄진다."라고 했듯이 솔로들이 모여 여유롭고 허심탄회하게 얘기를 나누는 과정에서 자신의 속마음까지 내보인다면 좀 더 빨리 친숙해질 수 있다.

전국의 미혼자들이 접근하기 쉬운 서울 외곽 지역에 1일 200~500명 상시 숙박이 가능한 콘도 형태의 공간을 마련할 필요가 있다. 자가용 이용자들은 영동고속도로, 경부고속도로, 용인서울고속도로, 수도권 제1, 2고속도로 이용, 대중교통 이용자는 철도(경부선과 SRT)와 지하철(1호선과 수원 분당선), 광역버스와 시내버스를 모두 이용하기 편리한 경기도의 수원, 용인, 오산 등의 지역에 마련한다면 수도권(인구의 52%가 거주하는데 미혼자들의 비율은 55% 이상)은 물론 전

국의 모든 미혼자들의 만남을 위한 공간이 된다.

■ **[숙박형 미팅장] 미혼 남녀 및 독거 어르신 상설 만남의 공간** ■
■ 목적: 당일형 미팅실의 단점인 짧은 시간을 보완, 숙박하면서 깊이 있는 만남
■ 위치: 경부고속도로와 영동고속도로가 만나는 신갈 IC 주변이 접근성 좋음
• 경부고속도로(서울~대전), 영동고속도로(인천~강원), 제2순환도로(수도권~강원 북부)
• 광역단체 중심으로 공간을 마련할 때 광역시 외곽 지역의 교통이 편리한 곳
• 대중교통(열차와 지하철)을 이용하기 편리한 지역
※ 수도권에서 시범적으로 시행 후 부산, 대구, 대전, 광주, 제주 등으로 확대
■ 규모
• 전체 200~1,000명(예산 규모에 따라)을 동시에 수용할 콘도형 숙박 시설
■ 시설
• 다수 인원이 모여 공동으로 식사 준비와 대화할 수 있는 공간이 필요
• 단독 건물 내에 결혼식장과 단체 행사가 가능한 강당 필요
• 소규모 체육관으로 배드민턴장, 탁구장, 축구장, 게이트볼, 주차장 등
■ 예산
• 토지 매입: 국유지 또는 시유지를 이용할 수 있는 정책적인 판단이 요구
• 건축비: 정부와 지자체, 기업체 후원금을 활용하는 방안 등
• 운영비: 지자체와 이용자가 일부 부담하는 방안 등
■ 요일별 이용자: 이용자 상황에 따라 조정
• 주중: 월~화(1박 2일), 수~금(2박 3일): 미혼자와 독거 어르신 이용
• 주말: 금~일(1박 2일 또는 2박 3일): 미혼자 중심의 만남의 시간
■ 참가 절차: '당일 미팅실'과 동일한 절차
■ 참가 비용: 행사장 운영 방침 및 지자체의 예산 지원 여부에 따라 결정
■ 프로그램: 다양한 형태의 행사 프로그램 마련하여 만남과 교제 기회 제공
• 낮 시간: 실외의 운동장이나 강당을 이용하는 프로그램 중심으로 운영
• 밤 시간: 강당을 이용한 전체 프로그램과 조별 편성에 따른 조별 프로그램
• 예식장 운영: 마련된 공간의 규모에 따라 무료로 운영할 수 있는 결혼식장
※ 행사장에서 인위적 커플 매칭을 유도할 필요 없이 매칭플랫폼에서 연락

위와 같이 '당일형 미팅실'과 '숙박형 미팅장'이 각각 제공된다면, 기업들과 연계하여 매주 특정 업종, 특정 기업, 특정 직업군 등 다양한 프로그램을 마련하여 결혼에 대한 관심도를 집중시킬 수 있다. 행사장에 참석한 미혼자와 독거 어르신들에게 다양한 이벤트와 문화 행사를 개최할 수 있도록 문화기획전문가를 섭외할 수 있다.

단체 및 개인들과 협업이나 재능 기부를 통해 실내외에서 커뮤니티 활동(연애 특강, 연애 정보, 다과, 나눔, 독서 토론회 등)을 통해 다양한 만남의 기회를 제공할 수 있다. 독지가와 재능 기부를 통해 다양한 분야의 전문 프로그램을 제공하여 참가자들에게 인생의 반려자를 만날 기회뿐만 아니라 안식과 힐링의 기회까지 제공할 수 있다.

나. 공간 준비에 따른 예산 마련은 의지의 문제

'당일형 미팅실'의 경우 서울 시내 지역에 기존 건물 한 층 정도를 임대하거나 매입하여 운영할 수 있겠지만 '숙박형 미팅장'의 경우에는 야외 지역의 토지 매입과 건축비 등 적지 않은 예산이 필요한 것도 사실이다.

2가지 형태의 공간 마련에 필요한 예산이 분명 걸림돌이 될 수 있다. 하지만 합계출산율이 추락하면서 국가 존립 문제를 해결하기 위한 중요한 국가적인 결혼정책 사업이다. 정부와 지자체 그리고 기업들이 적극적으로 참여하여 상시 만남이 가능한 행사장을 마련하는 데 예산이 걸림돌이 되어서는 결코 안 될 것이다.

실례로, 서울시립 은평 실버케어센터나 중계 노인전문요양원 건립에 따른 위탁업체 모집 안내문을 확인할 경우 구청의 어르신들로 제한되는 공간을 마련하기 위해 적지 적지 않은 건축비와 매년 운영비

(인건비 포함)를 지원한다. 이런 점을 고려할 때 국가 소멸 위기에 몰린 상황에서 미혼 남녀의 결혼 장려와 독거 어르신 행복 찾기를 위해 우선 수도권에 각각의 상설 만남 시설을 준비하는 데 필요한 예산이 걸림돌이 되어서는 결코 안 될 것이다.

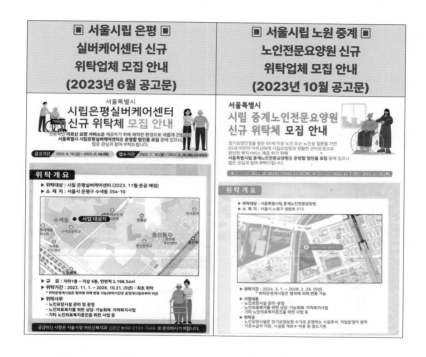

정부에서 이와 같은 정책의 필요성을 인식한다면 시설의 건축비와 운영비 전액을 정부와 지자체에서 부담하는 것이 마땅할 것이다. 정부와 지자체의 지원이 어렵다면 기업들이 기업 이윤의 사회 환원 차원에서 사회 공헌 프로그램의 하나로 각각의 사회 공헌 기금으로 지원(지정 기부금에 대한 세제 혜택을 부여)할 수도 있을 것이다.

6 독거 어르신을 위한 행복찾기와 독거사 예방

가. 고령사회에서 독거 어르신의 독거사 예방

저출산 고령사회에서는 고령사회 문제보다는 저출산 문제가 중심이다. 고령사회의 제반 문제를 자세하게 다루지 않은 것은 현재 다양한 형태의 노인복지정책이 마련되어 있을 뿐만 아니라 합계출산율이 높아질 때 고령사회 문제는 자연스럽게 해결될 것으로 생각하기 때문이다. 따라서 고령사회 문제에서 노인 일자리 정책 등과 같은 노인복지정책 등은 언급을 피하고 홀로 사시는 어르신들의 외로움이나 독거사 문제를 결혼장려정책과 연계하는 내용을 중심으로 한다.

우리를 존재케 한 부모 세대 중에서 한 분이라도 혼자서 외롭게 살도록 수수방관할 수 없다. 자식들의 성공을 위해 모든 것을 희생하셨던 우리 부모 세대의 어르신들이 혼자 사시다가 아무도 없는 곳에서 쓸쓸히 죽음을 맞아서는 결코 안 될 것이다. 홀로 사시는 어르신들의 독거사를 예방하기 위한 독거 어르신 행복 찾기 정책이 필요하다.

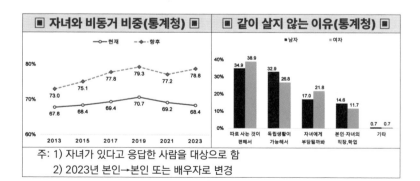

주: 1) 자녀가 있다고 응답한 사람을 대상으로 함
2) 2023년 본인→본인 또는 배우자로 변경

노인이 행복한 사회가 진정한 복지국가라고 한다. 하지만 핵가족 중심의 현대사회에서는 저출생 문제와 평균수명 연장에 따른 고령화, 사회 양극화가 심화되고 있다. 혼자 거주하면서 소외되기 쉬운 독거 어르신들이 고독사, 독거사, 돌연사 등 사망 원인을 불문하고 누구의 보살핌도 받지 못하고 사망하는 경우가 앞으로 폭발적으로 증가할 것으로 예상된다.

저출생 문제로 인한 경제활동 인구가 부족해지면 노인들의 복지 수준은 점점 약화될 수도 있다. 2022년도 65세 이상 인구는 9,018천 명 중 65세 이상 1인 가구 수는 1,875천 명, 독거노인 비율은 20.8%를 차지하고 있다. 수명 연장에 따라 독거노인의 비율은 점점 높아지면서 독거 어르신들의 독거사 문제는 심각한 사회문제로 대두될 수밖에 없다.

범정부 차원에서 혼자 사시는 노인분들에게 닥칠 독거사, 고독사, 돌연사를 예방할 정책을 마련하는 것은 그리 간단한 일이 아니다. 우리나라는 현재 독거 어르신들을 대상으로 우유나 건강 음료 배달 사업 또는 인공지능 로봇이나 AI를 이용하여 독거노인의 위기 상황 대응 체계를 구축하고자 노력하고 있다. 하지만 이와 같은 사업은 독거사, 돌연사에 따른 후속 조치인 사후 약방문에 지나지 않는다.

따라서 중장년층을 비롯한 독거 어르신들을 위한 실효성 있는 정책이 필요하다. 또한 사회적 협력 체제를 통해 이를 자연스럽게 해결해 나갈 수 있는 사회가 진정한 의미의 복지국가일 것이다. 독거 어르신들을 대상으로 사회적 고립을 해결하기 위해 친구나 가족과의 교류를 늘리거나 취미나 관심사를 통해 새로운 사람들과 만남을 추진하는 등 다양한 방법을 시도할 필요가 있다.

나. 독거 어르신 행복 찾기의 필요성

우리나라 40대 이상의 직장인이 체감하는 평균 퇴직 나이는 51.6세, 평균수명은 83.6세이다. 퇴직 후 31년 정도의 노후에 가장 불안한 3요소는 돈, 건강, 외로움이라고 한다. 남성 1인 가구의 30대에서 70대까지의 첫 번째 걱정은 '외로움'이고, 여성 1인 가구의 20대부터 70대까지의 첫 번째 걱정은 '경제력'이다.

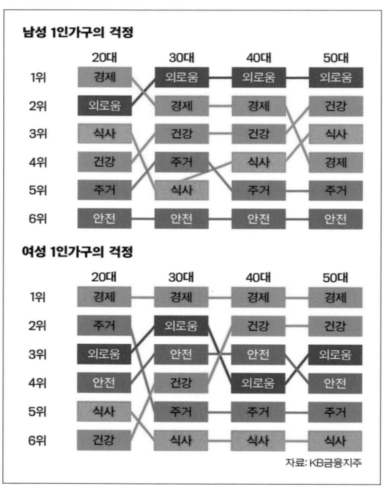

외로운 남성과 경제력이 부족한 여성이 서로 상생할 수 있는 프로그램을 하루빨리 준비해야 할 때이다. 혼자된 부모가 누군가와 의지해서 살 수 있다면 자녀들은 부모 부양의 의무가 크게 줄어들면서 자신들의 일상에 충실할 수 있다.

자식과 부모의 짐을 한꺼번에 해결할 수 있는 결혼(혼인신고를 의미하는 것이 아니라 동거 개념)이 합리적이라는 것을 모두 알고는 있지만, 부모의 결혼을 반대하는 가장 큰 이유는 '유산상속 문제'일 것이다. 부모의 재산이 많은 자녀일수록 이런저런 핑계를 대면서 부모의 결혼(동거)보다는 혼자 사시다가 모든 재산을 고스란히 물려주고 돌아가시는 것을 바랄 것이다.

■ 부모 중 한 분이 돌아가셨을 경우 각자의 고민 ■	
부모의 입장	60대나 70대에 배우자와 이별(이혼, 사별)한 경우, 자식들의 눈치를 보지 않고 혼자 사는 것도 절대 나쁘지 않다고 생각할 수 있지만, 노년의 외로움과 갑자기 건강에 이상이 생겼을 경우 생명을 놓칠 위험에 노출된다.
자녀의 입장	부모 중 한 분이 돌아가시면 자식은 부모를 모시고 살겠다는 의무감이 생기는 것이 지극히 정상이다. 하지만 함께 사는 배우자의 입장을 우선 고려할 수밖에 없다. 배우자가 흔쾌히 부모를 모시고 살겠다면 그나마 다행이지만, 직접 모시고 살자니 배우자의 눈치를 보지 않을 수 없고, 그렇다고 혼자 사는 부모님과 떨어져 살면서 수시로 찾아뵙는다는 것도 결코 쉬운 일이 아니다.
며느리와 사위 입장	홀로 사시는 시부모 또는 장인, 장모의 처지를 생각하면 직접 모시는 것이 인간적인 도리라는 것을 머리로는 이해하지만, 한 공간에서 부모와 함께 생활하는 것은 많은 불편함을 감수할 수밖에 없다. "부모를 모시고 살자."라고 배우자에게 말했다가 부부 싸움의 원인이 될 수 있다는 점 때문에 고민스러운 입장이다.
행복 찾기의 필요성 (결론)	부모는 자녀의 짐을 덜고 자녀는 부모의 건강한 노후 생활을 지원할 필요가 있다. 실버 매칭은 시대적 요구이다. 핵가족 시대, 부부 중심의 사회에서 배우자의 이별로 갑자기 외로움을 겪게 되는 부모와 함께 산다는 것은 결코 쉬운 일이 아니다. 노후에 서로가 의지하고 기댈 수 있는 분과 함께 건강한 노후 생활을 영위하면서 부모와 자녀가 동시에 부담을 덜 수 있고, 혼자 사는 어르신의 삶의 질을 향상하는 '실버 매칭(결혼이 아닌 사실혼 개념)'이 문제를 해결하는 가장 합리적인 방법일 것이다.

젊은 세대들은 많이 알겠지만, 우리나라 〈민법〉 제829조(부부재산의 약정과 그 변경) ②항에 "부부가 혼인 성립 전에 그 재산에 관하여 약정한 때에는 혼인 중 이를 변경하지 못한다."라는 조항이 있다. 자식들이 염려하는 유산상속에 걸림돌 없이 어르신들의 외로움을 해소하여 삶의 질을 향상시킬 수 있는 법조항이다. 양가가 복잡하게 얽히는 '결혼'

이라는 개념보다는 '사실혼(동거)'을 시작하기 전에 작성한 합의서나 계약서 등을 통해 유산상속에 문제가 없도록 안전장치를 마련하는 방식으로 독거 어르신 행복 찾기 운동을 전개할 필요성이 있다.

■ 독거 어르신의 행복 찾기 절차 ■

■ 독거 어르신들에게 만남을 제공할 수 있는 플랫폼
  : www.koreasilver.org
■ 플랫폼은 어르신이 직접 또는 자녀가 대신 회원 가입→상세 프로필 작성
• 젊은 미혼자의 경우 사단법인 미혼자 매칭플랫폼(www.k-marry.kr)에 회원가입
■ 자연스러운 만남의 기회 제공
• 다양한 형태로 개최될 합숙 모임, 여행 모임, 취미 모임 등 자연스러운 만남
• 만남의 장 게시판에 공지된 이벤트에 적극 참여하여 이성과의 만남
■ 호감 가는 이성과 일정 기간 교제
• 첫 만남 후 서로 호감이 있으면 스스럼없이 교제→ 행복한 삶의 출발 지점
• 자연스러운 만남을 통해 곧바로 동거할 때 사실혼에 따른 법적 분쟁의 위험부담
■ 교제한 이성과 함께 동거 의사가 있을 때 자녀들 입회하에 '동거계약서' 작성
• 이성 교제 및 결혼 여부에 따른 자녀들의 우려를 불식시킬 수 있는 계약서
• 본인과 상대방 자녀 모두 입회하에, 결혼(동거)에 따른 제반 사항을 기록
■ 동거계약서 작성한 후 공증 절차를 통해 신뢰를 구축
■ 부모가 새로운 인생을 출발할 수 있도록 자녀들 모두가 애정 어린 관심

※ 혼자된 부모를 직접 모시지 못하는 죄스러운 마음을 해결하면서 혼자된 부모의 부양의무를 잊고 자신들의 여유로운 삶을 살더라도 유산상속에 문제가 없다는 안전함을 동시에 누릴 수 있는 기대 효과

부모가 사실혼(동거) 과정에서 치매 등의 질병이 발생하거나 어느 한쪽이 먼저 사망할 것이다. 이때 발생할 수 있는 유산상속 등 제반 분쟁까지도 미리 준비한다. 동거 전에 양쪽 자녀들이 입회하여 자녀의 동의와 확인을 통해 정확한 '동거계약서'를 작성하고, 공증 절차

를 통해 자녀들의 지원과 관심 속에 행복한 노후를 살아갈 수 있도록 지원해야만 할 것이다.

만약 독거 어르신들에게 인연을 연결해 줄 수 있는 프로그램을 통해 65세 이상 1인 가구 1,875천 명 중에서 10~20%만 결혼(동거)할 수 있도록 지원할 경우 18~36만 명의 독거노인 문제를 해결해 나갈 수 있을 뿐만 아니라 9~18만 가구의 주택 건설이 필요치 않은 기대 효과가 있다. 이처럼 1인 가구를 대상으로 결혼과 동거 문화를 활성화할 때 수도권 주택문제 해결에 이바지할 수도 있다. 이렇게 생기는 빈집을 활용하여 신혼부부들에게 무상 또는 저렴하게 거주할 수 있도록 공급하는 부수적인 효과까지 기대할 수 있다.

기업과 준정부기관, 방송인과 종교 지도자들의 역할

가. 기업과 준정부기관의 역할

기업이 성장하고 발전하는 것은 기업 혼자만의 힘이 아니다. 기업의 성장 과정은 경영자와 주주, 종업원과 소비자 그리고 지역사회 구성원 등 많은 사람과 다양한 사회 조직이 연관되어 있다. 기업의 목적이 이윤 추구라 할지라도 기업이 지니는 사회적 책임을 감안하여 나눔 실천과 봉사 활동 참여가 필요하다. 회사의 가치 실현과 인류의 건강과 행복한 삶에 이바지할 수 있도록 정진하여 국가와 사회 발전에 책임 의식을 가져야 할 것이다.

현대사회에서 기업 이윤의 사회 환원 차원의 공익 활동은 기업의 당연한 의무이다. 기업의 가치를 사회와 함께 나눌 수 있도록 사회 발전의 일원으로 사회적 책임을 성실히 수행하여 지역사회와 동반 성장에 이바지할 수 있는 다양한 방법으로 사회 공헌 활동을 꾸준히 전개해야만 할 것이다.

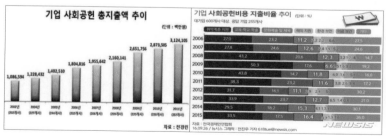

기업들의 홈페이지를 살펴보면 다양한 형태의 사회 공헌 프로그램

진행 사실을 확인할 수 있다. 다만 '기업의 사회 공헌 비용 지출 비율 추이'에서 알 수 있듯이 기업들의 사회 공헌 프로그램 상당수는 특정 분야에 집중되어 있다.

소비 없는 기업 생산은 불가능하고, 소비의 주체는 어린 자녀들이라는 사실에는 이의가 없을 것이다. 어린아이들이 소비의 주체이기 때문에 합계출산율을 높일 수 있도록 기업들이 적극 노력해야만 한다. 기업에서도 저출산 문제를 극복할 수 있도록 다양한 프로그램을 준비해야만 한다. 결혼율 감소로 시작되는 악순환 구조를 하루빨리 선순환 구조로 탈바꿈할 수 있도록 기업이 앞장서야만 한다.

2023년 11월 20일, 뉴시스, 박성환 기자

"부영그룹, EBS 사회 공헌 프로그램에 10억 기부" 기사 중에서

국내외 다양한 사회공헌 활동을 펼치고 있는 부영그룹이 EBS 사회공헌 프로그램인 '나눔 0700'에 올해도 10억원을 기부했다. 지난해 10억원 기부에 이어 누적 기부액만 20억원이다. 부영그룹은 부영그룹 사옥에서 EBS 김유열 사장, 남선숙 방송제작 본부장 등을 만나 10억원의 기부금을 전달했다고 20일 밝혔다. 기부금은 전액 사랑의열매 사회복지공동모금회를 통해 어려운 이웃에게 전해진다.

이중근 회장은 "나눔 0700 프로그램 취지에 깊이 공감한다"며 "우리 사회의 소외된 이웃들이 희망을 잃지 않고 살아가는데 도움이 되길 바란다"고 말했다. 김유열 EBS 사장은 "부영그룹의 기부를 통해 모금 방송 프로그램 중 가장 많은 후원금을 전달할 수 있게 됐다"며 "연말 추위에 맞서야 하는 어려운 이웃들에게 부영그룹의 따뜻한 마음이 전해지길 바란다"고 전했다. (후략)

경영자들은 해당 기업 소속의 미혼 남녀들을 대상으로 결혼을 장려하고, 출산율을 높이기 위해 육아휴직을 적극 지원하는 등 기업의 사회적 책임을 보다 적극적으로 수행할 수 있는 다양한 사업을 통해 기업 이윤의 사회 환원 차원의 다양한 프로그램을 도입해야만 한다.

기업체 소속 미혼자를 대상으로 결혼을 장려하기 위해 자사와 타사의 미혼 남녀를 대상으로 매칭 행사를 지원해야만 한다. 재정적인 여건이 허락하지 않아 결혼을 미루는 노동자들에게는 저렴한 주택 마련을 위한 융자금 지원 제도 등을 마련할 필요도 있다. 반면 비혼을 선언한 노동자에게는 포상할 것이 아니라 퇴직을 권고할 수 있는 기업 환경을 만들어야만 한다.

기업들의 결혼율과 출산율에 따른 각종 세율이 반영되지 않은 상태에서 정부의 강압적인 형태의 육아휴직 제도를 마지못해 따르기보다는 앞에서 언급한 한미글로벌과 같은 파격적인 출산 장려 정책을 도입하는 등 기업 자체적으로 추진할 수 있는 다양한 정책이나 제도를 만들어야만 할 것이다.

우리 국민의 노후 자금과 경제적 생활 안정, 복리 향상을 위해 공무원연금공단, 사학연금, 군인연금, 그리고 국민연금 등이 4대 연금을 운영하고 있다. 저출산 및 평균수명 연장에 따라 2042년에는 국민연금이 고갈되기 때문에 연금 고갈을 막기 위한 연금 개혁도 중요하다. 하지만 연금 개혁 이전에 모든 국민이 4대 연금에 영향을 받으므로 4대 연금공단이 합심하여 미혼 남녀를 대상으로 다양한 만남의 장을 마련하여 결혼과 출산을 장려하기 위해 적극적으로 노력해만 한다.

최근 은행권의 예대차익 중심의 수익 규모가 많은 관심을 받았다.

2023년도 은행권 3분기 영업이익이 삼성전자와 LG전자, 현대차를 합친 것보다 많다고 한다. 2022년에 대출을 통해 벌어들인 이자 수익이 79조 1000억 원으로 1년 만에 25조 원이나 늘었다고 한다. 정부와 여당은 은행들이 혁신 없이 손쉽게 '이자 장사'로 벌어들인 막대한 이익으로 임직원들 배 불리기에만 나선다고 지적하였고, 야당을 중심으로 '횡재세 입법 추진'을 언급하며 금융권을 압박하기에 이르렀다.

국민 없는 기업이나 금융계가 존재할 수 없다. 저출산 문제를 극복할 수 있도록 은행연합회뿐만 아니라 국내 100대, 200대, 300대 그 등 모든 대기업과 중소기업은 물론 공공기관이나 준정부기관 그리고 대한민국의 제 단체들이 사회 공헌 활동을 통해 결혼 및 출산 장려에 앞장서서 저출산 문제를 극복할 수 있도록 적극 나서야 할 때이다.

나. 방송(TV) 예능 프로그램의 역할

오늘날의 매스미디어는 불특정 다수에게 공익적·간접적·일방적으로 많은 정보와 사실을 전달한다. 특히 TV는 엔터테인먼트, 교육, 뉴스, 스포츠 등 다양한 분야에서 중요한 매체로 자리매김하면서 우리의 일상생활에 큰 영향력을 행사하는 중요한 매체이다.

TV를 통해 제공되는 다양한 형태의 예능프로그램은 유용한 볼거리들을 제공하기도 하지만 시청자에게 강력한 영향을 미치게 된다. TV는 시청자의 상상력을 통제하여 비판하는 능력이나 분석하는 능력을 저하할 수 있는 부정적인 영향뿐만 아니라 시청자로 하여금 영상에서 보이는 그대로를 믿게 만들거나 동경하도록 만드는 힘까지 가지고 있다. 그러므로 예능 프로그램의 기획 및 제작 의도를 전달하는 과정에서 현실과 차이가 생길 수밖에 없다. 그런 까닭에 최근에 방영되는 예능 프로그램의 영향력을 고려하여 방송인들의 역할이 더욱더 강조될 수밖에 없다.

한국갤럽은 지난 2023년 11월 14~16일 실시한 한국인 선호 프로그램에서 1위는 드라마인 〈연인〉, 2위는 예능인 〈나 혼자 산다〉, 3위는 교양인 〈나는 자연인이다〉가 차지하였다고 발표했다.

국가 존립을 위협하는 저출산 문제를 극복하기 위해 정부와 지자체는 물론 제 주체들이 결혼과 출산 장려를 위해 총력을 기울여도 부족할 때이다. 공적 기능을 수행할 방송의 영향력을 고려할 때 예능 프로그램에서 다뤄지는 독신 생활, 연애 과정, 결혼식 광경, 결혼 생활, 자녀 양육 등과 관련된 프로그램에 대해 심사숙고할 필요가 있다.

예능 프로그램이 천편일률적으로 계몽 중심 일변도로 제작되어야 한다는 것은 결코 아니다. 다만 연애, 결혼, 양육과 관련된 프로그램이라면 부정적인 부분을 부각할 것이 아니라 행복한 가정을 꾸리거나 아이를 양육하면서 느낄 수 있는 행복한 모습을 보여 줄 수 있고, 이를 시청자가 동경할 수 있는 방송의 역할을 기대하는 것이다.

첫째, 독신 생활을 미화하는 예능 프로그램은 지양하자. 공영방송의 〈나 혼자 산다〉는 프로그램은 결혼하지 않거나 결혼하지 못하여 비혼을 선택하는 독신 연예인들의 자취 생활과 취미 생활 그리고 혼자 즐기는 삶 등 솔로들의 화려한 삶을 여과 없이 보여 준다. 싱글인 연예인의 여유롭고 화려한 개인 생활을 비판할 생각은 없다. 다만 공익의 기능을 담당할 공영방송에서 결혼을 통해 가정을 꾸리는 것보다는 혼자 사는 것이 더 행복한 것처럼 인식시키거나 솔로들의 삶을 동경할 수 있도록 비치는 프로그램을 꼭 제작해야만 하는지 묻고 싶다.

공영방송에서 〈나 혼자 산다〉라는 프로그램보다는 예전의 〈짝〉이나 〈사랑의 스튜디오〉, 〈나는 솔로〉, 〈돌싱글즈〉 등과 같은 프로그램을 제공한다면 우리 사회가 당면한 문제를 해결하는 데 큰 도움이 되지 않을까 생각한다.

둘째, 연애 과정에 대한 조언을 하는 프로그램의 진행자 구성이다. 태어난 환경과 자라 온 환경이 서로 다른 남녀가 교제 과정에서 서로 갈등이 발생하는 것은 어쩌면 당연하다. 이런 과정에 있는 시청자의 사연을 중심으로 진행하는 〈○○의 참견〉이라는 프로그램이 있다. 프로그램 제작자의 제작 의도는 분명할 수 있다. 다만 진행자들의 구성을 보면 연애와 결혼에 성공하여 결혼 생활 중인 진행자는 단 한 명도 없을 뿐만 아니라 비혼주의를 주창하는 여성 진행자가 남녀 간의 연애를 논하고 있는 상황은 되짚어 볼 일이다. 진행자 대부분의 참견 내용이 방송 작가의 대본으로 진행될 수도 있겠지만 "사람은 안 바뀐다." "사람은 바꿔 쓰지 못한다. 고로 헤어져야 한다."라는 식의 이별을 권장하는 형태를 벗어나지 못하고 있다.

만약 단란한 가정과 모범적인 가정을 꾸리고 사는 연예인이나 가정 상담 전문가 일부가 진행자로 참여한다면 서로 다른 남녀들의 교제 과정에서 발생하는 다양한 갈등 문제를 현명하게 해결하는 방법이나 부부 생활의 경험을 바탕으로, 사연을 보낸 남녀에게 좀 더 올바른 조언이나 방향을 제시하면서 희망을 줄 수 있지 않을까 생각한다.

셋째, 결혼 비용에 관해 이질감을 느끼는 내용이다. 우리나라 연예인은 만 명이 넘고, 성공한 연예인들은 5% 전후라고 한다. 성공한 연예인들의 결혼은 마땅히 축하할 일이다. 성공한 연예인의 화려한 결혼식을 탓할 생각 또한 추호도 없다. 하지만 일반인들은 감히 상상할 수 없는 저택의 신혼집, 예식장을 세팅하는 비용만 1억 원이 넘는 비용 지출을 서슴지 않는 화려한 결혼식을 지나가듯이 본 기억이 있다. 방송 프로그램을 제작하는 방송 제작자는 시청률을 높이기 위해 노력하겠지만 대다수 국민이 이질감이나 소외감을 동시에 느낄 수 있다. 방송을 제작하기에 앞서 결혼 비용 때문에 결혼을 포기하는 소시민들의 마음마저 헤아릴 수 있는 방송 제작을 희망하는 것이다.

대한민국 최고의 스타라 불리는 원빈과 이나영 씨의 '밀밭 결혼식'은 소박한 풍경으로 대중들의 호기심을 자극하면서 두 사람의 이미지도 상승하였다. 원빈 씨의 고향인 정선이 관광지로 주목받으면서 지역 경제 활성화에도 이바지하였다. 시청자들의 인기를 먹고 사는 공인이라는 자부심을 느끼는 연예인이라면 꼭 참고할 필요가 있다. 제작자 또한 공적 마인드를 갖고 시청자가 소소한 행복을 느낄 수 있는 예능프로그램을 만들어 주기를 희망한다.

공적 기능을 담당할 TV와 공인이라 자부하는 연예인이라면 저출산 문제로 국가 존립을 위협받는 시대정신에 맞도록 행복한 가정과 자녀들이 함께할 수 있는 다양한 프로그램을 방영하는 것이 바람직하지 않을까 생각한다.

우리나라의 성공한 연예인 중에서 단란한 가정을 꾸린 모범적인 연예인들이 많다. 모범적인 연예인이 자녀들을 양육하는 과정이나 차인표 신애라 부부와 같이 입양을 공개한 연예인들의 희로애락을 제작, 방영하고, 모범적인 연예인의 삶을 닮고 싶기에 결혼, 출산, 입양을 선택할 수 있는 기회를 제공할 수 있는 프로그램을 좀 더 많이 시청할 수 있는 기대와 희망을 품어 본다.

다. 종교 지도자의 역할

종교는 역사와 문화를 통해 인류의 삶에 깊은 영향을 끼쳤고, 사람들로 하여금 질서, 존경, 경외를 가지고 처신하도록 하는 비범함이나 성스러움의 능력을 갖추고 있다. 종교마다 독특한 신앙, 실천, 그리고 지도자(기독교는 목사, 불교는 승려, 천주교는 신부, 원불교 교무)가 중요한 역할을 수행한다.

종교 지도자는 한 사회의 공동체를 이끄는 엄중한 역할을 담당하기도 한다. 사회의 기본적인 가치와 규범적인 근거를 확립하거나 사회 구성원들 사이의 정해진 의식과 정감을 마련해 줌으로써 우리 사회가 하나의 도덕 공동체로서 질서와 안정을 누릴 수 있도록 만드는 중요한 역할을 담당한다.

인구 없는 종교, 신자(신도) 없는 종교 지도자는 존재할 수 없다. 교인들이 없는 교회, 절, 성당 등이 존재할 수 없다. 따라서 교인들의 헌금과 십일조로 운영하는 교회와 목사들이 가장 앞장서서 저출산 문제를 극복하기 위해 발 벗고 나서서 결혼과 출산 장려를 위해 노력해 줄 것을 요청한다.

목사님들에게 결혼 및 출산 장려의 필요성을 강조하면서 "신도 중에서 미혼자를 대상으로 만남을 위한 프로그램을 함께 마련하자."라는 제안했었다. 하지만 대부분 목사는 한결같이 "우리 교인들이 결혼하면 배우자를 따라 다른 교회로 떠날 수 있다."라는 이유로 거절하더라는 것이다. 당장 눈앞에 보이는 신도들의 숫자에 연연하는 모습이었다.

특정 종교를 가진 사람들이 다른 종교를 가진 사람과 결혼하기 쉽지 않다는 것은 이해할 수 있다. 반면 같은 종교를 가진 남녀가 만날 기회를 통해 자기 교인과 다른 교인이 결혼하면 배우자를 따라 다른 교회로 떠나갈 것만 생각하면서 이성과의 만남 기회조차 제공하지 않겠다는 것이다. 교회 신도가 결혼하면 배우자를 따라 다른 교회로 옮길 수도 있겠지만 자신의 교회에 출석한다면 부부뿐만 아니라 출생한 자녀들까지 잠정적인 신도가 될 수 있다는 것을 생각하지 못한다.

몇몇 목사의 근시안적 사고방식을 전체 종교인으로 일반화할 생각은 추호도 없다. 하지만, 이러한 사고를 가진 종교 지도자들이 아직도 존재한다는 것만으로도 종교계의 부끄러운 민낯이 아닐 수 없다. 분명 신앙생활을 열심히 하는 종교인도 중요하지만, 종교마다 포교의 역할도 엄연히 존재할 것이다. 종교인 분포에서 알 수 있듯이 우리 국민의 절반 이상이 종교가 없다. 다른 종교를 가진 이성이나 무교자와 결혼할 때 종교 문제가 갈등을 유발할 수도 있겠지만 다른 한편으로는 포교의 임무를 수행할 수도 있다는 것을 결코 간과해서는 안 된다.

성경은 자녀를 하나님의 축복으로 보고, 자녀 양육이 하나님께서 주신 귀한 사명임을 보여 주셨다. 각 종파의 종교 지도자는 종교적인 세계관이 우리 사회가 당면한 결혼 및 출산 기피 현상의 문제를 어떻게 해결할 수 있을 것이며, 어떤 행동을 취해야 할 것인가에 대해 심각하게 고민해야만 할 때이다.

저출산 문제로 인해 국가 존립의 위기에 처한 상황에서 종교 지도자들이 결혼 및 출산을 장려하기 위해 다양한 기회를 제공하여, 저출산 문제를 해결하는 데 앞장서 주기를 희망한다. 그렇게 노력했을 때 교회든 성당이든 절이든 많은 신도들이 출석할 수 있지 않을까 생각하기 때문이다.

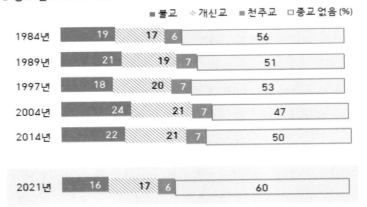

■ 갤럽리포트: 한국인의 종교 1984~2021 (1) 종교 현황 ■

● 종교인 비율 1984-2021

		종교인(현재 종교 믿는 사람) 비율					
		1984년	1989년	1997년	2004년	2014년	2021년
성별	전체	44%	49%	47%	54%	50%	40%
	남성	34%	40%	36%	44%	44%	34%
	여성	53%	58%	58%	63%	57%	56%
연령별	19~29세	36%	39%	36%	45%	31%	22%
	30대	45%	46%	47%	49%	38%	30%
	40대	49%	54%	53%	57%	51%	32%
	50대	53%	58%	56%	62%	60%	43%
	60대 이상					68%	59%

- 19~29세(이하 '20대')의 1984~2004년 수치는 18~24세, 25~29세 조사 결과의 평균
- 1984~2004년의 50대는 50대 이상 의미. 2014년부터 50대와 60대 이상 별도 구분
- 2014년의 60대는 2004년의 50대, 1984년의 20대에 해당

● 종교 분포 1984-2021

■불교 ＼개신교 ■천주교 □종교 없음 (%)

	불교	개신교	천주교	종교 없음
1984년	19	17	6	56
1989년	21	19	7	51
1997년	18	20	7	53
2004년	24	21	7	47
2014년	22	21	7	50
2021년	16	17	6	60

- 그 외 다른 종교: 1984년 3%, 1989년 2%, 1997·2004년 1%, 이후 1% 미만
- 시기별 전국(제주 제외) 성인 1,500~2,000명 면접조사. 한국갤럽 www.gallup.co.kr

가. 국제결혼의 현실과 관련 법 조항의 문제점

우리나라 미혼자 중 상위 10~20%에 해당하는 여성들은 자발적 비혼이지만 하위 10~20%에 해당하는 남성들의 경우 비자발적 비혼이라 할 수 있다. 국내 결혼이 어려운 비자발적 비혼인 남성들의 유일한 선택지는 국제결혼이다. 국제결혼 초창기에는 농어촌이나 장애우 중심으로 진행되었다면, 최근에는 결혼 적령기 미혼 남녀의 성비 불균형으로 젊고 유능한 엘리트층에서도 국제결혼이 증가하는 추세이다.

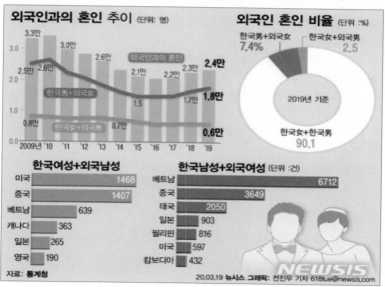

국제결혼을 희망하는 사람이 증가하면서 '속성 결혼' 형태의 국제결혼에 따른 사고 예방과 동남아 국가들과의 외교 분쟁을 감안하여

〈결혼중개업 관리에 관한 법률〉이 억제 정책으로 전환되었다. 법 조항을 주도한 여성가족부 주장에 의하면, 국제결혼 커플의 만남부터 결혼식까지 소요된 기간은 평균 5.7일에 불과하며 이러한 속성 결혼의 문제와 결혼 당사자인 외국 여성들을 보호하려는 조치라고 한다.

■ 국제결혼 관련 법 조항 ■

■ 결혼중개업의 관리에 관한 법률 제10조의2(신상정보 제공)
　① 국제결혼중개업자는 제10조 제1항에 따라 계약을 체결한 이용자와 결혼 중개의 상대방(이하 "상대방"이라 한다)으로부터 다음 각호의 신상정보를 받아 각각 해당 국가 공증인의 인증을 받은 다음 각호의 신상정보(증빙서류를 포함한다)를 상대방과 이용자에게 서면으로 제공하여야 한다.
　③ 제1항에 따른 신상정보는 그 정보를 제공받는 이용자와 상대방이 이해할 수 있는 언어로 작성하여야 한다.
　④ 제1항에 따른 신상정보의 제공 시기 및 절차, 입증 방법 등에 필요한 사항은 대통령령으로 정한다.
■ 결혼중개업의 관리에 관한 법률 제24조의3(자본금)
　① 제4조에 따라 국제결혼중개업을 등록하려는 자는 중개사무소별로 1억 원 이상의 자본금(법인이 아닌 경우에는 자산평가액을 말한다)을 보유하여야 한다.
■ 결혼중개업의 관리에 관한 법률 시행령 제3조2(신상정보 제공)
　③ 국제결혼중개업자는 제2항에 따른 국제결혼 개인 신상정보 확인서와 제1항 각호에 따른 서류를 이용자와 상대방이 각각 이해할 수 있는 언어로 번역·제공한 후 이용자와 상대방이 모두 만남에 서면 동의한 경우에 만남을 주선하여야 한다.
■ 출입국관리법 시행규칙 제9조의5(결혼동거 목적의 사증 발급 기준 등)
　① 3. 초청인이 최근 5년 이내에 다른 배우자를 초청한 사실이 있는지 여부

　개정된 법 조항에서 국제결혼 등록 요건을 강화하거나 외국 여성의 신상 정보를 미리 제공하는 것은 지극히 당연한 것처럼 보일 수 있다. 하지만 국제결혼 종사자들 의견에 따르면, 국제결혼 관련 법 조항에 여러 가지 문제점이 많다고 한다. 법 개정을 요구하기 위해 국제결혼인권연대 회원들을 중심으로 2021년 겨울부터 다음 해 봄

까지 광화문 정부 중앙 청사 앞에서 약 5개월 동안 1인 시위를 진행하였다. 이들이 주장하는 법 조항에 대해 살펴본다.

2022년 1월 13일, 뉴스인, 신태식 논설실장

"그들은 왜 투쟁하는가?" 기사 중에서

여가부는 2014년부터 한국남성이 국외 현지에서 여성을 선택할 때 맞선 전 서류로 혼인관계증명서, 범죄경력증명서, 건강검진서, 재직증명서 등을 번역, 공증하고 현지 주재 한국대사관의 영사확인 절차를 거쳐 이용자에게 서면 제공 및 교부를 하도록 하는 제도를 시행하고 있다. 불법적 혼인사기를 막고자 하는 정부의 취지는 이해하나 한국과 개발도상국의 현실적 차이를 전혀 모르는 정책이라고 아니할 수 없다. 국제결혼 종사자들은 현지 상황과 법을 고려하여 예비신부의 맞선 전 서류를 신분증, 호적, 유사서류, 미혼책임 서약서 등으로 맞선에 임하고, 3~4개월 이후에 하는 혼인신고 전까지로 서면 제출을 늦추어도 이용자에게 피해가 전혀 발생하지 않음을 여가부에 알려 시행령 개정을 요구했으나 번번히 묵살해 왔다며, 실제로 신상정보를 제공하지 않아도 되는 개인 소개자들과 무등록자(거짓 개인소개)들은 10년 이상 전혀 문제되지 않고 있다는 것이 그들의 주장이다. (후략)

첫째, 국제결혼 등록 요건인 자본금 1억 원 상시 예치와 보증보험, 이중의 안전장치이다. 국제결혼중개업체를 창업하기 위한 등록 요건은 우선 피해 발생 시 구제를 위해 자본금 1억 원을 상시 예치해야 할 뿐만 아니라 보증보험까지 가입해야만 한다. 1억의 예치금 제도는 결국 국제결혼이 필요한 남성들의 결혼 비용으로 전가하는 풍선 효과를 가져왔다.

둘째, 법률 제10조의 2의 '신상정보 제공'은 현지 법을 무시한 심각한 문제가 있다. 국제결혼을 가장 많이 하는 베트남의 경우 현지 법과는 전혀 동떨어진 비현실적 법 조항이다. 우리나라 남성이 외국인 여성과 국제결혼을 희망할 때 남녀의 신상 정보(혼인 경력, 건강 상태, 범죄 경력, 재직증명서 등)를 맞선(소개) 이전에 서로 교환하도록 강제한 독소조항이다.

① 베트남의 신상 정보 중 혼인 경력을 증명하는 '미혼증명서'를 결혼 목적으로 발급받기 위해서는 베트남 여성의 호적(우리나라 기준)에 한국 남성의 이름과 생년월일, 등록기준지 등을 등록해야만 한다. 발급한 서류는 한국어로 번역하여 베트남 외교부를 경유하고, 베트남의 대한민국 대사관이나 총영사관에 개인 신상 정보에 대한 영사 인증을 받는 절차가 필요하다. 이는 베트남 여성이 결혼할 남성을 정하지도 않은 상태에서 자신의 호적에 남성의 인적 사항을 모두 등록해야만 하는 모순이 생기면서 국제결혼의 가장 큰 걸림돌로 작용하고 있다.

② 베트남에서 3가지 서류를 준비하는 데 거의 한두 달의 월급을 쏟아부어도 30일이 소요되고, 베트남 여성이 이와 같은 절차를 통해 미혼증명서를 발급받아야만 한국 남성과 맞선이 가능하다. 베트남 여성이 이런 절차를 통해 미혼증명서를 발급받았다가 한국 남성과 성혼이 안 될 경우 한국 남성의 인적 사항은 여성의 호적에서 6개월간 삭제되지 않는다. 여성은 6개월 동안 서류상 혼인 상태이고, 6개월 이후에나 다른 남성과 만날 수 있는 불이익을 감수하므로 미혼증명서는 실제로는 발급받을 수 없는 서류이다.

③ 남성은 여성을 만나기도 전에 베트남 신부의 미혼증명서 발급을 위해 자신의 개인정보(자신의 영문 성명, 생년월일, 여권 번호)를 미리 여성에게 제공할 때 자칫 개인 정보 유출로 인한 국제범죄에 노출될 위험성이 매우 높은 법 조항이다.

④ 외국에서는 영리 목적의 국제결혼 자체가 불법이므로 국내법에서 요구하는 3가지 서류(개인 신상, 건강검진, 범죄 경력)를 발급받는 자체가 현지 법 위반이다. 서류 발급 자체가 불법이므로 중개인이 관련 서류를 소지하다가 현지 경찰에 발각될 경우 현행범으로 처벌받는다.

셋째, 한국어 능력 시험에 관한 문제점도 매우 심각한 상황이다. 국제결혼을 진행하는 과정에서 맞선을 보고, 신혼여행과 혼인 신고를 모두 마쳤더라도 '한국어 능력 시험'을 통과해야만 결혼 비자를 발급받아 우리나라에 입국할 수 있으므로 많은 문제를 야기하고 있다.

① 베트남 여성이 단기간에 한국어 시험에 통과한다는 것이 결코 쉬운 일이 아니다. 한국어 교육과정을 수료하기 위해 4~12개월 정도가 필요하다. 따라서 자신의 아내에게 한국어 교육에 필요한 수업료와 기숙사비, 그리고 생활비와 용돈으로 매월 $300 정도를 지원해야만 하므로 한국 남성들의 경제적 부담이 가중된다.

② 신부 대부분이 순진한 시골 출신인 까닭에 한국어 능력 시험을 준비하다가 화려한 도시에서 함께 수업에 참여한 남성과 눈이라도 맞는다면 대부분 결혼을 포기하게 된다.

③ 한국어 공부가 힘들어서 결혼을 포기할 경우 우리나라 남성이 그동안 지출한 경제적 부담(결혼 비용 $1,500, 혼인 신고 비용 $1,000 정도와 처가 선물이나 혼수 그리고 생활비 지급액 등의 제 비용)은 물론 엄청난

외화 낭비(생활비와 용돈 등)를 감수해야만 한다. 한국어 시험을 준비하는 배우자의 입국을 기다리던 남성이 받는 심리적 스트레스와 트라우마 또한 적지 않다.

실제 아내의 입국을 기다리던 남성이 결혼중개업체 사무실에 방화하여 소중한 인명까지 희생된 사례가 있었다.

2015년 7월 31일, 로이슈, 전용모 기자

"부산지법, 국제결혼 신부 입국 못 하자 결혼중개업자 살해 징역 20년"

기사 중에서

베트남 여성과 결혼한 뒤 국내로 입국하는 과정에서 신부가 한국어능력시험에 계속 떨어지자 신부와 연인관계로 오해한 소개업자와의 공모로 이루어진 것으로 생각하고 소개업자 사무실에 찾아가 방화 살해한 남성에게 법원이 징역 20년을 선고했다. 부산지방법원과 검찰의 범죄사실에 따르면 60대 A씨는 작년 8월 베트남에서 모 결혼정보회사 대표인 70대 B씨의 중개로 베트남 여성과 결혼했다. 그러나 베트남 신부가 국내에 입국하기 위해서는 교육부 소속 국립국제교육원이 주관하는 한국어능력시험 초급 1급 이상 자격 취득이 요구됐으나, 계속 떨어져 비용이 지출되고 입국하지 못하게 되자 B씨에게 책임이 있다며 불만을 품게 됐다. (후략)

넷째, 〈출입국관리법〉 시행규칙 제9조의5 "결혼 동거 목적의 사증 발급 기준 등" 3항에 따라 국제결혼을 5년에 1회로 제한하는 조항이다. 맞선 전 신상 정보와 한국어 시험을 통과하여 신부가 다행히 국내에 입국했더라도 가출이나 여타 사유로 이혼하게 될 경우 해당 남성은 5년간 국제결혼이 불가능하다. 이혼한 남성은 5년 동안 혼자 살도록 국가에서 강요하는 독소조항은 헌법에 명시된 국민의 행복추구권을 정면으로 위반하는 법 조항이라 할 수 있을 것이다.

다섯째, 국제결혼중개업에만 있는 이중 처벌 조항이다. 일반적인 사업자의 경우 합리적인 법을 어겼을 때도 이중 처벌을 받지 않는다. 하지만 비합리적인 국제결혼 법 조항을 어겼을 경우 영업 정지와 벌금(과태료), 3회 이상시 일정기간 영업 불가 등 이중 처벌을 감수해야 하거나 전과자 신분으로 전락할 수 있다.

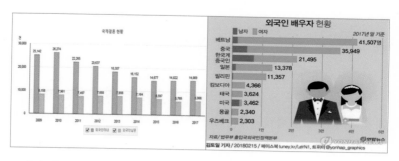

여섯째, 비합리적인 국제결혼중개업법을 악용하는 사례이다. 국제결혼을 한 남성들이 국제결혼 법의 독소조항을 이용하여 국제결혼을 진행한 업체의 약점을 잘 알고 있기 때문에 온갖 이유 같지 않은 이유로 협박하는 사례가 빈번하게 발생하고 있다.

일곱째, 결혼중개업법에 따른 현지 마담(중간 책임자)의 국가 간 차별이다. 베트남 현지 여성들을 관리하는 마담들은 베트남의 고학력 여성이나 전문직 여성들이 잠정적인 범죄자로 전락할 수 있는 대한민국보다는 국제결혼에 장애물이 없는 대만이나 일본의 남성들을 선호한다. 따라서 고학력 및 전문직 여성들은 우리나라 남성들과 결혼을 진행하지 않는 문제가 발생한다.

이와 같이 우리 국민과 결혼하는 배우자의 국적 취득을 어렵게 만든 상태에서 정부는 인구정책의 대안으로 이민청을 통해 인구 증가를 계획하고 있는 아이러니한 상황이라 할 수 있다.

결혼한 부부간에 발생하는 문제는 우선 개개인의 문제이다. 내국인끼리 장기간 교제한 후 결혼한다고 아무 문제 없이 모두 잘 사는 것도 아니다. 자국민끼리 결혼해도 신혼여행지에서 헤어지거나 한두 달도 살지 못하고 이별하는 부부도 부지기수이다. 국제결혼을 한 부부 또한 짧은 기간에 헤어지기도 하겠지만 자녀를 출산하거나 오랫동안 가정을 유지하는 모범적인 부부가 더 많다는 점을 고려할 때 속성 결혼만의 문제가 아니라는 것이다.

우리나라의 〈결혼중개업 관리에 관한 법률〉은 여성가족부에서 속성 결혼의 문제를 해결한다는 명분 아래 개인의 문제를 정부에서 개입하겠다는 생각이나 다름없다. 여가부는 외국의 배우자를 초청하는 결혼 비자 서류를 강화하면서 해외 현지 법 조항조차 확인하지 않았던 결과이다. 국제결혼중개업을 허가한 업체를 단속 규제하는 반면 불법 무등록 업체는 단속을 회피하고 있는 관련 조항에 대해 학계와 관계자들이 끊임없이 개정을 요구하고 있음에도 무시하고 있는 여가부 담당 공무원이다.

우리나라와 마찬가지로 일본, 대만에서도 자국 여성과 결혼하기 힘든 남성들은 부득이 동남아 여성들과 국제결혼을 진행하는 과정에서 속성 결혼 형태로 이루어지고 있다. 한국과 같은 국제결혼 유입국으로 꼽히는 대만 역시 속성 결혼으로 인한 우리나라와 같은 문제가 발생하였다. 하지만 우리나라가 억제 정책 중심이었다면 대만은 국제결혼의 상업성을 규제하는 방식으로 매매혼의 폐해를 줄이고자 노력했다. 2007년 12월 〈출입국관리법〉을 개정하여 상업적 성격의 국제결혼중개업을 제한하고, 2009년부터는 비영리 사단법인으로 제한하여 국제결혼을 적극 허용하는 정책으로 전환하여 시행하고 있다.

우리나라 남성 중 비자발적 비혼자의 경우 부득이 국제결혼을 선택하지 않는다면 평생 혼자 살아가야만 하는 처지이다. 국제결혼중개업법의 독소조항을 전면 개정하여 상업성을 배제하고, 어학 교육 기간에 따른 외화 낭비 및 여성이 결혼을 포기할 때의 부작용, 불량한 고객에 의한 피해 예방 등 제반 문제점들을 해결해 나갈 수 있는 방향으로 관련 버 조항을 개정할 필요가 있다.

때마침 저출생 문제 해결 방안의 일환으로 외국인 가사도우미 및 간병인 제도 도입에 맞춰 외국의 젊은 여성들이 국내에 입국한다. 국내에 입국한 외국 여성 중에서 희망하는 여성을 대상으로 한국 남성들과 만남을 주선하여 배우자를 선택할 수 있도록 지원하거나 이와 같은 제도를 활용하는 방법을 통해 국제결혼 대상자들에게 결혼과 출산할 기회를 제공하도록 준비할 필요가 있다.

나. 이민청 신설이 저출산 대책?

저출생 문제를 해결하기 위한 다양한 출산 지원 정책에도 불구하고 국가 소멸의 위기에 몰리자, 이민정책을 총괄할 '이민청 설립'을 위해 연구 중이라 한다. OECD의 2019년 이민 관련 통계에 의하면 독일은 인구의 0.7%, 영국은 0.5%, 프랑스는 0.4% 정도가 신규 이민이라 한다. 우리나라도 이들 국가의 중간 수준인 인구 0.5%의 이민을 매년 받아들일 때 25만 명이고, 2022년 출생아 수가 약 24만 6,000명인 점을 고려하면 매년 25만 명 수준의 이민을 받을 때 합계출산율을 단번에 두 배 이상으로 높이는 효과를 볼 수는 있다고 주장한다.

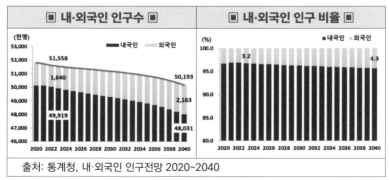

출처: 통계청, 내·외국인 인구전망 2020~2040

　예상컨대, 이민정책으로 국내에 이주할 이출 국가는 주로 동남아 국가일 것이다. 국내 결혼이 어려운 남성들의 유일한 탈출구가 동남아의 여성들과의 결혼이었고, 국제결혼한 몇몇 사람으로 인한 사건, 사고 때문에 국제결혼조차도 강력하게 규제하고 있는 현실에서 이민청을 논하는 자체가 어불성설이다.

　이와 같은 상황에서 우리 정부와 공무원들의 생각과 행동 그리고 정부의 외교 능력이 이민자들을 받아들일 준비가 되어 있는지를 먼저 심사숙고해야만 할 것이다. 출산율 급감에 따라 국가 소멸을 늦추기 위한 목적이거나 고급 인력 중심의 이민정책을 성급하게 도입하는 것은 매우 우려스러운 상황이다. 이민정책을 수립하기에 앞서 이미 한국에 들어온 이주민들과 그 자녀들을 진정한 우리 이웃이며 나와 같은 존재들로 인식하면서 행동하는가를 먼저 생각해야만 한다. 또한 남북 분단의 리스크가 있는 상황에서 추진되는 이민정책은 외국의 고급 인재들보다는 3D 업종 중심의 이민으로 유입될 수밖에 없을 것이라는 전문가들의 의견을 경청할 필요가 있다.

　2023년 4월, 출입국외국인정책본부 통계에 따르면 국내 체류 중인 외국인은 모두 235만 4,083명이고, 비자 기한이 지났는데도 출국하지 않은 불법 체류자가 41만 7,852명이다. 또한 고용허가제에 따라 비전문취업(E-9) 비자로 입국한 외국인 근로자가 2023년에 11 만 명이고, 2024년에는 16만 5천명으로 확정되었다. 동남아 출신 노동자가 아니면 아파트 건설이 불가능하고, 농촌 지역의 농업 생산 자체가 불가능하고, 공장 하나 돌리지 못하는 것 또한 부인할 수 없는 현실이다.

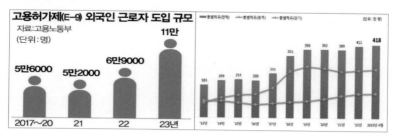

이민정책을 도입할 경우 국제결혼을 규제하게 된 이유보다도 훨씬 더 많은 문제를 예상할 수 있다. 1992년 미국의 흑인 폭동 때 LA의 한인타운이 습격당한 사례를 기억할 것이다. 이출 국가 국민에게 문제가 발생하여 국가 간 외교 문제로 비화할 때 과연 우리나라 외교 능력으로 감당할 수 있는지도 먼저 심각하게 고민해야 할 문제이다. 3D 업종 중심의 이민자들로 인한 범죄 및 인종차별 그리고 동남아 국가들과의 외교 갈등으로 인한 사회적 비용만 더 증가할 수도 있다.

또한 동남아 중심의 값싼 노동자들이 대거 유입될 때 내국인들의 근로 공간이 그나마 줄어들면서 일자리가 급속도로 줄어들 수밖에 없다. 우리나라 젊은 층이 경제적 기반을 점점 잃어 가고, 내국인들이 연애, 결혼, 출산은 더더욱 엄두조차 내지 못하는 처지에 몰릴 수도 있다. 그렇게 된다면 내국인들의 합계출산율은 더더욱 낮아질 수밖에 없으므로 정책의 우선순위가 무엇인지 깊이 고민할 필요가 있을 것이다.

인구 급감으로 인한 노동력 부족과 소비 침체에 대응하고자 외국인 이민정책으로 인구수를 늘리는 데 역점을 둘 것이 아니라 국내 결혼이 어려운 10% 정도의 비자발적 비혼자들을 대상으로 국제결혼이라도 우선 쉽게 진행할 수 있는 정책, 그리고 결혼 이주 여성의 가족들을 초청하는 형태가 더 바람직할 수 있다. 내 나라에서 주권자인 국민이 안정적인 환경에서 결혼하거나 자녀를 낳을 수 있도록 지원하고, 일자리 환경을 조성할 수 있는 기본 인프라를 구축하는 것이 더 우선되어야 한다.

다. 가사도우미와 간병인을 국제결혼과 독거 어르신 행복 찾기로 연계

출산 기피 사유인 맞벌이 가정의 육아 부담(일과 가정 양립)과 여성들의 경력 단절 해결의 대안으로 서울시가 시범적으로 가사도우미 도입을 준비하고 있다. 그렇다면 초고령화 사회 진입과 평균수명 연장에 따른 노년의 삶이 길어진 만큼 외국인 간병 도우미 및 노인 돌봄 인력 제도 도입까지도 종합적으로 검토할 필요성이 요구되는 시점이다.

부득이 외국인의 가사도우미와 간병인 제도를 운용할 수밖에 없다면, 각국의 송출 업체에 의존하여 국내에 입국한 뒤 검증할 것이 아니다. 직접 국내 전문가를 해외 현지에 파견하여 철저한 심사와 검증을 통해 양질의 외국 인력들이 입국할 수 있도록 세심하게 준비해야만 할 것이다. 입국 자격을 부여한 고용 허가제를 통해 비전문 취업

비자(E-9)를 발급받아 국내로 들어올 수 있도록 준비할 필요가 있다.

인구 증가를 위한 방편으로 이민제도(법무부), 육아 부담을 경감시킬 가사도우미(복지부, 지자체), 신체적 도움이 필요한 어르신들의 간병인(복지부, 지자체), 농어촌 및 3D 업종의 외국인 노동자(노동부, 지자체) 등과 같은 정책을 각각 도입할 필요성이 대두되는 시점에서 각각의 제도와 시스템을 부처별로 별도로 마련하여 각각 운영할 것이 아니라 통합 시스템을 구축하여 외국인들을 안정적으로 정착시킬 방안을 마련할 필요가 있다.

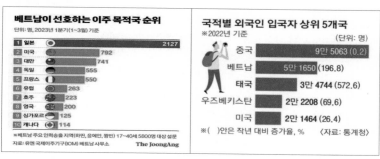

국내 이민자, 가사도우미, 간병인 그리고 농촌과 산업 현장으로 입국하는 근로자들이 가급적 국내에 영구적으로 정착할 수 있는 지원 방안까지 마련한 후 실시할 필요도 있다. 또한 국내에 들어오는 외국인들을 대상으로 국내 결혼이 어려운 미혼자에게 국제결혼의 기회까지 제공할 수 있는 프로그램과 독거 어르신 행복 찾기의 기회까지 제공할 수 있는 종합적인 대책을 마련할 필요가 있다. 외국의 여성들이 국내 남성과의 만남을 위해 참여한다면, 국내 미혼자들에게 연애와 결혼의 기회까지 제공할 수 있을 것이다. 이들이 결혼을 통해 자연스럽게 출산으로 이어질 때 합계출산율과 인구 증가에 이바지하게 될 것이라는 생각이다.

제5장

[장기 계획]

혁명적 교육개혁과 지역 균형 발전을 통한 삶의 질 향상

■ 우리나라 4년제 대학교, 단과대학명, 학과명 현황(대학알리미, 2023년 2월 기준)
① 4년제 대학교 수: 225개(제2캠퍼스 미포함, 다른 캠퍼스명, 의대, 사이버대 포함)
② 4년제 대학교 전체 학과 수: 10,260개 학과(4년제 225개 대학교의 전체 학과)
③ 4년제 대학 중 단과대학 명칭이 일치하는 단과대학 수: 467개
④ 4년제 대학 중 단과대학 구분이 없는 학과 수: 1,978개
⑤ 4년제 대학 중 학과 명칭이 다른 학과 수: 4,997개(명칭이 100% 일치 기준)

■ 세계 대학 중에서 우리나라 대학 순위
① 세계 대학의 Webometrics 웹데이터
 • 서울대는 세계 113위, 아시아권 20위
 • 연세대는 세계 273위, 아시아권 55위
② 타임스고등교육이 발표한 2024 THE 세계대학평가
 • 서울대는 3년 동안 순위 54위→56위→62위로 하락
 • 연세대는 3년 동안 순위 151위→78위→76위로 상승
③ 2023 CWUR 세계대학 순위: 서울대는 세계 31위
④ US 뉴스 앤드 월드 리포트의 2023 세계대학 순위: 서울대는 129위
⑤ 영국의 교육 자문 기관인 Quacquarelli Symonds: 서울대는 41위

전국 대학 지도

서울 대학 지도

※ 출처 : JM컴퍼니 교육컨설팅 (https://blog.naver.com/graceyj/220842648690)

1 한국 사회가 당면한 제반 문제의 근원은 교육 문제

우리 사회에 산적한 빈부 격차, 지역감정, 청소년 문제, 계층 이동, 수도권 집중화, 지방 황폐화, 주택문제 그리고 자녀 양육비 부담으로 인한 합계출산율 등 제반 사회문제의 근본 원인은 일류대 진학을 위한 사교육비 부담에서 시작된다는 것을 대한민국 국민이라면 누구나 알고 있다. 국민 대다수는 교육학 전공자가 아님에도 교육에 대한 관심과 해박한 지식은 세계 어느 나라 국민에도 뒤지지 않을 정도의 수준이고, 각자 나름대로 뚜렷한 주관을 가지고 있다고 해도 과언이 아닐 것이다.

임산부가 태교를 시작할 때부터 부모들의 유일한 목표가 일류대 진학이라 해도 과언이 아니다. 어린이집, 유치원, 초중등학교 전 과정은 '서열화된 SKY에 입학하기 위한 사교육비 부담을 기꺼이 감당해야만 한다.'라고 생각한다. 엄마의 정보력, 아빠의 무관심, 할아버지의 경제력에 좌우되는 SKY 중심 입시 위주 교육 현장은 어릴 때부터 오로지 경쟁만을 부추긴다.

초등학생이 주말에 캐리어를 끌고 사교육 현장을 전전해야만 하는 학교교육, 졸음을 쫓기 위해 카페인 음료에 의존하는 모습이 우리 청소년들의 자화상이다. 우리 자녀들에게 인성 교육과 건강한 시민으로 성장하는 것을 기대하거나 청소년들에게 미래를 준비시키자고 외치는 것은 현실을 전혀 모르는 어리석은 주장에 불과하다.

■ 학령인구 및 초·중등 사교육비 추이 ■

(단위: 명, 조원)

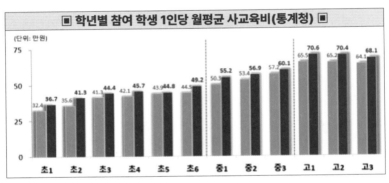

■ 학년별 참여 학생 1인당 월평균 사교육비(통계청) ■

(단위: 만원)

　　우리나라 공교육 현장에서 "선생은 있어도 스승이 없다."라는 외침은 오래된 얘기이다. 교육 문제로 시작한 다양한 사회문제가 발생하더라도 사회 지도층과 기득권층은 국민의 고통 정도는 안중에도 없다. 초등학교 수업 시간에 라면을 먹는 학생을 제재할 수도 없고, 학생이 교사를 폭행해도 감수해야만 하는 학교 현장이다. 학부모의 협박을 이겨 내지 못하여 자살을 선택하는 교사들, 이미 오래전부터 공교육은 실종되고, 사교육에 의존하는 병폐 현상은 더욱더 심각해지고 있다.

　대학 진학의 고통을 이겨 내지 못하고 가출이나 극단적인 선택을 하는 청소년들은 점점 더 늘어만 가고 있다. 대학 입시로 인한 사회문제는 남의 일이 아니라 우리 가족이나 우리 주위에서 언제든지 발생할 수 있다. 그런데도 우리의 현실은 '내 자식만 일류대에 진학하면 된다.'라는 사고방식으로 똘똘 뭉쳐 있다.

　2016년 교육부 고위 공무원은 출입 기자가 모인 자리에서 "신분제를 공고화시켜야 한다." "민중을 개돼지로 취급해야 한다."라는 망언으로 한동안 매스컴을 뜨겁게 달궜다. 봉건주의 사회도 아닌 2023년에 교육부 공무원은 "왕의 DNA를 가진 아이여서 왕자에게 말하듯이 듣기 좋게 돌려 말해도 다 알아듣는다."라는 내용이 담긴 지시형 편지(원문 그대로 첨부)를 담임선생에게 보냈다. 이와 같은 기고만장한 교육부 관료들이 대한민국의 미래를 책임질 교육정책들을 입안하기 때문에 공교육 정상화는 더 이상 기대할 수 없을지도 모른다.

언론에 보도된

"교육부 공무원이 담임선생님께 보낸 편지" 내용

담임선생님께

1. 하지마, 안돼, 그만!! 등 제지하는 말은 '절대'하지 않습니다.
→ 강력제지하는 말을 들을 때마다 자신도 모르게 분노 솟구쳐오릅니다. 위험한 행동 및 제지가 필요한 경우, 관심을 다른 곳으로 전환을 시킵니다.(방향전환하는 개념)
2. 싫다는 음식을 억지로 먹지 않게 합니다.
→ 질기거나 딱딱한 음식이 해롭습니다. 급식을 억지로 먹게 하면 독이

됩니다.

　3. 또래의 갈등이 생겼을 때 철저히 편들어 주세요.

　→ 이미 충분히 잘못을 알고 있어서 감정을 충분히 읽어주시면 차츰 행동이 수정됩니다.

　4. 지시, 명령투보다는 권유, 부탁의 어조로 사용해주세요.

　→ 왕의 DNA를 가진 아이이기 때문에 왕자에게 말하듯이 듣기 좋게 돌려서 말해도 다 알아듣습니다. 지시하거나 명령하는 식으로 말하면 아이는 분노만 축적됩니다.

　→ 특히, 반장, 줄반장 등 리더의 역할을 맡게되면 자존감이 올라가 학교 적응에 도움이 됩니다.

　5. 표현이 강하고 과장되게 표현합니다.

　→ 학교가 지옥이다. 학교를 폭발하고 싶다 등은 학교가기 힘들고 무섭다란 표현입니다. 80%는 버리고 20%정도로 해석하시면 됩니다.

　6. 칭찬과 사과에 너무 매말라 있습니다.

　→ 칭찬결핍과 억울함(=사과부족)이 뇌손상의 큰 이유입니다. 칭찬은 과장해서 사과는 자주, 진지하게 합니다.

　7. 회화에는 강점이고 수학은 취학합니다.

　→ 뇌세포가 활성화될 때까지 쓰기와 수학 등 학습에 대해 강요하는 것은 자제 부탁드립니다.

　8. 인사를 두 손 모으로 고개숙여 인사를 강요하지 않도록 합니다.

　→ 고개 숙이는 대신 멋있게 손 흔들기 등 다른 방법으로 인사합니다. 극우뇌 아이들의 본성으로 인사하기 싫어하는 것은 위축이 풀리는 현상입니다. 인사를 잘해야 한다는 부담에 가두시면 자존감이 심하게 훼손됩니다.

　9. 등교를 거부하는 것은 자유가 허용되자 제일 힘든 것부터 거부하는 현상입니다.

　→ 교실에서 돋보이고 싶지만 현실은 전혀 반대여서 괴로워하는 것입니다. 또한 소통이 불편해서 아이들에게 놀림받을까 공포감으로 학교가는 것을 두려워하는 것입니다.

　→ 아이가 학교에서 또래들에게 돋보일 거리를 만들어 줄 때까지 기다려 주어야 합니다.

〈국가교육위원회 설치 및 운영에 관한 법률〉에 의거, 대통령 소속 국가교육위원회가 설치되었다. 위원회는 "사회적 합의에 기반한 교육 비전, 중장기 정책 방향 및 교육제도 개선 등에 관한 국가교육발전계획 수립, 교육정책에 대한 국민 의견 수렴·조정 등에 관한 업무를 수행하기 위하여 대통령 소속 행정위원회인 국가교육위원회를 둔다." 국가교육위원회는 "교육정책이 사회적 합의에 기반하여 안정적이고 일관되게 추진되도록 함으로써 교육의 자주성·전문성 및 정치적 중립성을 확보하고 교육 발전에 이바지함을 목적으로 한다."라는 내용이다.

가. 입시 제도만 바뀌는 교육개혁

한국 교육의 역사는 교육개혁이란 미명 아래 매우 빈번하게 바뀌었을 뿐만 아니라 다양한 교육정책들이 시도되었다. 하지만 수많은 교육개혁의 공통점은 교육정책을 개혁한다기보다는 입시 제도 변경이 주된 내용이었다.

교육개혁의 대표적인 사례는 1995년 5월 31일 지방자치단체장 선거를 앞두고 전격적으로 발표한, 이른바 '5.31 교육개혁'일 것이다. 5.31 교육개혁은 해방 이후 여러 차례 단행된 교육개혁 중 가장 다각도로 언급되었다는 평가도 있다.

교육개혁안이 발표되자마자 언론 매체를 통해 교육개혁을 위한 '걸

작품'이라며 여론 주도층이 총동원되었다. 홍보 효과를 극대화하고자 특별 기고와 해설을 대문짝만하게 실었다. 당시 교육 전문가들의 해설과 기고 내용을 종합하면 "5.31 교육개혁안은 해방 이후 여러 차례의 교육개혁 중 가장 획기적이라는 평가였다. 한국 교육이 당면한 다양한 문제들을 모두 해결할 수 있고, 중병에 걸린 대학 입시 열병을 치유할 수 있고, 개인의 개성을 존중하는 창의적인 교육을 할 수 있으므로 곧바로 교육 정상화가 곧 이루어질 것이다."라고 집약할 수 있다.

1995년 6월 1일, 조선일보, 최병묵 기자

"교육 정상화 혁명적 대수술" 기사 중에서

학부모와 수험생이 대학과 중고교의 교육여건을 알 수 있다. 국어, 영어를 못해도 대학에 입학할 수 있는 기회가 열린다. 중고교에서 성적만을 올리기 위한 학생간 경쟁이 완화된다. 대학의 전공학점비율이 낮아져 여러개의 전공을 할 수 있다. 고교가 명문으로 자리잡기 위해 치열한 경쟁을 벌인다. 대학도 정부로부터 재정지원을 많이 받기 위해 우수한 교수를 확보한다. 돈이 없으면 몇년간 쉬었다가 다시 대학에 입학할 수 있다. (중략)

교육개혁안의 큰 방향은 일단 환영받고 있다. 앞으로 나란히 식의 서열위주 공부방식에서 다소나마 학생들을 풀어줄 것이다. 특히 성적평가 위주의 성적표를 탈피, 종합생활기록부라는 성적+인성 방식의 기록은 학생들을 점수따는 기계에서 벗어나도록 하는데 적지 않은 기여를 하게 될 것으로 예상된다. 성적기록 방식이 동료간 비교를 기본으로 하는 상대평가에서 성취기준평가로 바뀐 것도 눈여겨 볼 대목이다. (중략)

가장 쟁점은 입시개혁. 담당인 3소위 위원들간 합의가 이뤄지지 않아 애를 먹었다고 한다. 신일철위원장(고려대교수)은 입시개혁이 한계가 있다는 온건론자였고 이인호 서울대교수와 곽병선한국교육개발원 교육공학연구본부장은 과감한 개혁을 주장, 결국 1, 2안을 만들어 전체 회의에서 합의를 도출했다는 후문. 일부 위원은 고교졸업시험제를 도입하자는 주장도 제기했으나 "과격하다"는 반대에 밀려 채택되지 않았다.

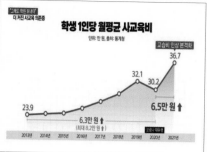

    교육개혁안의 목표와 방향은 세계 여느 교육 제도와 비교해도 경쟁력을 가질 수 있는 매우 이상적인 개혁안일 수도 있다. 그럼에도 '5.31 교육개혁안'의 목표와 방향은 SKY 진학을 위한 입시 중심의 한국 교육의 현실을 전혀 반영하지 못한 까닭에 교육 정상화 가능성은 찾아볼 수 없었다. 교육 문제 발단으로 시작된 우리 사회에 만연한 병폐 현상을 치유하게 될 것이라고 믿는 사람 또한 없었다. 특히 일선의 현직 교사들은 매우 회의적이었다. 심지어 일부에서는 교육개혁안을 한국 교육사에서 가장 부끄러운 개혁안이라며 서슴없이 '사기극'이라고 단정하기도 했었다.

    교육개혁안 발표 당시의 환영 분위기 일색에서 시간이 지날수록 각계각층에서 회의적인 반응을 보였고, 개혁안의 각론 적용 과정에서 많은 시행착오를 겪었다. 28년이 지난 현재까지도 사교육 문제는 해결될 기미조차 보이지 않는 이유는 간단하다. 한국 교육이 안고 있는 가장 중요한 원인은 교육개혁의 목표나 방향에 있었던 것이 아니라 서열화된 백화점식 대학 구조에 있음에도 대학 입시 제도에 초점을 맞췄기 때문이다.

    교육개혁이란 몇몇 사람의 아이디어나 정치·사회적 구호, 다른 나라의 사례들을 적용할 것이 아니라 우리 국민의 교육열을 반영하면서 교육 현장의 실질적인 변화를 유도할 수 있어야 했다. 결국 교육 분야 전반에 걸쳐 광범위하게 내포하고 있는 왜곡된 교육열을 불러일으키는 문제들을 해결하지 못하거나 알면서도 모르는 척했던 결과였다.

나. 관료들과 교수들의 교육개혁은 입시 제도

우리나라 교육의 중장기적인 발전계획을 수립하고자 2022년 9월에 '국가교육위원회'가 공식 출범했다. 출범 과정의 우여곡절은 논외로 한다. 위원장은 1947년생 이화여대, 상임위원 한 분은 1955년생 연세대, 또 한 분은 1956년생 서울대 출신이다. 위원장과 상임위원은 정무직 공무원으로 모두 연세 지긋한 교수 출신이다. 비상임 위원으로 위촉된 17인 중에서 9인이 교수 출신이다. 그리고 실무진은 사무처장 1인과 교육발전총괄과 10명, 교육과정정책과 11명, 참여지원과 8명까지 전체 30명의 실무자 중 민간위원 3인을 제외하고는 모두 교육부 공무원이다.

우리나라의 교육정책은 교육부 관료들과 교수들 그리고 대형 학원의 카르텔이 작용한 결과라 할 수 있을 것이다. 지금까지의 교육정책은 국민의 고통을 해결하기 위한 올바른 방향의 교육개혁보다는 '명문대와 대학교수'라는 기득권을 유지하기 위한 입시 제도 중심의 개혁안이었다.

국가의 백년대계를 위한 장기적인 교육정책 방향을 제시해야 할 국가교육위원회의 제22차 회의자료(2023년 12월 8일 기준) 내용 대부분이 '2028 대학 입시 제도' 중심이라 볼 때 여전히 기존의 틀을 벗어나지 못하고 교육부에 그 역할을 또다시 위임할 것 같다. 입시 제도 개편에서 머물 것이 아니라 국가교육위원회 법률에 명시된 "사회적 합의에 기반한 교육비전, 중장기 정책 방향 및 교육제도 개선 등에 관한 국가교육발전계획을 수립"하여 좀 더 진일보한 교육 정상화 방안을 마련할 수 있기를 바란다. 또다시 입시 제도를 변경하려면 어차피 사교육을 막을 수 없는 교육정책이기 때문에 혼란이라도 없도록 현재의 입시 제도를 유지하는 것이 더 나을 수 있다.

교육부 관료들과 교수 출신들이 우리나라 교육 문제의 근본적인 문제점이나 교육개혁의 방향을 정말 모른다고 생각하지는 않는다. 아직도 교육정책의 원인을 제공하는 근본적인 문제를 파악하지 못하고 있다면 정말 무능하거나 기득권에 익숙해져 있다는 것이다. 반면 교육개혁의 방향을 알면서 기득권 유지를 위해 모르는 척하고 있다면 국민에게 계속해서 고통을 안겨 주겠다는 생각이나 다름없다.

우리나라 교육 문제는 제로섬에서 다시 출발하지 않는다면 국민의 사교육비 고통을 해결할 방안은 결코 기대할 수 없다. 교육부 관료들과 대학교수 수백 명이 한자리에 모여 10년을 연구하더라도 우리나라 교육 문제의 원인을 제공하는 대학 체제를 개혁하자는 생각이나 의견을 개진하지 못할 것이기 때문이다. 현재의 대학 체제를 유지한 상태에서는 만물을 창조한다는 전지전능한 신(神)들이 모여 1년이나 10년을 논의하더라도 우리나라 사교육 문제를 해결할 방법을 찾지 못할 것이다.

나이가 드신 분들이라면 70~80년대 초반까지만 하더라도 연세대 상대, 고려대 법대, 한양대 공대, 건국대 농대, 홍익대 예술대, 인천의 해양대, 부산의 수산대, 춘천의 농과대, 인하대 공대 등과 같이 나름대로 특성화된 대학을 기억할 것이다. 하지만 현재 대학들의 특성화는 흔적도 없이 사라졌다. 모든 대학이 일류, 이류, 삼류, 사대문 내의 대학, 수도권 대학, 지방 대학으로 서열화되었다. 모든 학부모는 서열화된 백화점식 대학으로 변질된 대학 입시를 위해 가정경제는 내팽개치고 사교육에 몰입할 수밖에 없는 처지에 내몰리게 되었다.

한국 교육의 가장 근본적인 문제점은 '대학 입시 제도' 자체에 있는 것이 아니라 '일류대 혹은 명문대'와 '여론 주도층인 기득권층'을 공고화하기 위한 수단에 불과하다는 것이다.

2023년 10월 4일 "대학교수가 사교육업체 임원으로 재직"(첨부)이라는 기사에는 돈벌이를 위해 교수가 사교육 업체의 임원으로 재직하는 경우와 대학수학능력시험 출제·검토 위원 500여 명 중 2023학년도 수능을 기준으로, 서울대 출신 출제·검토 위원 62명, 고려대와 한국교원대 각각 20명의 위원이 본업은 뒤로하고 투잡을 뛴 사실이 공개되었다.

2023년 10월 4일, 연합뉴스, 김수현 기자

"대학교수가 사교육 업체 임원으로 재직… 겸직 근무 개선해야"
기사 중에서

일부 대학교수들이 사교육 업체의 임원으로 재직하고 있어 대학과 학원 간 유착이 의심된다는 주장이 제기됐다. 양정호 성균관대 교수는 4일 서울 중구 한국프레스센터에서 한반도선진화재단, 교육데이터분석학회 주최로 열린 '2028 대입 개편 방향, 어디로 가야 하나: 혼란 방치냐? 학교 살리기냐?' 세미나에서 "사교육 업체에서 임원으로 재직하는 교수들이 있다"며 이를 '사외이사 카르텔'이라고 비판했다.

양 교수에 따르면 A 사교육 업체에는 H대 교육공학과 교수가 사외이사 임원으로, B 사교육 업체에는 K교대 부총장이 사외이사 임원으로 각각 재직 중이다. S대 컴퓨터공학과 교수와 K대 경영대 교수, D대 경영대 교수 역시 각각 다른 사교육 업체의 사외이사 임원으로 이름을 올린 상태다. 전 H

대 초빙교수도 현재 모 사교육 업체 상근 감사 임원을 지내고 있다. (후략)

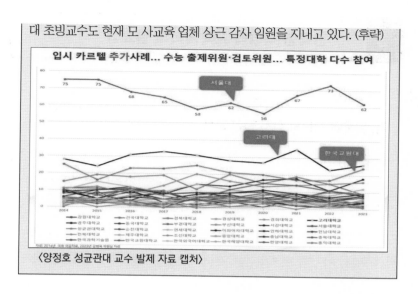

〈양정호 성균관대 교수 발제 자료 캡처〉

또한 2023년 12월 12일 "경찰, '음대 입시 비리 의혹' 서울대 입학 본부 압수수색(연합뉴스)"이라는 기사이다. 현행법상 대학교수는 과외가 금지되어 있음에도 입시가 다가오면 단기 과외비로 일반 직장인의 1년 치 연봉에 해당하는 3천만 원을 한 달에 벌 수 있으니 부업이나 투잡을 뛰지 않을 이유가 없다.

현재의 대학 체제에서 학과의 특성에 따라 차이는 있지만 4~5명 정도의 교수들이 학부는 물론 대학원 학위 과정의 논문 지도까지 겸하는 경우가 적지 않다. 대학의 학과에서 경쟁할 대상이 없으므로 강의와 연구에 정진하기보다는 재테크(학원, 과외, 상업용 출판과 기고, 방송 출연, 금융 투자 등)에 더 열중하기에 매우 적절한 상태이다. 이런 교수들이 국민의 고통을 덜어 줄 수 있는 교육개혁 방안을 마련할 이유가 없을 뿐만 아니라 기득권을 유지해야만 부업이든 투잡이든 쓰리잡이 가능한 구조이다.

3 한국형 혁명적 교육개혁의 필요성

가. 일류대 지향의 입시 중심 교육

대부분의 교육개혁안의 마지막 단서 조항은 "국민총생산(GNP) 대비 5%의 교육재정을 확보하는 것이다." "국민의 의식이 변해야 한다."라는 매우 추상적·비관적인 내용이다. 교육재정을 국민총생산(GNP) 대비 5%만 확보하면 교육 정상화가 가능한 것으로 입버릇처럼 말한다. 과거나 현재의 대학 체제와 입시 제도 아래에서는 교육재정을 GNP 대비 5%가 아니라 50%나 100%를 확보해도 명문대 입시를 위한 사교육비 지출이 사라질 것이라 믿을 사람은 아무도 없을 것이다. 교육 정상화는 희망 사항일 뿐이며, 국민의 고통은 지속될 수밖에 없다.

1998년 〈SKY 캐슬〉이라는 드라마가 선풍적인 인기를 끌었던 것을 기억할 것이다. 드라마 장르는 리얼 코믹 풍자극이라지만 우리나라가 당면한 교육 현실, 치열한 입시 중심의 교육열을 주제로 삼았다. 비(非)지상파 드라마 역사상 당시 최고 전국 시청률을 보였다고 한다. 부와 명예 그리고 권력을 모두 거머쥔 대한민국 상위 0.1%의 남편을 배경으로 둔 부인들의 얘기였다. 의사 가문, 법조인 가문의 카르텔을 이어 가고, 자기 자식만은 천하제일로 키우고 싶은 욕망으로 몸부림치는 내용이었다.

일류대 입시 중심의 과도한 사교육 행태를 풍자하는 내용이었기에 학부모들 내면의 심리를 그대로 투영해 볼 기회였다. 드라마 속에서 명문대 입시를 위해 생활기록부를 관리하는 입시 전문 컨설팅 업체와 입시 브로커는 엄연히 현존하고 있다는 사실이 더 큰 문제이다. 우리나라 교육 문제의 가장 큰 원인은 명문대 지향의 입시 위주 교육 등 국민의 왜곡된 교육열에 있다.

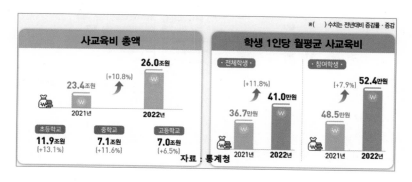

입시 위주의 교육으로 공교육이 실종된 지는 이미 오래되었다. 아무리 이상적인 교육제도라 할지라도 '일류대'만이 '인생의 성공'이고 '가문의 영광'이며, 소위 '내 새끼 지상주의'가 팽배해져 있는 한 올바른 교육제도와 정상적인 교육은 불가능하다. 최근 초등학교 교사가 극단적인 선택을 했음에도 불구하고 교육 당국은 구호만 거창할 뿐 특별한 대안이나 대책을 만들 수조차도 없는 한계에 봉착해 있다. 그럼에도 불구하고 정치권, 교육계, 시민단체 등은 보수와 진보로 나뉘어 패거리 이념 논쟁이 매몰되어 '학생인권조례'의 폐지 여부가 정쟁화된 암울한 현실이다.

한국 교육의 문제는 교육제도 자체의 문제라기보다는 모든 대학이 천편일률적으로 백화점식으로 나열된 대학으로 서열화되었기 때문이다. 동일한 특성을 가진 백화점식 대학들을 중심으로 '일류대'가 존재하고, 그 밑에 이류나 삼류대 형태로 서열화된 대학이 존재함으로써 국민에게 왜곡된 교육관을 갖게 만든 것이다.

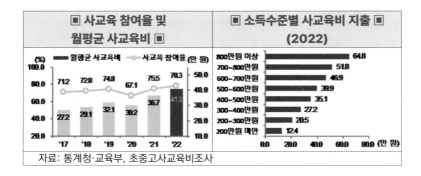

자료: 통계청·교육부, 초중고사교육비조사

나. 대학과 교수들의 민낯

대학은 재단, 교수, 직원, 학생 등 4주체로 구성된다. 우리나라의 서열화된 대학 경영에서 가장 중추적인 역할을 담당하는 것은 당연히 교수 집단이지만 사학 비리와 족벌 경영이 만연한 대학에서는 교수보다는 법인의 입김이 강하게 작용한다.

대학은 학생 등록금이라는 안정적인 수입 구조가 가능하므로 기업 경영과 같은 치열한 경영 능력이 필요 없다고 생각한다. 교수들이 행정 부서 보직을 돌아가면서 맡으며 보직 수당을 챙기기 위해 대학 행정의 전문성을 인정하지 않는 현실이다. 기업이라면 절대 불가능한 일들이 대학에서는 일상화되어 있다. 이들의 논리는 박사 학위를 가진 사람과 교수들이 아니라면 경영할 능력이 없다고 생각한다. 재단보다는 교수 중심으로 돌아가는 대학의 경우 보직자가 바뀔 때마다 정책을 뒤집는 일은 다반사라 예산 낭비는 심각한 수준이다. 우리나라 대학 구조는 재단의 입김이 강하면 재단의 비리가 문제이고, 교수들의 입김이 강하면 교수들의 보직 쟁탈전이 문제가 되는 현실이다.

우리나라는 국가 경제가 어렵고 가난하던 시절에 독지가(기업)나 사상가 그리고 종교재단을 중심으로 사학재단을 설립하여 국가 발전을 위해 이바지하였다. 오늘날의 사학재단들의 현실은 한국기술교육대학교 김용석 교수의 글(첨부)로 설명될 수 있을 것이다.

2023년 11월 21일, 굿모닝충청, 김용석 한국기술교육대학교 교양학부 교수

"[교수 논단] 사학재단은 기생충인가?" *기사 중에서*

2020년대 들어서도 사학재단이 대학에 재정적으로 기여하는 정도가 1950년대와 비교해 크게 달라졌다고 생각하기 어렵다. 한국사학진흥재단의 통계에 의하면 사학재단의 재정기여도를 나타내는 사립대학 법인전입금이 평균 4.1%(2022년 기준)에도 미치지 못한다.

재정적 기여도가 이렇게 낮음에도 불구하고, 사학재단은 대학에서 자신들의 경영권뿐만 아니라 온갖 통제력을 행사하고 그 영향력을 놓으려 하지 않는다. 대학 운영을 위해 사학재단이 재정적 기여를 하기보다 학생들의 등록금과 국가의 재정 지원에 의존하면서 학교와 교육에 여전히 기생하고 있는 것이다.

사학재단은 대학 재정이 어렵다는 이유로 각종 정부 보조금을 끊임없이 받아왔으며, 규제 완화를 주장해 왔다. 윤석열 정부 들어 교육부는 재정 여건을 개선한다는 명목으로 땅이나 시설을 수익용으로 사용할 수 있도록 각종 규제를 완화했으며, 교육의 질을 높이기 위해 마련해 두었던 겸임교원 제한 비율도 대폭 수정했다.

우리나라에서 신분제가 공고한 직업군 중 하나가 교육계이다. 대학교 총장 선출 과정에서 학내 분규가 잦은 이유는 대체로 신분 사회에 따른 교수들의 보직 욕심으로 시작되는 경우가 적지 않고, 다른

이면에는 기본 강의 시간 최소화에 있다. 대학에서 초임 교수가 보직을 맡게 되면 20~30년 행정을 담당한 행정직원 위에 군림하면서 보직 수당을 받을 수 있고, 줄어든 기본 강의 시간에 맞춰 훨씬 더 많은 초과 강사료까지 챙길 수 있기 때문이다.

대부분의 대학은 강의와 연구 능력과는 무관하게 기본 강의 시간을 최소화했다. 기본 강의 시간 최소화는 교수들의 연구 기능을 강화하기 위한 목적이었다. 하지만 본래 취지와 달리 초과 강사료를 챙기기 위한 꼼수로 변질된 지 오래되었다. 우리나라 교수들의 연구 실적이 기본 강의 시간을 줄인 만큼 크게 향상되었는가? 기본 강의 시간을 줄인 만큼 연구에 몰두하여 양질의 연구 성과물을 생산하는 교수들에게는 소중한 시간으로 활용될 수 있지만 대부분 연구보다는 재테크에 몰두하거나 투잡을 위한 인지도를 높이기 위해 활용하고 있다.

대학 교육 현장은 정상적인 학문 탐구와 산업 현장에서 필요한 인재를 양성하는 교육과는 동떨어진 교육 현장으로 변했다. 대학은 심화한 연구와 학습 공간이 아니라 보편적 학문을 지향한다는 명분 아래 학과 단위 모집에서 점차 계열별·학부제 모집, 복수전공, 제2의 전공, 자율전공제, 무전공제 등으로 유도하고 있다. 대학이 고등학교 교육의 연장선이자 취업을 위한 필수 과정 정도라고 생각하는 것이다. 대학에서 학문의 국가 경쟁력이나 노벨상을 배출할 교육을 더 이상 기대할 수 없는 이유이기도 하다.

대학에서 교육과 연구를 담당할 교수는 대학원 과정을 통해 석박사 학위를 받는 것이 일반적이다. 대학원 과정에서 석박사 학위를 받기 위해 훌륭한 스승 밑에서 연구에만 몰두한 참스승의 제자였던 분들이 훨씬 많을 것이다. 반면 석박사 과정에서 온갖 갑질을 하는 불량한 지도교수 밑에서 오로지 학위를 위해 참고 인내한 분들도 적지 않다는 것이다.

　매스컴을 통해 지도교수의 가사도우미, 자녀의 학습 지도, 등하교 도우미, 제자 논문 가로채기, 대학원생 인건비 빼돌리기, 입시 비리 그리고 제자 성추행, 지도교수가 갑자기 바뀔 때 뒷돈 요구 등이 보도되는 것을 목격하게 된다. 위와 같은 단어를 포털에서 검색할 경우 관련 용어마다 많은 사건 사고 기사를 확인할 수 있는데, 몇몇 사례만 정리한다.

▣ 네이버에서 검색되는 대학교수와 관련된 사건, 사고의 일자별 제목과 언론사 ▣
◇ 2015. 7. 14.: '인분교수' 엽기적 가혹행위, 얼굴에 비닐봉지 씌우고 호신용 스프레이… 피해자 '안면화상'(동아일보)
◇ 2020. 9. 24.: 교수 한 명이 면접 보고 탈락 결정… 대학원 입시 부정 논란(법률N미디어)
◇ 2021. 1. 30.: 연대 체대 입시 비리 교수 실형… 부정 합격자는 계속 등교?(법률N미디어)
◇ 2022. 7. 13.: 약대 교수, 대학원생 인건비 빼돌려 생활비로 쓴 혐의… 집행유예(동아일보)
◇ 2023. 2. 11.: "졸업하기 싫어?" 교수 갑질… '공노비' 전락 대학생의 눈물(중앙선데이)
◇ 2023. 5. 26.: 서울대 성추행 교수 1년 형 선고됐으나, '미투' 후 삶은 파괴됐다(프레시안)
◇ 2023. 6. 7.: '제자 강제추행' 전 서울대 음대 교수, 2심에서 "안고 싶은 마음 있었다"(MBN뉴스)
◇ 2023. 9. 4.: '제자 호텔방 침입' 혐의… 전 서울대 음대 교수 벌금형(한국일보)
◇ 2023. 9. 26.: 1년째 징계 없는 진주교대 입시 비리… 교육부 "차관들 바빠서"(한겨레)
◇ 2023. 11. 21.: 사회 전반 부정부패 여전… 2498명 송치(경상매일신문)
◇ 2023. 11. 30.: '부정 채용 개입' 대학 교수 징역·벌금형(KBS뉴스)
◇ 2023. 12. 4.: 교육보조금 반환 미루는 비리사학, 행정조치하라(뉴시스)

대학에서 발생한 사건 중에서 많은 국민을 분노케 한 2015년 7월 14일 자 '인분 사건'을 기억할 것이다. 대학에 15년간이나 교수로 재직하면서 제자에게 인분을 먹이고 갖은 고문과 엽기적인 방법으로 해를 가하고, 야구방망이로 여러 차례 폭행하거나 비닐봉지를 얼굴에 씌우고 호신용 스프레이를 뿌려서 화상을 입힌 사건이다.

한국의 모든 대학교수를 싸잡아 비난하거나 매도하고 싶은 생각은 추호도 없다. 지금도 연구와 강의에만 몰두하면서 수많은 연구 결과물을 세계 유수의 학술지에 발표하는 교수들도 많은 것도 사실이다.

혹시 이 내용을 보는 교수 중에서 이와 같은 교수들은 극소수, 개인적인 인성 문제라거나 일부의 일탈 행위라며 자기 합리화에 급급한 교수도 있을 것이다. 하지만 2021년도 교육부 감사에서 서울대 전체 2,141명의 교수 중 666명이 비위에 적발된 사실에서 알 수 있듯이 일부 교수의 일탈이라 책임 회피할 수는 없을 것이다. 여전히 학문 연구와 제자 양성보다는 학내 파벌 형성과 잿밥에 관심을 두거나 비행을 저지르는 교수들, 그리고 스승으로부터 비행을 세습한 '그 스승에 그 제자'들도 적지 않은 현실이다. 학위를 볼모로 지도교수의 온갖 갑질 행태가 매스컴을 통해 전달되는 교육 현장이 엄연히 존재하고, 앞으로도 분명히 존재하리라는 것이다.

이제라도 단 한 명의 일탈 행위도 불가능한 대학 체제로 전환해야만 한다. 백화점식으로 나열된 현재의 대학 구조에서는 학과당 전공별 교수가 매우 제한적일 수밖에 없으므로 학문의 세습화와 동종 번식 또한 심각한 수준이다. 하루빨리 우리나라 교수들이 전국의 동일한 전공 교수들과 선의의 무한 경쟁을 통해 학문 발전과 제자 양성 그리고 국가 발전에 이바지하여 모든 국민에게 존경받을 수 있는 교육체제로 전환되어야만 할 필요가 있다.

■ 서울대학교 교수들의 범죄 행위(출처: 나무위키) ■

◇ 화학과 교수 성희롱 사건
◇ 음대 교수 폭행 및 갑질 사건
◇ 수리과학부 교수 성추행 사건
◇ 수의학과 교수의 가습기 살균제 실험 연구 부정행위
◇ 음대 교수 성추행 사건
◇ 공대 교수 성추행 사건
◇ 사회학과 교수 갑질 사건
◇ 수의과대학 은퇴 탐지견 실험 논란 및 H 교수 성추행 사건
◇ 서어서문학과 교수의 강제 추행 무죄 사건
◇ 서어서문학과 교수들의 횡령 사건
◇ 음대 교수 성희롱·성추행 사건(1심 서울중앙지방법원: 벌금형)
◇ 미대 디자인학부 교수 성추행 사건
◇ 농업생명과학대 교수 성추행 사건
◇ 미성년 자녀 논문 공저자 끼워 넣기 적발: 22건이 연구 부정 판정
◇ 치의학대학원 교수 연구비 횡령 사건
◇ 술집 여종업원 성추행
◇ 2021년 교육부 종합감사: 전체 교수의 1/3인 666명 비위 적발
◇ 2022년 예비군법 위반 사건

다. 우리나라 일류대의 국제적인 위치

우리나라 대학별 순위는 언론과 고등학교 그리고 입시학원들에 의해 별다른 분석 없이 대학별로 일정한 순서로 정해져 있다. 언론 보도와 시도교육청은 일선 고교의 학습 능력을 서울대에 합격한 학생 수를 판단 기준으로 삼고 있는 현실이다.

서울대에 대한 국가와 사회 그리고 국민의 기대가 지대하다는 것은 부인할 수 없다. 어느 시인은 서울대를 일컬어 "누가 조국의 미래

를 묻거든 고개를 들어 관악을 보게 하라."라고 예찬했다. 그러나 현재의 서울대를 포함한 속칭 일류대들은 세계 대학들과 경쟁력을 갖추고 있는가? 일류대들은 우리나라의 훌륭한 인재들을 모두 쓸어다가 그들의 잠재력을 발휘할 수 있는 교육과 국가 발전에 기여할 역량을 발휘할 수 있도록 만들고 있는가? 아니면 우리 사회의 병폐 중 하나인 학연에 의존하면서 공고화된 기득권 세력화와 엘리트 의식으로 '서울대 특별법' 제정을 요구한 사례처럼, 그들만의 리그를 위해 담합하면서 우리 사회를 좀먹고 있지는 않은가? 자타 공인 일류대들이 우리 사회에 어떻게 자리매김하고 있는지 한 번쯤 되짚어 봐야 할 시점이다.

일류대라 부르는 우리나라 대학들이 세계의 대학들과 비교하면 어떤 위치에 있는지 살펴본다.

첫 번째, '세계 대학의 Webometrics 순위'를 볼 수 있는 웹사이트 (www.webometrics.info)에 접속하여 확인해 보았다. 이 사이트는 전 세계 많은 대학의 웹사이트 데이터를 분석하여 순위를 측정하는 기법, 연구 성과를 비롯한 다른 지표까지 복합적으로 고려하여 측정한 기준에 따라 순위를 줬다. 세계 대학 순위에서 서울대는 세계 113위에 아시아권 20위, 연세대는 세계 273위에 아시아권 55위, 성균관대는 세계 274에 아시아권 56위, KAIST는 세계 292위에 아시아권 60위를 차지하고 있다.

▣ 국내 대학의 순위와 세계 랭킹 ▣

대한민국

순위	세계랭킹 ▲	대학교	Det.	영향력 순위*	개방성 순위*	우수등급*
1	113	서울대학교 / 서울대학교		258	84	99
2	273	(1) 연세대학교 / 연세대학교		696	291	136
삼	274	(1) 성균관대학교 / 성균관대학교		442	263	236
4	292	한국과학기술원 KAIST		477	216	261
5	339	한양대학교 / 한양대학교		626	353	259
6	470	경희대학교 / 경희대학교		1086	456	346
7	496	포항공과대학교 / 포항공과대학교		847	372	510
8	581	경북(경북)국립대학교 / 경북대학교		1444	380	452
9	628	중앙대학교 / 중앙대학교		1080	720	600
10	659	부산대학교(밀양) / 부산대학교		1399	596	553
11	683	울산과학기술원 UNIST		1474	520	595
12	816	부경대학교 / 부경대학교		792	1020	1236
13	825	강원대학교(삼척대학교) / 강원대학교		1112	954	982
14	832	세종대학교 / 세종대학교		3680	888	365
15	859	아주대학교 / 아주대학교		1648년	754	839
16	860	(1) 고려대학교 / 고려대학교		946	8185	179
17	862	이화여자대학교 / 이화여자대학교		1594년	836	849

아시아/태평양

순위	세계랭킹 ▲	대학교	Det.	국가	영향력 순위*	개방성 순위*	우수등급*
1	21	청화대학교 / 淸華大school			107	79	삼
2	24	북경대학교 / 北京大school			83	53	9
삼	38	뉴사우스웨일스대학교			80	64	29
4	40	멜버른대학교			102	57	22
5	44	싱가포르 국립대학교			122	65	19
19	106	애들레이드 대학교			164	92	147
20	113	서울대학교 / 서울대학교			258	84	99
21	118	교토대학 / 쿄토대학			152	153	168
55	273	(1) 연세대학교 / 연세대학교			695	291	136
56	274	(1) 성균관대학교 / 성균관대학교			442	263	236
57	285	난카이 대학 / 南開大school			783	333	124
58	288	훌징대학교 / 중경대학교			933	384	98
59	291	대련이공대학교 / 大连理工大school			917	301	112
60	292	한국과학기술원 KAIST			476	216	261

두 **번째**, 타임스고등교육이 발표한 2024 THE 세계대학평가(아래에 첨부) 내용을 보면 서울대가 62위, 연세대가 76위, 성균관대가 145위, KAIST가 91위를 각각 차지하고 있다는 사실을 확인할 수 있다.

2023년 9월 27일, 매일경제, 문가영 기자

"'국내 1위' 서울대에 무슨 일?… 전 세계 순위 얼마나 떨어졌길래"
기사 요약

영국 대학평가기관인 타임스고등교육(THE)이 27일 발표한 '2024 THE 세계대학평가'에 따르면 연세대, KAIST, 성균관대, 포스텍 등 19개 국내 대학의 순위가 전년 대비 상승했다.

THE는 전 세계 대학의 ▲ 교육 여건(29.5%) ▲ 연구 환경(29%) ▲ 연구 품질(30%) ▲ 국제화(7.5%) ▲ 산학 협력(4%) 5개 지표를 평가해 가중 평균한 점수로 순위를 매겨 발표하고 있다. (중략)

◇ 연세대는 올해 순위가 76위로 나타나 전년 대비 2계단 올랐다. 연세대는 최근 4년 새 187위(국내 7위)→151위(국내 4위)→78위(국내 2위)→76위(국내 2위)로 순위가 지속적으로 올라갔다.

◇ 성균관대는 지난해 공동 170위에서 25계단 상승한 공동 145위를 기록했다.

◇ 국내 1위인 서울대의 세계 순위는 56위에서 62위로 미끄러졌다. 서울대의 THE 세계대학평가 순위는 최근 3년 새 54위→56위→62위로 하락 곡선을 그리고 있다

◇ 한국과학기술원(KAIST)은 83위를 차지해 지난해 공동 91위에서 8계단 상승했다.

◇ 세계대학순위에서 영국 옥스퍼드대학교가 최고 순위를 차지했으며, 스탠퍼드대학교가 2위, 매사추세츠공과대학(MIT)이 3위를 차지했다.

세 번째, 이밖에도 ① 2023년 5월 15일 CWUR(세계대학랭킹센터)이 발표한 '2023 CWUR 세계대학 순위'에서 하버드대가 2년 연속 1위이고, 서울대가 세계 31위, ② 미국 시사 주간지 《US 뉴스 앤드 월드 리포트(US 뉴스)》가 발표한 2023 세계대학 순위(2022-2023 Best Global Universities Rankings)에서 서울대는 129위, ③ 전 세계에서 가장 권위 있는 대학 순위 중 하나인 영국의 교육 자문 기관인 Quacquarelli Symonds에서는 매사추세츠대학이 세계 1위이고 서울대는 41위 순위에 위치하고 있다.

지구상에서 가장 뛰어난 두뇌를 가졌다는 민족, 우주 최강의 교육열을 자랑하는 국민, 세계 경제 대국 7위권인 대한민국의 대다수 인재를 빨아들이는 속칭 일류대이며 SKY가 아닌가? 대한민국의 모든 교육 문제의 원인을 제공하면서, 국가를 대표하는 대학들이 전 세계 대학들과 비교할 때 그에 걸맞은 위상을 차지하고 있다기보다는 부끄러운 순위에 위치하고 있음에도 이들은 엘리트 의식으로 똘똘 뭉쳐 있다.

해외 학문 수준에 비해 우리나라 연구 수준이 한참 뒤처지므로 연구자들은 외국의 학술지에 의존할 수밖에 없다. 외국 학술지를 개인적으로 구독하는 연구자도 있지만 대부분 대학도서관에서 학술지를 구독하기 위해 엄청난 금액의 구독료를 지급하고 있다. 오죽했으면 서울대 도서관장이 직접 나서서 학술지 구독료 지급 보이콧을 하는 사태(첨부)까지 벌어졌겠는가?

2021년 3월 18일, 한겨레, 이재호 기자

"서울대 '패키지 하나에 27억… 학술지 전자 구독 보이콧 할 판'"
기사 중에서

서울대 중앙도서관장이 엘스비어 등 거대 학술지 출판사들이 독점하는 전자자료 구독료를 대학 재정으로 감당하기 어렵다며 '보이콧'을 언급한 사실이 뒤늦게 알려지며 대학과 연구자들 사이에서 화제가 되고 있다.

김명환 서울대 중앙도서관장은 지난달 16일께 학내 구성원들에게 공개서한을 보내 매년 인상되는 전자자료 구독료를 감당하기 어렵다고 털어놨다. 17일 해당 서한을 보면, 김 관장은 "전자자료 구독을 유지하기 위해 매년 3~9% 정도로 인상되는 구독료와 환율 차이로 인한 손해액 등으로 누적 적자가 2020년까지 21억2천만원에 이르렀다"며 "누적 적자 외에도 2021년 엘스비어(사이언스 다이렉트) 전자자료 구독만을 위해 27억원을 지불해야 했는데 중앙도서관 전체 전자자료 예산의 3분의 1 이상을 차지했다"고 털어놨다. 그는 "해외 주요 대학의 도서관들이 거대 학술지 출판사들에 맞서 보이콧이 불가피하다고 판단하고 있으며, 서울대도 국내 다른 대학과 연대해 보이콧에 앞장서야 할 가능성이 높다"고 설명했다. 서울대는 올해 초 예산 부족을 이유로 의약학 분야 저널인 포틀랜드 프레스저널과 조선일보 아카이브 등 16개 전자자료에 대한 구독을 중단했다. (중략)

공유접근 출판 방식을 주장해오고 있는 지식공유연대는 이날 논평을 내 "학술연구의 결과는 사회적 축적과 협업의 결과로 독점되지 않고, 가능한 널리 더 자유롭게 이용될 때 보상도 더 커질 수 있다"며 "연구자의 권리를 지키고 연구성과를 헐값에 영리 업체에 양도하지 않는 공개접근 출판지원 사업을 교육부가 전면 실시해야 한다"고 촉구했다.

라. 혁명 수준의 교육개혁은 시대적 요구

우리 사회를 지배하고 있는 제반 문제의 근본적인 원인이 교육 문제라는 데 이의를 제기할 사람은 아무도 없을 것이다. 산적한 사회문제를 해결하기 위해서는 반드시 교육개혁이 필요하다는 점에 많은 사람이 공감하지만, 교육개혁의 방향은 누구도 정확하게 제시하지 못하거나 의도적으로 회피하고 있는지도 모른다.

노벨상이 그 나라의 학문 수준의 척도를 100% 대변하는 것은 아니지만 우리나라 인재를 모두 쓸어 담은 소위 SKY는 아직도 노벨상 한 명을 배출하지 못하고 있다. 이제라도 늦지 않았다. 세계 수준에 미치지 못하는 SKY에 진학하기 위해 우리나라 성장기 어린이들에게 입시 지옥을 강요할 것이 아니라 아이들이 입시 지옥에서 벗어날 수 있도록 혁명적 수준의 교육개혁이 필요하다. 어쭙잖은 입시 제도 중심의 교육개혁을 또다시 반복하면서 국민을 기만할 것이 아니라 혁명적이라 할 수준의 교육개혁이 필요하다.

현재까지의 서열화된 백화점식 대학에 진학하기 위한 입시 제도는 사교육비 부담 때문에 부모들의 등골이 휠 수밖에 없다. 자녀 교육비(양육비 항목) 부담 때문에 청년들이 결혼과 출산을 포기하고 있다는 사실을 부인할 사람은 아무도 없을 것이다. 현재의 일류대 입시를 위한 암기 위주의 교육제도 아래에서 행복할 국민은 아무도 없고, 대다수 국민은 불행한 삶의 연속일 수밖에 없다.

마. 영재들의 잠재력을 사장시키는 교육 현장

영재들의 타고난 잠재 능력을 최대로 계발시켜 주는 것은 국가와 부모의 당연한 의무이다. 분야별 영재들의 잠재 능력을 발휘할 수 있는 교육 여건을 통해 과학기술, 산업 발전, 선진 문화 창달 등 국가 경쟁력을 강화하여 인류 공영에 이바지할 수 있도록 적극 지원해야만 한다.

일류대 교수들에게 "우리나라의 교육 현장은 영재교육이 가능한 가?"라는 질문을 한다면 어떻게 대답할지 궁금하다. 아래 기사에 있는 'IQ 204 천재 소년'과 '〈영재발굴단〉의 백강현 군'과 같은 사례는 4차 산업 시대에 맞는 영재교육이 불가능한 우리나라 교육 현실을 대변하고 있다.

대학별로 영재교육 전담 프로그램을 만들 수 있어야만 한다. 영재들에게 대학의 전문 지식을 접목하여 영재들이 가진 잠재력을 십분 발휘할 수 있는 교육과정을 마련해야만 한다. 수학, 과학, 어학, 정보통신, 기계, 음악, 미술, 체육 등 전 분야의 영재들이 대학의 입학 정원이나 입학 기간에 구애받지 않고 엄격한 테스트를 통과하면 언제든지 대학에 입학할 수 있는 기회를 제공해야만 한다. 하지만 현재의 대학 체제하에서는 전혀 불가능한 구조이다.

뛰어난 영재 한 사람이 한 나라의 국가 경제까지 좌우할 수 있기에 영재교육과 교육 정상화의 중요성은 강조할 필요조차 없이 매우 중요하다. 물적 자원이 부족한 우리나라의 경우 인적자원의 발굴을 위한 영재들에 대한 지원은 시급한 국가적인 과제이다. 우리 아이들이 가진 잠재력을 최대한 계발할 수 있는 교육제도로 하루빨리 전환할 필요가 있다.

앞으로 언급할 '한국형 혁명적 교육개혁'을 통해 영유아기 때부터 대학 입시를 목표로 암기 잘하는 교육과정이 아니라 자연과 함께 창의력을 기를 수 있는 유·초·중등학교, 미래 사회에 필요한 인재 양성을 위해 자기 적성을 찾아가는 중고등 교육과정과 뛰어난 영재들을 대상으로 전문 분야와 연계할 수 있는 시스템을 통해 영재들의 능력을 충분히 발휘할 수 있는 교육 기반을 구축하기 위한 한국형 혁명적 교육개혁이 실행될 수 있도록 기득권을 과감히 포기할 용기가 필요한 시점이다.

2023년 8월 22일, 국민일보, 김용현, 정신영 기자

"'IQ 204' 천재 소년의 현실… 일반·영재 학급 모두 소외" 기사 중에서

영재교육에 발을 들였다 중도 포기하는 학생은 꾸준히 나오고 있다. 22일 학교정보공시사이트 '학교알리미'와 종로학원에 따르면 최근 5년간 7개 영재학교(공시에 없는 한국과학영재학교 제외)에서 자퇴한 학생은 87명에 달했다.

송 교수는 "영재 선발에만 집중해 이들을 어떻게 교육할 것인지에 대한 고민은 없었다"며 "영재교육을 하는 사람조차 영재의 개념을 모르고 귀찮아하는 게 현실이다. 그러다 보니 영재들이 희생되는 사례가 반복되고 있다"고 말했다. 교육부에 따르면 전국에 영재학교와 과학고는 28개가 있다. 지난해 기준 영재교육을 받은 고등학생은 1만1076명이었다.

2023년 8월 20일, SBS 연예뉴스, 강선애 기자

"'영재' 백강현, 과학고 자퇴는 학폭 때문?… 父 '선배 맘' 협박 메일 공개" 기사 중에서

'영재발굴단'에 출연했던 영재 백강현 군이 서울과학고등학교를 자퇴했다는 근황이 전해진 가운데, 그의 부친이 아들의 자퇴 배경에 학교 폭력이 있었다고 주장하며 '선배맘'으로부터 받은 협박 메일을 공개했다. (중략)

그러면서 "서울과고에서 강현이에게 자행된 일련의 사건들을 가슴에 묻고 비밀을 무덤까지 가져가려 했으나, 선배맘의 모멸적인 메일을 받고 나니 더 이상 참을 수가 없다"며 "자퇴 결심을 하게 된, 더 깊은 진실을 공개해야겠다. 어린 강현이에게 가해진 감당하긴 힘든 놀림과 비인간적인 학교 폭력에 관해서다. 공개될 내용을 지켜봐 달라"고 추가 폭로를 예고했다.

4 한국형 혁명적 교육개혁

가. 교육개혁을 위한 기본 방향

'교육은 백년지대계'라고 한다. 국가와 사회 발전의 근본이 교육이기 때문에 '백 년 앞을 내다보는 큰 계획'이라는 의미로 교육의 중요성을 강조한 말이다. 《관자》라는 책에서 "곡식을 심는 것은 일년지계, 나무를 심는 것은 십년지계, 사람을 심는 것은 종신지계(終身之計)"라는 구절에서 유래하였다고 한다. 교육을 종신지계라고 한 말에서 알 수 있듯이 '100년짜리 계획이 아니라 평생 가야 할 계획'이라는 뜻이다.

우리나라의 제반 사회문제의 원인을 제공하는 일류대 진학을 위한 사교육비 문제를 해결하고, 공교육 정상화가 가능한 '한국형 혁명적 교육개혁' 방안을 제안한다. 우리의 주장이 반드시 교육개혁을 위한 정답이라 고집할 생각은 없지만 우리 사회가 당면한 제반 문제를 동시에 해결할 수 있는 유일한 방법이 교육문제를 해결하는 것이라 생각하기 때문에 저출산 문제를 해결하기 위한 제안서에서 교육문제를 자세하게 언급하지 않을 수 없다.

① 우리 사회를 지배하는 입시 중심의 교육제도에서 우리 아이들을 살릴 수 있도록 입시 지옥이나 사교육비 부담을 없앤다. 초중등학교 때에는 전인교육이 가능한 교육과정과 사교육에 의존하지 않더라도 자기 적성에 맞는 대학에 진학할 수 있는 교육제도로 재편하여 국

민의 삶의 질을 향상시킬 수 있는 교육개혁안

② 국가의 미래를 위해 특정인, 특정 법인, 특정 학과, 특정 지역, 특정 집단 등의 이해관계에 매몰되지 않고 국민적 동의와 합의를 도출할 수 있는 교육개혁안

③ 한 시대의 요구와 정치권의 입맛에 맞추기 위해 매년 바뀌는 입시제도 중심의 교육제도가 아니라 누구나 인정할 수 있고, 국가와 민족의 백 년, 천 년 후에도 교육제도를 변경하지 않더라도 미래 사회의 국가 경쟁력을 제고할 수 있는 교육개혁안

④ 우리나라의 지리적, 문화적 특성은 물론 우리 아이들의 올바른 인격과 재능의 계발, 훌륭한 인재를 양성할 수 있도록 올바른 교육과정을 뒷받침할 수 있는 교육개혁안

⑤ 대학 입시에서 벗어날 수 있도록 입시 부담까지 없앨 수 있는 대학 체제로 재편성하는 것을 평준화로 폄훼하지 못하도록 대학에 진학한 이후에는 무한 경쟁을 통해 졸업장을 받을 수 있는 교육개혁안

⑥ 국가 경쟁력을 강화하기 위해 모든 학문 분야에서 전 세계의 대학들과 무한 경쟁에서 살아남는 것으로 만족하지 않고, 모든 학문 분야에서 세계를 리드해 나갈 수 있는 초석을 마련할 교육개혁안

⑦ 기존 대학을 구성하는 4자(법인·교수·직원·학생)의 저항이 없도록 이들에게 어떤 피해도 없는 교육개혁을 통해 우리 사회가 안고 있는 제반 사회문제까지 전부 해결할 수 있는 교육개혁안

⑧ 교육개혁안을 준비할 때부터 백 년 이후에도 시행착오 없이 유지될 수 있고, 교육개혁이 완성된 이후에는 입학 정원, 입시 전형, 대학 재정, 인사권 등을 대학의 자율에 맡길 수 있는 교육개혁안

⑨ 교육제도를 통해 전체 산업 분야에 시너지 효과를 제공할 수 있

고, 미래사회에서 어떤 사회문제가 발생하더라도 모든 국민이 충분히 이해하거나 적용할 수 있는 보편타당한 교육개혁안

⑩ 모든 국민을 만족시킬 수 있는 교육개혁을 통해 행복한 대한민국을 건설하기 위해 기득권층조차도 거부하지 못하여 기득권조차도 과감히 포기할 줄 아는 성숙한 국민이 될 수 있는 교육개혁안

나. 한국형 혁명적 교육개혁이란?

'교육은 백년지대계'라는 말을 다시 한번 상기한다. 우리나라의 제반 사회문제의 근본 원인을 제공하는 교육문제의 중심은 현재의 서열화된 대학체제를 '교육개혁을 위한 기본 방향'을 실천할 수 있는 한국형 혁명적 교육개혁을 단행하려면 정치권과 기득권층 그리고 눈앞에 보이는 이해득실이나 유불리보다는 우리 민족의 백 년, 천 년 앞을 내다볼 수 있는 비전을 제시하는 것이 중심이다.

교육개혁의 필요성은 우리나라 서열화된 대학체제가 사교육비 부담을 가중시킨 것도 문제이지만 산업 현장에서 필요한 인재 양성이 불가능한 구조적인 한계 때문에 대학 졸업자의 구직난과 구인난을 동시에 겪게 되었다. 대학이 먼저 설립된 후 정치적인 상황이나 일관성 없는 증과 증원, 폐과와 명칭 변경을 통해 대학들이 팽창하였다. 결국 산업 현장에서 필요한 인재를 채용할 수 없는 구인난과 필요 이상의 대학 졸업자를 양산하면서 구직난을 동시에 겪게 되었다. 이와 같은 상황에도 불구하고 대학을 운영하는 사학재단들은 인구 감소에 따른 특별한 대안이 없다.

'한국형 혁명적 교육개혁'은 기존의 다품목을 취급하는 백화점식 대학 체제를 한 품목만 취급하는 전문 백화점식 대학 체제로 전면 재

편하자는 것이다. 기존에 종합대학교, 단과대학으로 구분하였는데, 여기에 '학과대학'이라 칭하는 재편 방향이다. 한 대학에 여러 개의 학과를 개설할 것이 아니라 전국의 동일한 학과를 1개의 학과대학(기존 대학법인 중심)으로 재편하고, 기초단체마다 한 개의 학과대학을 설립(유치)하여 학과대학별 전문화나 특성화, 지방 활성화, 학문의 국가 경쟁력 강화 그리고 궁극적으로 우리 국민에게 고통을 안겨주는 일류대 진학을 위한 사교육비 부담을 완전하게 없앨 수 있는 계기를 마련하는 것이다.

▣ '한국형 혁명적 교육개혁'이란? ▣

전국의 국립대학과 사립대학에 개설되어 있는 동일한 학과 모두를 한 지자체에 하나의 '학과대학' 형태로 통폐합하여 대학법인과 지방의 지자체에서 집중적으로 육성하자는 혁명적 발상이다. 한국형 교육개혁의 핵심은 서울대를 비롯한 속칭 일류대나 이류대, 삼류대로 서열화된 대학 체제를 전부 허물어 버리고, 지방의 지자체를 중심으로 학과대학으로 재편하는 것이다.

■ 우리나라 4년제 대학교, 단과대학명, 학과명 현황(2023년 2월 기준, 대학알리미)
㉠ 4년제 대학교: 225개(제2캠퍼스 미포함, 다른 캠퍼스명, 의과대학, 사이버대 포함)
㉡ 4년제 대학교 전체 학과: 10,260개 학과(4년제 225개 대학교의 전체 학과)
㉢ 4년제 대학 중 동일한 단과대학: 467개 (명칭이 100% 일치하는 단과대학)
㉣ 4년제 전체 학과 중 단과대학 구분이 없는 학과 수: 1,978개
㉤ 4년제 학과명이 다른 학과 수: 4,997개(명칭이 100% 일치 여부)

[대학법인, 기존]
학과구성 : 백화점식 다수 학과
전공별 대학교수 : 10명 내외
학과별 학생수 : 100여명 이내
지역구분 : 지자체와 관계없음

→ **한국형 혁명적 교육개혁** →

[대학법인, 재편]
학과구성 : 법인별 1개 학과
전공별 대학교수 : 수백 명 이상
학과별 학생수 : 수천명 이상
지역구분 : 1지자체당 1대학

우선 기존의 대학 시설과 인원을 기준으로 학과대학 형태로 대학을 재편성하고, 몇몇 대학의 연구자와 학생만 이용이 가능했던 최첨단 연구 기자재를 관련 학문 전공자 모두가 공동으로 이용할 수 있는 연구 환경을 조성하고, 교육개혁 이후에는 산업 현장에서 필요한 입학정원과 졸업정원은 시대가 요구하는 적정한 규모에 맞춰 스스로 결정할 수 있어야 한다. 그러기 위해서는 우리나라의 4~5년제 사립대학과 국공립대학의 벽을 모두 허물면서 동일한 학과 모두를 하나의 학과대학으로 재편해야 한다. 우리 선조들의 서당이라는 학습 공간에서 인재를 양성하였듯이, 세계의 어느 나라에서도 시도할 수 없는 교육체제이기 때문에 '한국형 혁명적 교육개혁'(이하 '한국형 교육개혁')이라 칭하였다.

 예를 들어 현재 전국의 대학마다 흩어져 있는 물리학과나 유사한 학과를 한곳에 모아 지방의 ○○군에 '○○물리학대학교'로 재편한다. 전국의 물리학 교수들과 연구원 그리고 학생들이 한곳에 모여 '지역명+전공명+대학교'라는 대학명을 사용한다. 대학에서 물리학과 전공 분야의 구성원들이 무한 경쟁을 통해 학문 발전의 기회를 제공하고, 맹목적인 일류대 중심의 입시 제도로 인한 사교육비 폐해까지 없앨 수 있다.

 기존의 대학체제를 지자체별 1개의 학과대학으로 재편하기 위해 우선 필요한 준비 사항이 많다. 현재 인문계열 학과의 경우 건물 한 동에 여러 개의 학과를 수용할 수 있지만, 공학이나 농학계열의 경우 한 학과가 건물 여러 동을 사용하는 경우가 있다. 이를 감안하여 인문과학, 사회과학, 기초과학, 공학, 농학, 예체능 등 계열별 또는 학과별로 교수와 학생 수, 캠퍼스 규모와 교사(실험실이나 연구소 등의 각종 건물 면적 등) 규모에 많은 차이가 있으므로 이런 부분까지 사전에 치밀하게 분석한 데이터를 준비해야만 한다.

공학·농학계열은 인문·사회계열보다는 학생 1인당 교사 면적이 훨씬 더 넓을 것이다. 학과별 학생 1인당 평균 캠퍼스 규모를 정확하게 산출한 후 학과의 캠퍼스가 너무 넓은 면적을 차지하거나 학생 정원이 너무 많은 학과대학은 1개 학과대학을 2곳이나 3곳의 지자체에 각각 분산 배치할 수 있다. 만약 '물리학과'의 학생 수와 학생 1인당 캠퍼스 면적이 한 지역에 집중시킬 수 없을 경우 학회를 기준으로 응집물질물리학, 반도체물리학, 응용물리학 등은 ○○군 지자체, 광학 및 양자물리학, 입자물리학, 플라스마물리학, 핵물리학, 천체물리학 등은 ○○시로 분산할 수 있을 것이다.

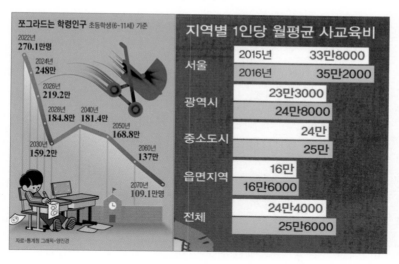

다만, 대학병원과 상호 밀접한 관계가 있는 의학계열의 경우 한 지역에 학과대학 형태로 통합할 수 없겠지만 의대생들이 기피하는 소아과와 산부인과의 경우 학과대학의 종합병원 형태로 운영할 수도

있을 것이다. 현재 입시제도에서 SKY의 일반 학과에 입학했다가 의대 진학을 위해 자퇴하는 학생들이 적지 않은 현실이다. 교육개혁이 성사되더라도 SKY 의과대학 진학을 원하는 학생은 현재처럼 사교육에 매달리겠지만 의대를 졸업하려면 반드시 의사고시를 통과하는 절차가 필요하고, 상위권의 학생도 의대를 기피할 수 있으므로 큰 문제는 없을 것이다.

또한 2004년경에 대다수 국민이 원하는 방향보다는 사학재단과 종교법인들이 원하는 방향으로 〈사립학교법〉이 개정되는 과정에서 국론이 분열되던 사례가 있었다. 따라서 종교법인에서 운영하는 대학의 경우 그동안의 재단전입금 등을 기준으로 종합대학을 운영할 능력이 없는 종교재단은 해당 종교의 지도자 양성에만 집중해야만 할 수도 있다.

혹자는 대학 재편을 위해서는 대학을 구성하는 교수와 학생의 거주지 문제, 교직원 가족들의 거주지와 교육시설, 기존 대학별 교수의 연구 능력과 학생의 수학 능력 차이, 동문회, 대학법인의 재산인 발전기금·적립금·기부금·교지·교사 시설·수익용 부동산, 첨단 연구용 기자재, 도서관 장서, 대학의 저작권 및 특허출원, 그리고 캠퍼스 조성 비용 등 산적한 문제들 때문에 불가능한 방안이라 할 수 있을 것이다. 하지만 입시문제로 인한 고통과 저출산 문제로 말미암아 국가 존립의 위기에서 벗어나고, 우리나라의 백 년, 천 년 앞에서는 한낱 지엽적인 문제들이다. 이런 사소한 것들이 걸림돌이 되어서는 안될 것이고, 우리 국민의 역량으로 충분히 가능한 일이다.

다. 한국형 교육개혁의 절차와 방법

한국형 교육개혁은 2004년경에 있었던 〈사립학교법〉 개정 때와 같이 기득권층을 중심으로 국론 분열을 유도하면서 좌초시키는 우를 범해서는 안 될 것이다. 정부에서 일방적으로 추진할 것이 아니라 충분한 시간을 갖고 국민적 공감대를 형성할 수 있도록 교육개혁의 방향과 목표 그리고 구체적인 절차를 정확하게 제시하는 것이 우선이다.

정부를 중심으로 교육부, 사학법인, 학과대학별 교수, 학생과 대학원생, 기초단체, 시민단체, 지역 주민의 의견 수렴 절차 등 제 주체가 참여할 수 있는 교육개혁 테스크포스(TF)를 구성해야 한다. 정쟁으로 변질되거나 기득권층에 의존하는 것이 아니라 국민적 합의를 도출할 수 있도록 철저하게 준비하면서 제 주체들의 역할 분담에 대해 충분하게 공감대를 형성할 필요가 있다.

한국형 교육개혁을 위한 구체적인 절차와 방법에 대해 자세하게 정리하였지만, 정부의 의지 여부도 불분명한 상태에서 구체적인 절차와 방법을 제시하는 것은 무의미하거나 지면 낭비라 판단하여 제외시켰다.

정부와 정치권의 의지와 국민적 합의만 가능하다면, 일부 기득권층의 반대할 경우에도 현재 대학 캠퍼스가 없는 지방의 지자체에서 담당할 학과대학을 결정하여 대학법인과 캠퍼스를 우선 조성할 수 있다. 그리고 전국에 분산된 학과를 새롭게 조성된 캠퍼스로 모두 이전시키는 방법으로 순차적으로 추진할 수 있다. 이와 같은 방법으로 대학별 해당 학과의 교수, 학생 인원이 이전하면서 기존 캠퍼스를 사용하는 대학법인과 지자체는 캠퍼스를 재정비한 이후 타 대학에 있는 학과를 자기 법인에 해당하는 학과를 이전시키는 방식으로 진행할 수 있을 것이다.

　한국형 교육개혁을 통해 대학으로 재편될 경우 대학의 방만한 운영을 방지하고 대졸자 인플레이션을 방지하기 위해 반드시 졸업정원제를 의무적으로 시행하는 등 국가 교육정책의 중요한 철학이나 방향을 제외하고는 대학법인과 지자체에 연중 수시로 신입생을 선발할 수 있는 입시 제도 등 대학 운영의 자율권을 최대한 보장해야만 한다.

　참고로, 졸업정원제의 경우 졸업 자격이 주어진 학생에게만 졸업 신청이 가능하고, 졸업신청자(2~3회까지만 인정)의 70~80% 정도만 학점, 자격시험, 연구 결과 등의 평가 기준을 마련하여 졸업을 인정하고, 졸업을 인정받지 못하는 20~30%는 '대학 수료증'을 발급하여 대학 교육의 질적 저하를 방지해야만 한다.

라. 지정학적 위치와 유일한 자산은 인적자원

　우리나라는 열강의 틈바구니에 낀 매우 위태로운 지정학적 위치 때문에 세계 유일의 남북 분단이라는 아픔을 겪고 있다. 하지만 우리나라는 세계에서 교육열이 가장 높은 국가이고, OECD 국가 중 고등교육 이수율 1위, 2023년을 기준으로 경제 대국 7위권 등 각종 경제지표는 10위권의 선진 국가이다. 반면 합계출산율, 노인빈곤율, 자살률, 빈부격차, 행복지수 등의 사회지표는 대부분 꼴찌를 면치 못하고 있는 실정이다.

　우리나라는 여전히 천연자원과 인구가 부족한 나라이다. 천연자원이 부족하기에 천연자원 무기화에 대응하고자 글로벌 공급망 재편을 위해 끊임없이 노력해야만 한다. 또한 인구수는 지구촌에서 29번째에 해당하지만, 국토 면적은 세계에서 107번째로 러시아, 캐나다, 미국, 중국, 브라질, 호주, 인도 등에 비해 매우 좁은 나라이다. 반면 전국 교통 인프라는 세계 어느 나라에도 뒤지지 않을 정도로 양호하여 전국이 일일생활권에 속한다.

천연자원이 부족한 우리나라는 대학보다는 기업인들과 연구자들 그리고 노동자들의 노력으로 반도체, 인공지능, 자율 주행, 로봇공학, 에너지, 나노테크, 바이오 그리고 첨단 군사 장비 등에서 기술 경쟁력을 확보한 세계에서 몇 안 되는 국가이다. 인적자원을 활용한 한강의 기적을 통해 가장 빠르게 성장한 국가이지만 세계에서 유일하게 합계출산율이 1.0명 이하로 곤두박질친 상황에서 가장 빠르게 소멸하는 국가가 될 위기에 직면하였다.

우리나라 교육제도가 국가적인 투자나 창의적인 인재를 양성할 수 없다면 한강의 기적도 기술 경쟁력도 일장춘몽에 그칠 수 있기 때문에 정부와 정치권의 결단이 필요한 시기이다. 우리 아이들을 살릴 수 있는 교육환경이 조성되어 사교육비 부담 없는 한국형 교육개혁을 완성해야만 한강의 기적이나 선진국의 지위를 유지할 수 있다. 뿐만 아니라 연구하지 않는 교수는 스스로 도태될 수밖에 없는 연구 환경, 세계 유수의 교수들과 경쟁해야만 살아남을 수 있는 연구 환경, 동일 분야 교수 간 공동 연구와 무한 경쟁을 통해 세계를 선도할 수 있는 연구 수준에 도달한다면 세계의 모든 학문 분야를 선도할 수 있는 초일류국가로 도약할 수 있을 것이다.

마. 한국형 교육개혁의 장벽은 기득권층

우리나라의 정계, 재계, 학계, 관계 등에 포진한 SKY 출신 인맥 중심의 공고한 기득권층은 한국형 교육개혁에 대해 매우 회의적일 수 있기에 결코 쉬운 일은 아니라는 것은 충분히 예상할 수 있다. 어쩌면 현실에 부닥쳐 허무맹랑한 제안으로 끝날 수도 있을 것이다.

기득권층은 우선 "고교 평준화처럼 대학까지 평준화하자는 것이냐?"라는 부정적인 견해까지 밝히면서 반대할 수 있다. 분명 한국형 교육개혁은 대학을 평준화하자는 것이 아니라 좀 더 전문적인 연구가 가능한 대학으로 만들고, 대학에 진학한 후에 무한 경쟁을 통해 진정한 의미의 학문 연구가 가능한 대학을 만들자는 것이다. 대학에 진학한 후 전공 분야를 공부하지 않고 졸업장을 받을 수 없는 상아탑, 졸업 자격의 기준을 마련하여 학점, 논문, 자격시험, 그리고 연구물 등으로 다양하게 평가하는 졸업정원제를 의무적으로 실시하고, 졸업 후에는 기업 현장에서 곧바로 적응할 수 있는 수준의 전문 지식을 갖춘 인재를 양성하자는 것이다.

기득권층을 중심으로 한국형 교육개혁 방향에 대해 비판하거나 어쭙잖은 학문적 이론을 제시하면서 자기 합리화에 충실하기보다는 교육 현장의 각종 문제점에 대해 논리 정연한 해결 방안을 제시할 계기가 된다면 그것으로 만족할 수 있다. 따라서 여기에 언급하는 한국형 교육개혁보다 더 합리적인 교육정책을 제시하면서 성숙한 방향으로 논의할 수 있는 동기가 된다면 충분히 만족할 수 있을 뿐만 아니라 조만간 한국 사회가 당면한 교육 문제는 완전하게 해결될 수 있는 계기가 될 것이다.

만약 한국형 교육개혁보다도 더 합리적인 교육정책을 제시하지 못한다면, 입시 중심 교육이 아닌 인성과 창의성 함양, 미래 사회를 향한 전문화, 세계를 리드할 수 있는 교육환경, 국토의 균형 발전은 물론 국민의 삶의 질까지 개선하는 데 이바지할 수 있도록 한국형 교육개혁을 적극 지지하고, 국민적 합의를 도출할 수 있도록 모두가 협조해야만 할 것이다.

　다시 한번 언급하지만 기득권층이 선호하는 SKY 중심의 대학 체제하에서 자녀 양육에 따른 사교육비 부담으로 합계출산율 급감과 수도권 집중화에 따른 지방 소멸과 국민의 피폐한 삶을 더 이상 수수방관해서는 안 될 것이다. 기득권층이 현재 누리고 있는 기득권조차도 영구적으로 보장되는 것이 아니다. 기득권층의 손자나 후대까지의 삶을 생각한다면 현재 자신들이 누리고 있는 기득권을 과감히 내려놓아야만 할 것이다.

5 　 한국형 교육개혁과 지역 균형 발전

가. 대통령 직속 지방시대위원회

지방자치 분권 및 지역 균형 발전을 추진하는 대통령 직속 지방시대위원회(www.balance.go.kr)가 2023년 7월에 출범하였다. 국가균형발전위원회와 자치분권위원회를 통합한 위원회는 대한민국 어디서나 살기 좋은 지방시대 구현을 위해 〈지방자치분권 및 지역균형발전에 관한 특별법〉을 제정하였다. 위원회는 사는 지방이 다르다는 이유만으로 기회와 생활의 격차가 생기는 불평등을 멈추어야 할 때이고, '균형 발전'이라는 '국토 공간의 공정성', '지방분권'이라는 '중앙 권력의 공정성'을 토대로 지방이 주도적으로 정책을 펼치고 중앙이 지원하는 상향식 균형 발전 체계를 만들어 가겠다는 것이다.

윤석열 대통령은 2023년 신년사에서 "교육개혁 없이는 지역 균형 발전을 기대할 수 없고 지역 균형 발전은 저출산 문제 해결의 지름길이며, 어디에 살더라도 차별받지 않는 사회가 되어야 한다."라고 하였다.

지방시대위원회 우동기 위원장은 연합뉴스 경제포럼에서 "수도권 집중화에 따라 젊은 층은 어려운 수도권 생활을 버티기 위해 결혼 및 출산을 기피하고 있어 인구 소멸이라는 절체절명의 위기를 불러오고 있다. 인구의 극심한 수도권 집중의 가장 큰 요인 중 하나가 교육 문제이다."라고 하였다.

지방시대위원회의 구호는 틀리지 않을 수 있다. 하지만 우리나라 국민의 정서나 현실을 고려할 때 한국형 교육개혁 없이는 그 어떠한 방법으로도 지방 활성화 및 지방시대는 구호에 그칠 수밖에 없을 것이다.

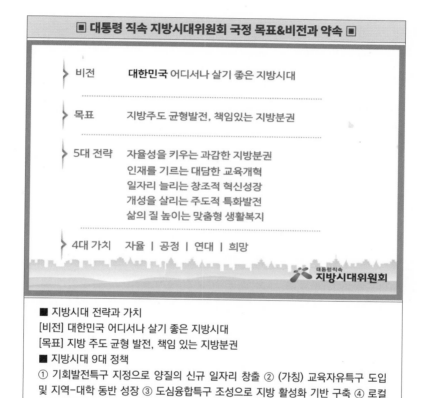

▣ 대통령 직속 지방시대위원회 국정 목표&비전과 약속 ▣

비전 　　　**대한민국** 어디서나 살기 좋은 지방시대

목표 　　　지방주도 균형발전, 책임있는 지방분권

5대 전략 　자율성을 키우는 과감한 지방분권
　　　　　인재를 기르는 대담한 교육개혁
　　　　　일자리 늘리는 창조적 혁신성장
　　　　　개성을 살리는 주도적 특화발전
　　　　　삶의 질 높이는 맞춤형 생활복지

4대 가치 　자율 ｜ 공정 ｜ 연대 ｜ 희망

대통령직속
지방시대위원회

■ 지방시대 전략과 가치
[비전] 대한민국 어디서나 살기 좋은 지방시대
[목표] 지방 주도 균형 발전, 책임 있는 지방분권
■ 지방시대 9대 정책
① 기회발전특구 지정으로 양질의 신규 일자리 창출 ② (가칭) 교육자유특구 도입 및 지역-대학 동반 성장 ③ 도심융합특구 조성으로 지방 활성화 기반 구축 ④ 로컬리즘('지방다움')을 통한 문화 · 콘텐츠 생태계 조성 ⑤ 지방이 주도하는 첨단전략산업 중심 지방경제 성장 ⑥ 디지털 재창조로 지방 신산업 혁신 역량 강화 ⑦ 매력 있는 농어촌 조성으로 생활인구 늘리기 ⑧ 지방 킬러 규제의 속도감 있는 일괄 해소로 지역 민간투자 활성화 ⑨ 분권형 국가 경영 시스템 구축으로 지역 맞춤형 자치 모델 마련

전 국토의 12%에 해당하는 수도권에 53%의 인구가 밀집한 도시

국가 형태로 말미암아 2005년도에 지방 33곳이었던 소멸 위험지역이 17년 후인 2022년에는 113곳으로 증가하였다. 일류, 이류, 삼류 대학들이 수도권에 집중된 상황과 밀접한 관계가 있다. 백화점식으로 서열화된 대학들이 현재처럼 수도권에 집중된 상황이 계속될 때 2023년 학령인구 감소 여파로 대학수학능력시험 응시 인원수가 2013학년도 62만 1,336명에서 2023학년도 44만 7,669명으로 10년간 17만 3,667명(28.0%)이 감소하므로 결국 지방의 대학들은 대부분 폐교의 위기에 내몰리게 될 것이고, 지방의 황폐화는 좀 더 가속화될 것이다.

교육부는 지방 활성화 차원에서 비수도권인 지방대에 2023년과 2024년에는 각각 10개교, 2025년과 2026년에 각각 5개교를 선정해 전체 30곳을 '글로컬(Glocal) 대학'으로 지정하는 정책사업을 추진하고 있다. 지방대 가운데 30곳을 선정해 5년간 3조 원, 대학당 1천억 원을 지원하는 정책이다. 경영 위기에 몰린 대학을 대상으로 대학 구조조정과 비수도권 대학 육성 정책을 추진하지만, 학령인구가 감소하고 서열화된 대학 체제가 엄연히 존재하는 현실에서 지역 대학 소멸 위기를 극복하면서 우리나라의 교육 병폐를 해소할 수는 없다. 대학당 1천억 원의 혈세는 몇몇 사람들의 호주머니를 챙겨 주는 것으로 끝날 것이다.

전영수 한양대 교수가 "지방에는 먹이가 없고, 서울에는 둥지가 없다."라고 비유하였다. 이처럼 지금의 수도권 인구 집중과 대학 체제에서는 수도권에 주택 1천만 호, 2천만 호를 건설하고 지역의 30개 글로컬 대학에 각각 1천억을 지원하고, 공공기관 몇 개를 지방으로 이전한다고 지방을 살리거나 지역경제를 활성화할 수는 없다. 대통령의 신년사처럼 "교육개혁 없이는 지역 균형 발전을 기대할 수 없다."라는 엄연한 사실이다.

나. 국토의 균형 발전은 헌법에도 명시

수도권 집중화에 따라 도시국가인 상황에서 지방 소멸 문제는 매우 심각한 수준이다. 우리나라 〈헌법〉 9장(경제) 9개 조 가운데 4개 조에 '균형 있는'이라는 단어가 들어갔다는 사실은 우리 헌법에서도 국토의 균형 발전을 얼마나 중요시하는지 말해 주고 있다.

- 제119조 ②항 "국가는 균형 있는 국민경제의 성장 및 안정과 적정한 소득의 분배를 유지하고"
- 제120조에 "국토와 자원은 국가의 보호를 받으며, 국가는 그 균형 있는 개발과 이용을 위하여 필요한 계획을 수립한다."
- 제122조 "국가는 국민 모두의 생산 및 생활의 기반이 되는 국토의 효율적이고 균형 있는 이용·개발과 보전을 위하여 법률이 정하는 바에 의하여 그에 관한 필요한 제한과 의무를 과할 수 있다."
- 제123조 ②항 "국가는 지역 간의 균형 있는 발전을 위하여 지역경제를 육성할 의무를 진다."

최근 지방을 살리자는 취지에서 고향사랑 기부제를 시행하지만 이러한 제도들이 지역 균형 발전이나 지방 황폐화를 막을 것으로 생각하는 것은 희망 고문에 지나지 않는다. 고향사랑 기부제의 경우 황폐해져 가는 지역사회가 숨을 쉴 수 있는 약간의 산소를 공급하는 수준일 뿐이지, 근본적인 대책은 아니라는 데 문제가 있다. 또한 지방 황폐화를 막고 지역 균형 발전을 위해 공기업이나 공공기관(방위사업청, 한국기상산업기술원, 한국임업진흥원, 산업은행 등) 몇 개를 지방으로 이전한다고 수도권 집중 문제를 해결하면서 지역 균형 발전을 기대할 수

없다.

 교육은 백년지대계라는 점을 전제로 지방의 균형 발전과 행복한
국민을 위한 한국형 교육개혁 방안으로 교육 문제의 상징인 '서울대'
를 하루빨리 없애고 지방의 기초단체 1곳당 1개 학과대학 중심으로
재편하고, 지역별 특화된 산업 분야(전공 분야와 관련된 기업)를 집중적
으로 육성해야만 한국 사회가 당면한 제반 사회문제들을 동시에 해
결할 수 있다. 수도권 인구 집중을 해소하고, 사교육비에 대한 근본
적인 대책을 통해 자녀 양육비 부담이 없어질 때 젊은 층에서 결혼율
과 합계출산율이 높아질 수 있도록 근본적인 대책이 절실하게 필요
할 때이다.

6 한국형 교육개혁 완성 시 기대 효과

우리나라의 현재 교육체제에서는 유치원을 포함한 초중등학교의 전체 교과 과정이 대학 입시를 위한 암기식 교육으로 진행될 수밖에 없는 현실이다. 창의성이나 전인교육과 미래 인재 양성을 위한 교육 과정은 더 이상 기대할 수 없다. 많은 분이 "교육 문제의 정점을 이루고 있는 서울대를 없애야만 우리 아이들을 살릴 수 있다."라고 주장하는 이유이기도 하다. 아마도 여기서 말하는 '서울대'는 '국립 종합대인 서울대학교'만을 지칭하는 것은 아니라는 것을 잘 알 것이다. '서울대'라는 용어에는 국민의 왜곡된 교육열, 출세 수단인 교육관, 사회문제의 원인 제공, 서울에 있는 모든 대학을 상징할 것이다. 그리고 '우리 아이들'은 '국가의 미래이자 희망'을 의미할 것이다.

가. 지자체별 학과대학의 연구 환경과 성과물

교육부는 2024년에도 반도체 등 첨단분야 인재 양성을 위해 관련 학과 대입 정원 1,829명을 증원했다. 그 과정에서 서울대 218명, 고려대 56명, 연세대 24명, 성균관대 96명, 이화여대 30명, 서울과기대 30명, 동국대 45명, 세종대 145명, 덕성여대 23명, 가천대 150명이 증원되었다. 소위 'SKY' 입학 정원은 1만 1,088명에서 1만 1,511명으로 423명(3.8%)이나 늘었다. 하지만 대학별로 분산된 반도체 관련 학과의 현실은 국정감사에서 지적된 내용(기사)과 같이 전임교수가 없는 대학이 엄연히 존재할 정도로 참담한 현실이다.

2023년 10월 24일, 이데일리, 김유성 기자

"반도체학과 10곳 중 7곳 '전임교수님 없어요' [2023 국감]"

기사 중에서

윤석열 정부가 지난해 반도체 인재 15만명을 양성하겠다고 밝혔지만, 전국 반도체 관련학과 10곳 중 7곳에는 전임교원(교수)이 한 사람도 없는 것으로 나타났다.

24일 국회 교육위원회 소속 김영호 더불어민주당 의원이 교육부 자료를 분석한 결과 올해 반도체 관련 학과가 있는 대학교는 대학원을 포함해 총 309개교였다. 이중 반도체 관련 학과 수는 총 1421개다. 이중 전임교원(교수)이 한 명도 없는 학과 수는 984개에 이른다. 비중으로 따지면 약 70%(69.2%)에 육박한다. 반도체 학과 10곳 중 7곳이 전임교원(교수)이 한 명도 없는 셈이다. 2022년 정부의 반도체 인력 양성 계획 발표 후 올해 반도체 학과가 있는 대학 수는 309개로 집계됐다. 기존 295곳 대비 14곳이 늘어났고 관련 학과도 76개가 더 생겼다. 하지만 전임교원 수는 5094명에서 5075명으로 감소했다. (후략)

한국형 교육개혁을 단행한다면, 반도체 등 첨단분야 인재 양성이 필요할 경우 위와 같이 수도권 몇몇 대학에 입학 정원을 인위적으로 배정하면서 정원을 확대할 필요가 없어진다. 미래 산업에 필요한 인력 충원이 필요할 경우 해당 분야를 전담하는 지자체와 대학 그리고 입학을 희망하는 학생들에 의해서 스스로 정원을 조정해 나갈 수 있다. 미래의 먹거리가 풍부한 학과대학은 입학정원을 증원하게 될 것이고, 미래 먹거리가 부족한 분야의 학과대학은 입학정원을 감원하게 될 것이다.

또한 미래 산업의 먹거리 분야와 같이 대규모 인재 양성이 필요한 학문 분야의 경우에는 한 지역에 모두 밀집할 때 너무 방대해질 수 있으므로 필요에 따라 두 지역에 동일 분야를 각각 설립할 수도 있다. 두 개의 대학이 서로 선의의 경쟁을 통해 좀 더 발전할 수 있는 계기를 마련할 수도 있다.

국정감사장에서 지적한 반도체 분야의 경우 ○○군 기초단체에 시스템 반도체 대학, 다른 ○○시의 자치단체에는 메모리 반도체 대학을 설립한다. 전국의 반도체 관련 수백 명의 교수가 한자리에 모여서 연구와 강의를 담당할 수 있는 대학을 만든다. 반도체 중심의 수백 명의 학자와 연구원 그리고 학생들이 모인 대학과 대학 주변에 소부장(소재, 부품, 장비) 기업들이 해당 지역 주변에 모여 산업 벨트가 자연스럽게 형성된다.

세계 반도체 분야의 일류 기업인 삼성전자와 하이닉스 등 반도체 관련 기업들이 대학 연구에 필요한 재정 및 행정 지원을 기꺼이 감당할 수 있을 것이다. 현재와 같은 백화점식 대학 체제에서는 동일한 학과가 여러 대학에 분산되어 있다. 대학마다 한 학과에 평균 10여 명 이내의 교수가 학부생 수십 명과 석사과정과 박사과정을 모두 가르치는 과정에서 학문의 동종 번식이나 대학 간 경쟁보다는 현실에 안주하는 경향이 강할 수밖에 없다.

기업은 대학과 산학협동을 맺고 싶어도 여러 대학에 관련 학과가 있으므로 어느 특정 대학에만 치우칠 수 없다. 기업은 궁여지책으로 나눠 주기식으로 산학협동 관계를 맺는 과정에서 기업에서는 큰 성과를 기대하기보다는 마지못해 형식적으로 대학을 지원하는 행태를 벗어나지 못한다.

한국형 교육개혁을 통해 ○○군 기초단체에 전국의 자동차학과 대학이 있다고 가정해 보자. 자동차공학을 가르칠 전공 교수 수백 명과

학생 수천 명과 석박사 과정의 연구자가 한곳에 모여서 교수들과 산업계의 연구물 그리고 자동차 실물을 중심으로 전문 분야를 배울 수 있을 것이다. 대학의 캠퍼스 곳곳에서는 연구에 필요한 자동차 부품들이 가득 차 넘칠 것이다. 연구할 수 있는 기술이나 부품들을 언제든지 조달하거나 지원받을 수 있는 캠퍼스 현장은 밤낮으로 불이 꺼지지 않을 것이다.

학생과 교수가 밤새워 연구와 토론하는 진정한 의미의 아카데미 현장으로 탈바꿈하게 될 것이다. 자동차 대학이 있는 지역을 중심으로 자동차와 관련된 연구소, 부품 회사, 주행시험장 등이 운집하고, 더 나아가 카레이싱까지 가능하다면 해당 지역의 경제는 자연스럽게 활성화될 수밖에 없다.

기존의 대학들이 지역별 학과대학 중심으로 재편된다면 현재와 같이 1주일에 한두 번 출근하는 교수도 없을 것이고, 장거리 통학에 지친 학생들도 없을 것이고, 졸업장을 남발하는 대학도 사라질 수밖에 없다. 반면 입학은 쉬운 대신에 반드시 졸업정원제를 통과해야만 졸업이 가능하고, 학부 과정에서 유능한 인재들만 대학원에 진학할 수 있는 교육 체제로 탈바꿈하게 될 것이다. 현재의 대학 체제에서는 학부 과정에서 교수에게 잘 보인 학생이나 부유층 학생 또는 취직을 못한 학생들의 피난처로 대학원을 선택하는 경우가 적지 않다. 이는 국가적 낭비일 뿐만 아니라 개인적으로 불행을 자초하는 일에 지나지 않는다.

교수들도 무한 경쟁이 필요하므로 대학의 많은 교수가 강의와 연구보다는 내 집 마련(물론 전국이 균형 발전을 이루면서 내 집 마련과 같은 문제로 지금처럼 고민할 필요가 없는 사회가 될 것이다)을 위한 재테크를 고민하거나 정계 입문을 꿈꾸면서 곁눈질을 할 수 없는 환경에 처할 것이다. 캠퍼스 내의 교수진과 공동 연구 등을 서슴지 않을 때 해당 대학의 학문 수준은 세계 수준에 도달할 것이고, 전 세계의 학계를 리드하는 수준에 도달한다면 국제 경쟁력은 한층 더 강화될 것이다.

나. 산학협동과 학문별 국가 경쟁력

현재 대학 체제하에서도 우리 국민의 근면성과 우수한 두뇌 그리고 기업들이 노력한 결과 반도체, 자동차, 전략무기, 조선, 항공우주 등 세계적인 기술력을 자랑하고는 있다. 지구촌은 경제·안보·복지 등 국가의 생존과 번영 모두가 과학기술에 달린 기술 패권주의 시대에 살고 있다. 우리나라는 기초 자원이 부족하지만, 앞으로 한국형 교육 개혁을 통해 기술 개발과 산업 경쟁력 확보에 힘써 기술 패권주의 시대를 선도할 수 있는 국가 경쟁력을 확보할 수 있을 것이다.

2018년 전국의 대학도서관장들이 국내 대학도서관과 공공연구기관들이 매년 지출하는 해외 전자저널 구독료 문제 때문에 '전자저널 비대위'까지 만들었다. '학술 데이터베이스 전자저널'은 학술지 논문들을 디지털화하고 데이터베이스에 묶어 검색할 수 있게 온라인으로 제공하는데, 국내 대학이나 연구기관에서 연간 수천억 원의 구독료가 해외로 유출되고 있다. 우리나라 대학에서 발간되는 논문지가 세계의 학술지로 인정받을 정도의 연구 수준에 도달하여 세계적으로 권위를 인정받기 이전에는 부득이 분야별 구독료를 지불해야만 한다.

"세금 써서 만든 국내 논문, 언제까지 해외 학술지에 구독료 내야 하나"
기사 중에서

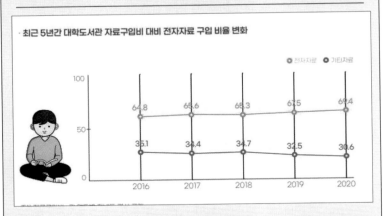

· 최근 5년간 대학도서관 자료구입비 대비 전자자료 구입 비율 변화

교육부와 한국교육학술정보원이 발간한 '2020년 대학 도서관 통계 분석 및 교육·연구 성과와의 관계 분석' 보고서에 따르면, 전국 393개의 4년제 대학 및 전문 대학은 전자 저널 자료 구매 비용에 약 1,235억 원을 썼다. 보고서는 "전체 자료 구입비 중 전자 자료 구입 비율이 69.4%이며, 전자 자료 구입비에서도 전자 저널 구입비가 72.2%로 가장 높다. 전자 저널 구입 비율은 매년 증가하지만, 기타 전자 자료 구입 비율은 매년 감소하고 있다"고 지적했다. 이는 전자 저널 구독료가 매년 빠른 속도로 증가하고 있기 때문이다.

한국형 교육개혁이 단행되어 수년 내에 우리나라 대학들의 연구 기능이 정상적인 궤도에 오르게 될 경우 세계 유수의 논문을 구독하기 위해 많은 대학이 구독료를 각자 부담하면서 외화를 유출할 필요가 없어진다. 학문 분야에 따라 대학 내의 연구 결과물들을 출판하거나 전자저널로 제공하여 세계의 모든 관련 전공자가 우리의 학술지를 구독할 수밖에 없다면 외화 낭비를 줄이는 것은 물론 구독료 수입에 따라 대학 재정을 확보하는 데 기여할 수 있을 것이다.

우리나라에서도 머지않은 시기에 노벨상 수상에 근접할 수 있는 연구자들이 속출할 것이다. 지역별로 특성화된 대학마다 해당 분야의 기업과 민간 연구소를 설립하여 지자체와 사학법인 그리고 기업체를 중심으로 산학협동이 이뤄진다면 대학교수들과 연구자들이 무한 경쟁을 통해 세계적으로 인정받을 수 있는 양질의 연구 성과물과 수준 높은 학술지를 생산할 수 있을 것이다. 그때가 도래하면 학문 분야별로 전 세계의 분야별 학계에 막강한 영향력을 발휘할 수 있는 글로벌 싱크탱크 역할을 할 수도 있을 것이다.

세계 5대 기초과학연구소 중 한 곳인 이스라엘 와이즈만연구소와 같은 규모의 연구소를 우리나라에도 충분히 만들 수 있다. 또한 인공지능 및 머신러닝 전문지 《애널리틱스 인사이트(Analytics Insight)》에서 인공지능 분야 10대 연구소를 미국 6곳, 영국 2곳, 캐나다 1곳, 인도 1곳으로 발표했는데, 우리도 당당하게 1~2개 이상의 인공지능 분야에서 세계적인 연구소로 자리매김할 수 있을 것이다. 또한 28명의 노벨상 수상자를 배출한 '랜드연구소'와 같이 우리나라에도 지역별 학과대학 연구자들이 모여서 전 세계의 학문 분야를 선도할 수 있는 미래를 기대할 수 있을 것이다.

다. 사교육이 사라진 유초중등학교의 공교육

한국형 교육개혁을 통해 지역별로 학과대학으로 재편되어 현재의 수능 수준이 유지된다면 현재와 같이 대학 입시를 위해 모든 과목을 고득점으로 유지하기 위해 노력하지 않아도 될 것이다. 학과대학 전공 분야에서 요구하는 특정 과목 2~3개만 잘한다면 원하는 대학에 진학할 수 있으므로 굳이 사교육비 지출이 필요하지 않을 것이다.

초중등학교 교육 현장에서는 대학 입시 과목에 얽매이지 않고 정상적인 공교육 교육과정을 통해 전인교육과 체험 중심의 교육이 성실히 진행될 것이다. 미래 사회에 필요한 창의적인 교육을 기반으로 자신이 성인이 되었을 때 전공하고 싶은 학문이나 직업을 탐색하기 위해 선생님과 끊임없이 상담하거나 토론하는 과정에서 선생이 아닌 참스승이 존재하는 공교육 현장으로 탈바꿈하게 될 것이다.

또한 엄마의 정보력, 아빠의 무관심, 할아버지의 경제력으로 좌우되는 SKY 중심 입시 위주 교육에서 완전히 탈피할 수 있으므로 부의 대물림 현상이나 빈부 격차까지 해소할 수 있다. 사교육을 통한 입시 전쟁을 치르지 않아도 되기 때문에 굳이 고등학교 졸업과 동시에 대학에 진학하지 않고 자기 적성과 꿈을 실현하기 위해 노력하는 삶에 충실할 수도 있다.

또한 고등학교 졸업 후 다양한 사회 경험을 쌓을 수 있는 기회와 여유를 가질 수 있다. 고등학교 졸업과 동시에 대학에 진학하지 않았더라도 사회 경험을 충분히 쌓은 후에 자신이 부족한 부분을 채우고자 대학 진학의 필요성을 느낄 때 언제든지 대학에 입학할 수 있다. 이렇게 되면 대학 등록금 부담 때문에 곧바로 대학에 진학하지 못하더라도 언제든지 대학에 진학할 수 있으므로 일찍부터 대학 진학을 포기하는 청년들도 사라질 것이다.

결과적으로 유·청소년기에 암기식 입시 중심 교육이 아니라 창의적인 사고를 경험한 후 성인이 되어 스스로 학문에 매진할 수 있는 환경이 조성된다. 그렇다면 우리나라의 유리천장 지수도 매우 높아질 수 있다. 부모는 자녀들에게 공부를 강요하지 않아도 되고, 퇴근

후에는 가족들과 주변을 산책할 수 있고, 주말에는 온 가족이 함께 여행을 즐길 수 있는 여유로움을 제공할 것이다.

라. 국토의 균형 발전과 인구가 넘치는 한반도

현재 학령인구 감소에 따라 지방 대학들은 정원의 절반도 채우지 못하는 미달 사태로 인해 폐교 위기에 직면해 있다. 수도권 대학도 대학 재정을 확보하기 위해 동남아 국가들로부터 무리하게 유학생을 유치하고 있는 실정이다. 이 유학생들 대다수는 진정한 학문 탐구를 위함이 아니라 한국에 거주하기 위해 입학하고 있는 현실이다.

한국형 교육개혁을 통해 지역별 전공 대학과 산업체를 연계한 국가 비전을 통해 세계의 유수 석학들과 유학생을 유치할 수 있는 기반 구축이 가능할 것이다. 지역을 중심으로 특화된 학문 분야들이 전 세계 학계를 선도하는 수준에 도달한다면 굳이 이민청을 신설하지 않더라도 외국의 유학생들은 해당 분야 선진 학문을 공부하기 위해 많은 외국의 청년들이 국내 각 지역으로 유입될 수 있다.

다수의 유학생이 입국하여 학위를 취득한 후 자국으로 돌아가서 대학 강의를 담당하고 사회 지도층이 될 때 진정한 의미의 '지한파' 인사의 역할을 할 것이다. 지구촌 사람들이 우리나라 지방 곳곳에 있는 전공 대학을 견학하거나 유학하게 될 때 지방 활성화를 통해 국내 소비율 증가까지 기대할 수 있을 것이다.

예를 들자면, 의상학 대학이나 섬유학 대학을 만들어 1,000여 명 이상의 학생과 200~500여 명의 교수가 한 지자체에 모여서 1개 도시를 형성한다. 대학을 중심으로 1개 도시 전체가 패션 도시로 지정되어 패션산업 육성에 앞장서고, 세계적인 연구소와 패션센터를 건립하여 패션 관련된 상품 포장과 진열 기술, 상품 광고와 판매 기술을 종합적으로 연구할 수 있을 것이다.

지방의 작은 도시에서 섬유 및 패션산업이 세계 최고 수준에 도달하여 최고의 퀄리티를 갖춘 패션쇼를 매년 정기적으로 개최할 수도 있을 것이다. 세계 패션디자이너와 모델들이 수시로 방문하는 지방의 소도시는 이미 대도시가 되어 있을 것이다. 세계의 의류 제조업체, 패션 관련 분야의 다양한 기업, 광고회사, 디자인회사 등 모든 의류산업이나 패션산업이 우리나라 지방의 자치단체를 주목하게 될 것이다. 세계의 소비자층이나 셀럽들이 패션 제품을 구입하기 위해 파리나 뉴욕이 아니라 우리나라의 작은 지방 도시를 찾게 되는 날이 머지않아 올 것이다.

마. 전 국토의 관광산업 단지와 국민의 삶의 질 향상

관광이란 일상생활에서 벗어나고자 하는 사람들이 욕구를 충족시켜 주는 대상을 찾거나 여가를 즐기기 위하여 다른 지역을 여행하는 행위이다. 관광산업은 전 세계 산업 부문 중 매출액 1위, 고용 효과 1위, 세계 소비지출의 12%를 차지할 정도로 '굴뚝 없는 산업', '황금을 낳는 거위', '보이지 않는 무역'이라고 불리기 때문에 많은 나라가 외화 획득을 위한 전략 산업으로 육성하고 있다.

전통적인 의미의 관광산업은 자연경관을 의미하지만, 현대사회에서는 자연경관뿐만 아니라 국민의 고유 생활양식이나 그 나라의 문화와 산업 발전도 중요한 관광상품이다. 우리 민족의 언어, 풍습, 음식, 주거문화 등의 생활양식은 다른 국가들과 다른 특수성을 유지해 왔다. 최근 K-pop, K-drama로 시작된 한류 열풍은 K-food 등과 같이 지구촌 곳곳에 대한민국이라는 나라와 한국어를 널리 알리는 계기가 되었다.

국가 발전을 위해 5년마다 한 번씩 열리는 엑스포를 개최하기 위해 각 국가는 최고 통치자까지 나서 총력을 기울이면서 관광산업을 통한 부가가치를 창출하기 위해 노력한다. 2030년 부산 엑스포를 개최할 때 관람 인원 3480만 명(부산시 산업연구원 대한상공회의소 200여 개국 5050만 명), 생산유발 43조 원, 부가가치 18조 원, 고용창출 50만 명 그리고 꿈과 희망을 실현할 미래세대의 플랫폼이라는 슬로건

을 걸고 전 국민이 한마음 한뜻으로 엑스포 유치를 위해 노력한 이유
도 여기에 있다.

　이처럼 엑스포뿐만 아니라 국제회의에 참여하는 한 사람의 관광객
은 일반 관광객 두 사람 이상의 관광 수입을 올릴 수 있다고 한다. 이
벤트 관광, 특히 국제회의는 '고부가가치의 관광상품'으로 불리고,
회의 참가자는 각국의 여론 주도층이라는 특수성 때문에 국가 이미
지 제고에 큰 몫을 담당할 뿐만 아니라 이들은 체제 기간이 길고 소
비수준이 높아 외화 획득에 매우 유리하다고 한다.

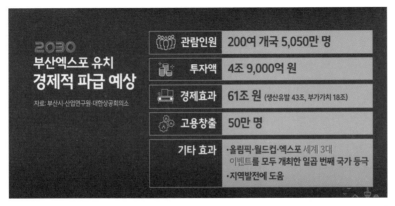

　우리나라는 전통적 의미의 관광산업에 필요한 자연경관이 뛰어난
나라가 아니다. 그렇다고 유럽의 제삼세계 국가들과 같이 국제회의를
빈번하게 개최할 수도 없다. 또한 언제 시들해질지도 모르는 K-pop,
K-drama, K-food 등 K-산업에 의존해서도 결코 안 될 것이며,
K-study, K-research와 지역별로 K-전공 분야 등으로 확대해 나가야
만 영원히 시들지 않는 K-culture를 유지할 수 있을 것이다.

　이제는 한국형 교육개혁을 통해 지자체마다 세계 최고 수준의 학
문 수준을 기반으로 한반도의 곳곳을 관광산업 단지로 만들어야 할

것이다. 학술적인 국제회의 등은 숙박 시설 문제만 해결된다면 복잡한 수도권보다는 지방에서 개최하는 것을 훨씬 선호한다는데, 이는 외국인들이나 학자들은 시끌벅적하고 공해에 찌든 시내의 중심부에서는 말문을 닫아 버리는 사람도 많기 때문이라고 한다.

우리나라 지자체마다 1개 분야의 학문을 중심으로 지자체별로 대학을 육성하면, 대학을 중심으로 해당 분야 연구소나 기업 등과 공동으로 세계적인 권위자를 초청하고, 중요한 국제학술회의도 개최할 수 있는 컨벤션센터를 각 지역별로 건설할 수 있을 것이다. 학문 분야와 연관된 산업을 집중적으로 육성시켜 세계 수준에 도달한다면 각국의 학자나 관련 산업 종사자는 반드시 한 번쯤은 다녀가야만 하는 관광명소로 자리 잡을 수 있을 것이다.

K-pop, K-drama, K-food로 해외에서 많은 관광객이 우리나라를 방문한 사실에서 확인할 수 있었듯이 자연경관이나 문화 유적뿐만 아니라 지역별 대학을 중심으로 모든 전공 분야와 전 국토가 관광 산업 단지가 조성될 수 있다. 선진 학문 견학과 세미나 참석을 위해 각국의 관광객들이 대한민국 곳곳의 지자체를 찾게 된다면 지역 황폐화와 소멸을 걱정할 필요가 없어진다. 이제는 지역과 대학들에 쏟아지는 수익금으로 국민의 삶은 질은 기대 이상으로 높아질 것이다.

바. 교육개혁을 통한 국민의 행복지수와 합계출산율

2020년 OECD 37개(2022년부터 38개 국가) 국가들의 행복지수와 출산율 순위를 비교해 보았다. 일반적으로 생각할 때 행복지수가 높으면 합계출산율이 높고, 행복지수가 낮으면 합계출산율이 낮을 것으로 생각하기 쉽다. 그런데 아래 비교표에서 확인하면, OECD 국가들은 대체로 행복지수가 높을수록 출산율이 낮고, 행복지수가 낮을 때 출산율이 높다는 것을 확인할 수 있다.

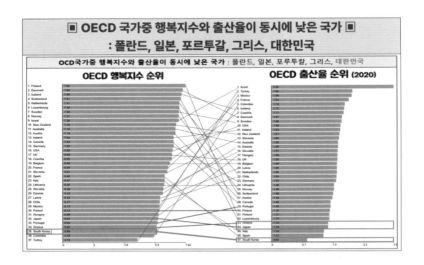

하지만 우리나라의 경우에는 행복지수가 37개 국가 중 35위, 출산율은 37위(38위)로 양쪽 모두 가장 낮은 위치에 머물러 있다. 여기에 나쁜 사회지표인 자살율, 가계부채율 등은 상위권에 위차하고 있기 때문에 외국인들이 볼 때 어쩌면 가장 불행한 국가라 생각할 수 있을 것이다. 그래서 외국의 저명한 인사들이 국가 존립을 위협한다거나 흑사병 수준이라 꼬집고 있는지도 모른다.

우리나라는 현재 OECD 국가 중에서 행복지수와 합계출산율이 최하위 수준에 자리 잡고 있다. 하지만 우리 국민은 위기가 닥쳤을 때 극복하는 능력을 발휘한다. 이는 역지사지로 행복지수가 높으면 출산율도 높아질 수 있다는 것을 의미할 수 있다. 경제 규모 세계 7~8위권 국가에 걸맞도록 대한민국 국민의 행복지수 또한 세계 1~5위권으로 끌어올릴 수 있는 한국형 교육개혁을 반드시 단행하여 합계 출산율까지 세계 1~5위권으로 끌어올릴 수 있다면 지구상에서 가장 부유하고 가장 행복한 나라가 될 수 있을 것이다.

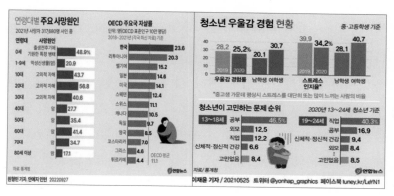

우리나라 모든 국민이 하루를 살아도 인간다운 삶을 살 수 있도록 행복지수를 높일 수 있는 건강한 사회를 구현할 수 있다. 국민의 삶의 질이 개선되어야 국제화, 세계화, 전문화도 가능하다. 우리 아이들을 살릴 수 있도록 정부 차원에서 강력한 의지로 한국형 교육개혁을 통해 국민이 행복해야만 연애와 결혼 그리고 출산과 양육의 기쁨을 통해 건강한 가정과 사회가 만들어질 수 있을 것이다.

이상과 같이 한국형 혁명적 교육개혁이 완성되었을 때의 기대 효과를 살펴보았다. 위에서 언급한 기대 효과 외에도 한국형 교육개혁을 통한 시너지 효과는 지역감정 해소, 학교체육 활성화, 학교폭력 문제, 1인 가구, 미혼율, 낙태율, 빈부 격차, 실업률, 자살률, 주택 보급률, 노인빈곤율, 가계부채율, 외교력 강화 등 우리 사회에 광범위하게 내재한 다양한 사회문제를 동시에 해결할 수 있을 것이다.

우리나라 모든 국민에게 고통을 안겨 준 사교육비 부담을 없애거나 줄일 수 있고, 합계출산율을 높일 수 있는 한국형 교육개혁 방안을 제시하였다. 하지만 정계, 재계, 학계, 관계, 학원가 등에 포진한 SKY 출신들의 공고한 기득권층에 의해 사교육비 문제와 지역 균형 발전을 위한 한국형 교육개혁이 당장 이뤄질 수 없다면 기득권층을 제외한 대부분의 국민은 영원히 고통을 감수할 수밖에 없을 것이다.

정부는 기득권층에 의해 한국형 교육개혁이 불가능하다면 차선책을 통해서라도 우리 청년들이 결혼과 출산 기피의 원인으로 작용하는 사교육비를 포함한 자녀 양육비 부담을 최대한 줄이거나 없애야만 한다. 사교육비 부담 없이 아이를 낳고 키울 수 있는 차선책이라도 당장 시급한 과제이다.

최근 '채널A'에서 '수학'과 '영어' 과목 스타 강사 두 분이 출연하여 단기간에 성적을 올릴 수 있는 〈성적을 부탁해 티처스〉라는 프로그램을 방영중이다. 프로그램 첫회에서 스타 강사이자 EBS에서 강의 중인 정승제 선생은 "선행학습 없이도 제대로 공부하는 학습 방법만 바꾸면 진짜 성적이 올라가는 것을 보여 주고 싶으니까, 사교육비 문제를 한번 해결해 보고 나아가서 출산율 한번 올려보겠습니다. 애들 공부와 육아 때문에 출산율이 안 나오는 것도 있어요. 수학에 관련된 사교육비만 줄여 준다고 하더라도 정말 가능한 이야기일 수 있습니다."라는 인사말이 매우 인상적이었다.

우리나라 사교육 시장의 메카인 대치동에 1,609개의 학원이 있다는 사실과 프로그램을 진행하는 패널들과 강사분들이 언급한 내용 중에서 몇 부분만 요약(문장은 조금 정리)하면 우리의 사교육 현실을 적나라하게 확인할 수 있을 것이다.

☞ "(초등학교 때부터) 10 to 10이 뭐예요? 오전 10시부터 오후 10시 까지 계속 무한 반복하는 학원 수업이 12시간 동안 진행된다."
☞ "대치동의 선행학습 영어는 초등학교 때 끝내야 한다는 얘기를 많이 들었던 것 같아요."
☞ "(초등학교 때부터) 3개월에 한 학기씩 (고3 과정까지) 끝내야 한다. 왜냐하면 수학이 범위가 너무 넓으니까. 빨리 좀 끝내 두어야 고등학교 때 다른 과목들을 준비할 수 있는 시간이 되니까."
☞ "워낙 우리나라 지금 분위기가 그냥 수박 겉핥기식으로 그냥 진도로 진행되는 선행학습을 하고 있기 때문에 고등학교 3학년 때 중학교 도형을 몰라서 처음부터 다시 공부해야만 하고…."
☞ "고3 때에는 중2 과정인 '도형' 파트를 공부하고, 중2 때는 고등학교 수학을 선행 학습하고…."
☞ "전교 꼴찌 수준의 아이들도 일단 서울대 의대 진학을 꿈꾸고 있는 사교육의 현실…."
☞ "저는 우리나라가 중학생들이 중학 수학을 잘 푸는 나라였으면 좋겠어요. 그러니까 중학생들은 중학 수학을 공부하지 않아요. 다 초등학교 때 선행학습을 했었기 때문에…."
☞ "영어 단어를 한글로 외우는데, 한글 단어의 뜻은 전혀 모른다."
☞ "(대치동 학원가의 밤거리를 보면서) 저 수많은 학생 중에서 몇 %가

의미 있는 공부를 하고 있겠느냐는 … 많이 잡으면 한 2% 정도
이고, 95%는 아무런 의미 없는 행동만 하거든요."

☞ "집에 가기 위해서 애들은 수학을 수학으로 받아들이지 않고 기
억력으로 가는 거예요. 돈 낭비 수준이 아니라 (애들에게) 독약을
주는 겁니다."

☞ "일단 또 라이팅 시험 봤잖아요. 학교 내신인 영어 시험에 라이
팅이 안 나와요. 수능에 주관식 문제도 안 나와요. 진짜 의미 없
는 시험들에 스트레스를 받는 이유가 뭔지….."

☞ "이제 영어의 혀를 되게 잘 굴리는 친구들이 많거든요. 수능은
굴리는 영어로 출제하지 않습니다."

위의 내용을 다시 요약하자면, 선행학습 자체가 나쁘다는 얘기가
아니라 현재 대한민국 사교육 시장 1번지 대치동에서 벌어지고 있는
선행학습 중심의 학원은 무조건 애들을 밤 10시 전까지 잡아 두는
데 필요한 '하나의 기관'에 지나지 않는다. 집에 가고 싶으면 사고가
필요한 수학 문제조차도 외워서 빨리 정답을 맞히는 선행학습이 문
제이다. 사고력이 필요한 수학 문제조차도 무조건 외우는 선행학습
으로 이뤄지다 보니까 고학년에 진학할수록 수포자(수학을 포기한 자)
가 양산되는 것이 우리나라 사교육 시장의 문제라는 것이다.

우리나라 사교육 시장은 학교 교육의 보조 역할이나 공부에 대한
자신감을 심어 주거나 창의적인 미래 인재를 양성하는 교육과정이
아니다. 사교육 시장은 학교 교육은 외면하고, 좋은 대학에 진학하기
위한 암기 중심의 선행학습에 몰입하면서 부모들에게는 사교육비 고
통을 전가하고, 학생은 성적으로 인한 스트레스가 청소년 문제의 원

인으로 작용하고 있다.

사교육비 부담을 줄일 때 출산율이 높아진다는 것은 모든 국민이 알고 있으므로 사교육에 의존하지 않는 교육개혁 방안이라도 마련해야만 한다. 범정부 차원에서 사교육을 위해 고가의 선행학습 학원을 전전하지 않더라도 전국의 모든 초중등학교 학생들이 학교 교육의 보조 역할을 담당할 수 있는 양질의 사교육 프로그램을 무료로 이용할 수 있도록 제공해야만 한다.

혹자는 현재도 사교육 없이도 EBS 방송을 통해 충분히 학습할 수 있는 기회를 제공하고 있다거나 아무리 훌륭한 강사진이나 스타 강사를 중심으로 좋은 콘텐츠를 제공하더라도 모두를 만족시킬 수 없다는 식으로 변명하면서 현재의 사교육 시장을 옹호할 수 있을 것이다.

EBS 교육 방송의 변천 과정을 확인하면 EBS의 입지는 이미 사교육, 종편, OTT에 밀려 매우 좁아진 상황이다. EBS 홈페이지(www.ebsi.co.kr)는 초등학교 과정, 중학교 과정, 고등학교 과정을 모두 유료와 무료로 구분하여 제공하고 있다. 뿐만 아니라 상업성을 위해 교과과정 이외에도 공인중개사, 공무원 시험, 자격증, 컴퓨터 활용, 외국어·토익 등 자격증까지 포함한 인터넷 강의로 매우 산만하게 구성되어 있다. 그마저도 2023년 11월에 수신료 분리 징수가 본격적으로 시행되면 EBS는 광고 수익과 교재 매출만으로 재정 문제를 해결해야만 하는 상황에 처한다. EBS는 경영난으로 인해 민영화 혹은 폐국 위기에 봉착할 수 있다는 우려까지 있다.

기득권에 밀려 한국형 교육개혁을 실현하지 못할 상황이라면, 교육부를 중심으로 초중등학교의 교과과정을 체계적으로 제공할 수 있는 별도의 기구를 만들어야 한다. 도시와 농촌 간 빈부 격차, 교육 기회 등에 따른 차별을 해소하면서 정상적인 학교 교육의 보조 역할을 수행할 수 있는 콘텐츠를 만들기 위해 국내 최고의 강사진, 소위 '스타 강사 또는 일타 강사'에게 엄청난 보수를 지급하더라도 전국의 모든 학생이 스스로 공부할 수 있는 콘텐츠를 제작하여 제공해야만 한다.

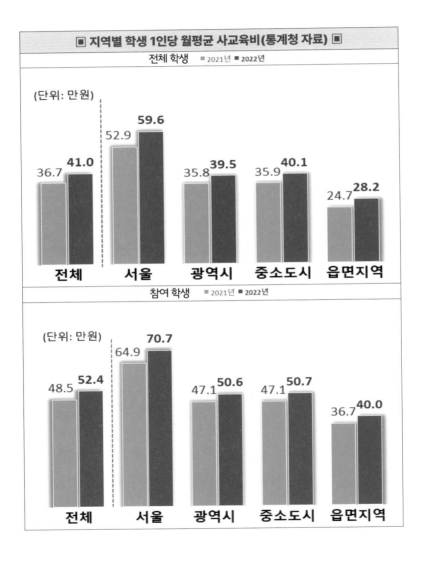

새로 제작될 사교육 콘텐츠는 학생과 학부모 누구나 무료로 인터넷 강좌를 통해 이용할 수 있도록 제공해야 한다. 국어, 영어, 수학 초보자라 하더라도 초등, 중등, 고등교육 과정을 순차적으로 열심히 공부한 사람이라면 누구나 해당 과목을 100% 이해할 수 있는 사교육 콘텐츠를 제공한다면 사교육으로 인한 병폐는 어느 정도 사라질 수도 있을 것이다.

한국형 교육개혁이 기득권층이라는 장애물 앞에 머물러 있다면, 이와 같은 차선책을 마련하여 사교육비 부담을 최대한 줄일 수 있고, 자녀 1인당 양육비를 부모에게 월 100만 원씩의 지급하여 부까지 축척할 수 있고, 세째 자녀부터는 등록금 전액을 정부나 대학에서 지원한다면 우리 청년들이 결혼과 출산을 적극 고려할 수 있는 계기가 될 수도 있다. 결혼 및 출산 기피 현상으로 예상되는 학령인구, 지역 황폐화, 노동 생산 인구, 노인인구 부양, 복지비용 부담, 미혼자들로 인한 가족해체 그리고 국가 존립 문제를 모두 해결하지 못하더라도 어느 정도는 기여하게 될 것이다.

제6장

정부의 강력한 의지와 국가보육 시스템이 필요

- 김태유 서울대 명예교수: 빼앗긴 나라는 되찾을 수 있어도 소멸한 나라는 되찾을 수 없다.
- 일론 머스크 : 세계에서 가장 빠른 속도로 인구가 붕괴, 출산율이 변하지 않는다면 한국 인구는 3세대 안에 현재의 6% 미만으로 떨어질 것이다.
- 데이비드 콜먼 옥스퍼드대 교수: 지구상에서 가장 먼저 사라질 나라가 대한민국이다.
- 크리스틴 나가르드 전 IMF 총재인: 한국은 집단 자살 사회로 달려간다.
- 로스 다우서트 《뉴욕 타임스》 칼럼니스트: 한국 인구가 흑사병이 창궐했던 14세기 중세 유럽보다 더 빠른 속도로 감소할 수 있다.
- 《파이낸셜뉴스》 사설: 누구도 생각하지 못한 '특단의 아이디어'를 찾아내야만 이 난국을 타개할 수 있다. (중략) 국무총리에게 다른 것은 신경 쓰지 말고 저출산만 챙기라고 했다.
- 윤석열 대통령: 교육개혁 없이는 지역 균형 발전을 기대할 수 없고 지역 균형 발전은 저출산 문제 해결의 지름길이며, 어디에 살더라도 차별받지 않는 사회가 되어야 한다.
- 우동기 지방자치위원회 위원장: 수도권 집중화에 따라 젊은 층은 어려운 수도권 생활을 버티기 위해 결혼 및 출산을 기피하고 있어 인구 소멸이라는 절체절명의 위기를 불러오고 있다. 인구의 극심한 수도권 집중의 가장 큰 요인 중 하나가 교육 문제이다.
- 조앤 윌리엄스 캘리포니아 교수: 0.782라는 합계출산율 수치를 보고 비명을 지르며 "대한민국이 완전히 망했네요."

미국의 조앤 윌리엄스 교수 (출처: EBS '다큐멘터리 K-인구대기획초저출생' 예고편)

저출산 문제를 극복하기 위한 정책 제안 총정리

본서의 전체적인 내용은 최근 〈100분 토론〉에서 유명 정치인이 "① 우리나라에서 앞으로 딱 한 가지 문제만 꼽으라면 인구이다. 경제, 안보, 양극화 모두 그다음 문제 ② 이민정책을 반대하지는 않지만 인구문제의 해결책이라 생각하지 않는다. ③ 프랑스가 100년이 넘도록 진짜 심각한 인구문제가 있었는데, 박스(PACS, 시민연대 계약)를 통해 출산율을 회복했다. ④ 아이를 낳고 기르고 싶은 남녀에게 경제적 시간적 보장할 혁명적 방법이 필요하다. ⑤ 현재 국가부채 50% 정도이지만 10년 안에 해결하기 위해 부채가 80~90%가 넘어도 좋다. ⑥ 결혼은 제도·기업·노동·교육·주택 모두와 해당되지만 찔끔찔끔 지원하는 정책보다는 종합 패키지로 풀어야 된다."라고 주장한 것과 일맥상통한다.

국가 존립을 위협하고 있는 저출산 문제를 해결하기 위해 출산정책에만 초점을 맞출 것이 아니라 국민의 마음속에 고착화된 결혼 기피, 출산 기피, 사교육, 지방 소멸, 노사 관계, 빈부 격차, 고용 문제 등 제반 사회문제를 골든 타임 5년 이내에 동시에 해결할 수 있도록 구체적인 정책 방향을 제안한 내용 전체를 간단하게 정리하면서 마무리한다.

첫째, 저출산 문제를 극복하기 위해 범정부 차원에서 강력한 컨트롤 타워가 필요하다. 저출생 문제는 정부의 강력한 거버넌스를 중심으로 제 주체가 합심해서 해결해야 할 중차대한 당면 과제이다. 미국의 '랜드연구소'의 마이클 마자르는 "국가를 강하고 위대하게 만드는 힘은 경제적 생산성, 기술적 혁신, 사회적 통합 그리고 국가적 의지에서 나온다."라고 했다. 정부에서 "합계출산율을 높이고 국민의 삶의 질을 높이겠다."라는 강력한 의지만이 국가 소멸의 위기를 극복할 수 있다.

일본은 2023년 4월부터 '아동가정청'을 만들어 저출생 및 아동정책을 총괄할 독립적인 행정조직을 설치하였다. 우리나라도 보건복지부, 여성가족부, 저출산고령사회위원회에 분산된 기능을 통폐합하여 최소한 '인구'라는 용어가 들어간 부서를 신설하거나 여성가족부를 '인구가족부'로 개편하여 인구정책을 총괄할 수 있는 부총리급으로 승격할 필요가 있다.

	부서명	담당 업무 영역
현재	여성가족부	결혼, 여성, 다문화, 가족, 가정, 청소년
미래	인구가족부	연애. 결혼, 출산, 산후조리, 육아, 여성, 다문화, 가족, 가정, 청소년

둘째, 한 세대가 지나기 전의 골든 타임을 놓치지 않도록 획기적인 대책이 필요하다. 280조를 투입했지만 합계출산율은 오히려 추락하고 있다. 국가 소멸을 최대한 늦출 수 있는 대안으로 '이민청 신설'과 같은 인구정책은 근본적인 해결책이 될 수 없다. 관료들은 무대책이거나 부처별로 각론에 매달리기에 우리 청년들은 대책이 발표될 때마다 크게 기대하지 않는다.

연도별 여성 출생자 33만 명대인 1992년(31세)생~1998년(25세)생이 40세가 되기 전까지 앞으로 5년이 출산율을 높일 골든 타임이다. 이 시기를 놓치면 5년 후에는 가임 여성이 절대 부족하여 국가 소멸이 현실로 다가올 위험성이 매우 높다.

셋째, 혈세를 이용한 용돈 개념의 지원 정책이 아니라 강력한 국가 보육 통합 시스템이 필요하다. 국가적 난제를 지자체의 책임으로 전가하거나 지자체 간 경쟁 방식은 이미 생명을 다했다. 정부와 지자체에서 국민의 혈세를 이용하는 용돈 개념의 현금 지원 정책이 아니라 정부 주도하에 국가보육 통합 시스템을 개발하여 자녀 1인당 매월 100만 원씩(교육개혁을 단행하거나 예산 부족 시 차선책 마련) 지급하고, 국민 누구나 쉽고 명료하게 알 수 있고, 최대한 단순하게 신청하고, 신속하게 지원받을 수 있는 제도로 전면 재조정해야만 한다.

넷째, 자녀들의 소비에 따른 인센티브를 반영한 임금 정책을 마련해야만 한다. 임금 노동자들과 그 자녀들이 기업에서 생산한 물품 및 서비스를 소비한다는 점을 감안하여 기존의 임금에 대한 정의를 재정립해야만 한다. 또한 우리의 문화적·사회적 배경은 물론 비교 문화, 경쟁 풍토, 체면 문화 등 우리 국민의 마음속에 깊이 내재한 의식이 용솟음칠 수 있고, 자녀를 양육하면 부까지 축적할 수 있도록 기업이 적극적으로 동참해야만 한다.

다섯째, 소비 없이 생산 없고, 인구 없는 국가 경쟁력은 불가능하다. 기업이 앞장서서 소비층인 인구 증가를 위해 노력해야만 한다. 기업의 매출액을 기준으로 법인세를 균등하게 부과할 것이 아니라 소속 기업 노동자들의 출산율과 소비 지수를 반영한 법인 세율을 적용하여 모든 기업이 노동자에게 결혼과 출산할 수 있는 환경을 만들어 주어야 한다. '경력 단절 없는 사회'는 정부의 강요가 아니라 기업이 자발적으로 참여할 수 있는 환경이 조성되어야만 가능하다.

여섯째, 결혼율과 출산율은 밀접한 관계가 있다. 여성가족부와 공무원들은 "결혼은 결혼중개업체의 고유 영역이다."라는 고정관념과 책임 회피보다는 미혼자들이 만남, 연애, 교제, 결혼을 할 수 있는 동기를 부여해야 한다. '동거 문화'와 '계약 결혼'도 인정할 수 있는 법률적 장치와 미혼자들이 상시 이성을 만나거나 교제할 공간도 반드시 제공해야만 한다. 아울러 혼인신고 외의 프랑스의 시민연대계약(PACS)이나 독일의 생활동반자법 등과 같은 혼인 형태에 대해 차별하지 않는 법적 제도적 장치까지 필요하다.

일곱째, 가정을 꾸리길 희망하는 누구나 거주할 주택을 조건부로 제공하여야 한다. 결혼 및 출산을 고민하는 청년들에게 다양한 주택과 주거정책을 마련할 필요가 있다. 정부의 출생 장려 예산을 재편하여 결혼을 원하는 미혼자에게 비용 부담 없이 일정 기간 조건부 거주용 청년주택을 제공하여 결혼과 출산할 수 있는 사회적 환경을 지원해야만 한다.

여덟째, '한국형 혁명적인 교육개혁'을 통해 자녀 양육을 위한 '사교육비 부담'을 없애야만 한다. 저출생 문제를 포함한 제반 사회문제의 가장 큰 원인은 입시 중심 교육제도와 수도권 집중 현상이다. 서열화된 백화점식 대학 체제를 지역 발전과 연계한 '한국형 혁명적인 교육개혁'을 통해 우리 아이들을 살리고 지방을 활성화해야만 한다. 고 3 학생도 일찍 귀가하여 자아 성취를 위한 취미 생활을 하고, 가족들과 주말을 함께 보낼 수 있는 가정 중심의 인성 교육이 가능할 때 국민의 행복지수도 높아진다. 부모의 교육비 부담이 없어야만 국가 소멸의 위기를 벗어나는 것은 물론 정치, 경제, 사회적으로 초강대국의 초석을 마련하는 계기가 될 수 있다.

아홉째, 국토의 12%인 수도권에 전체 인구의 53%가 집중된 수도권 인구 집중을 해결해야만 한다. 청년들은 일자리와 사회 인프라가 풍부한 수도권으로 집중될 수밖에 없다. 주택문제와 교육문제를 해결하지 않고서는 모든 국민이 불행한 삶을 살 수밖에 없다. 현재와 같이 수도권 중심의 도시국가 형태의 사회구조가 지속된다면 '지역 균형 발전'이라는 〈헌법〉 정신 위반은 물론 지방 인구의 고령화에 따른 지방 황폐화가 더욱 심각해질 것이다. 지역별 특화된 전공 대학과 산업계를 연계할 수 있는 '한국형 교육개혁'을 통해 젊은 세대들에게 지방 생활의 만족도를 높일 수 있는 국가 시스템으로 전환하는 것이 필요하다.

열째, 국가보육 시스템 정책 수립은 실행 과정의 부작용까지 고려해야만 한다. 세금으로 운영하는 국공립어린이집을 확대하거나 가정양육수당을 지급함으로써 가정어린이집을 폐업으로 유도하는 정책이 아니라 국공립어린이집을 운영할 세금으로 가정어린이집에 집중적으로 투자하고 내실화를 기해야만 한다. 자녀 양육에 어떤 걸림돌도 없도록 거주지 근처의 부모들이 원할 때 언제든지 아이를 맡길 수 있는 '24시간 케어 시스템'을 도입해야만 한다.

열한째, 인구문제 해결을 위해 섣부른 이민정책에 앞서 국제결혼 활성화가 우선이다. 인구문제를 해결하기 위한 섣부른 이민정책은 또 다른 사회문제를 잉태하므로 출산 장려에 집중하는 것이 옳다. 국내 결혼이 어려운 남성들의 유일한 탈출구는 국제결혼이므로 동남아권 국가들과의 외교력을 강화하고, 국제결혼 억제 정책 중심의 법 조항을 하루빨리 개정해야만 한다. 또한 외국인 가사도우미나 간병인 제도를 도입할 수밖에 없다면 국내 결혼이 어려운 미혼 남성을 대상으로 국제결혼을 지원할 수 있는 체계적인 정책과 제도 마련이 필요하다.

열두째, 우리나라 국민성을 최대한 발휘할 수 있도록 국가적 차원의 어젠다가 필요하다. 지구상에서 가장 뛰어난 두뇌와 명석한 국민, 가장 부지런하면서 참고 인내할 줄 아는 국민, 가장 교육열이 높다는 장점과 평시에는 뭉치지 못한다는 단점까지 동시에 가진 대한민국 국민이다. 우리 국민의 장점을 배가시킬 수 있도록 범정부 차원에서 어젠다를 설정하여 저출산 고령사회를 극복하는 데 그치지 않고, 선진국으로 한 단계 더 도약할 수 있다. 지구촌을 리드해 나갈 수 있는 국민이 될 수 있도록 제도와 시스템을 재정비하는 범정부 차원의 노력이 필요하다.

2   정부와 지자체, 정치권과 기득권층의 역할

　정부는 규제와 지원을 통해 시장 경쟁을 촉진하고, 자원 배분과 소득 재분배 그리고 경제 안정화를 통해 국민 모두가 행복한 삶을 담보받을 수 있고, 일정 이상의 생활수준을 유지할 수 있도록 지원할 책임이 있다. 그리고 정치인은 주어진 권한을 이용하여 국가 통치와 국민의 안녕을 지키는 것이 의무이다. 정치인은 국민의 풍요로운 삶을 지원하기 위해 사회문제를 분석하고 대안을 제시함으로써 효율적인 방향으로 제도적, 행정적, 법률적인 안전장치를 마련해야만 한다.

　하지만 우리 정부나 관료 그리고 정치인은 저출산 문제를 심각하게 인식하고는 있는지 의심스럽다. 280조라는 엄청난 예산을 투입했지만 더 나아질 기미가 없기에 무기력증에 빠져 자포자기하고 있지는 않은지 걱정이다. 혹시 이민청 신설이 인구문제를 해결할 만병통치약이라 생각하고 있지는 않은지도 우려스럽다.

　저출산 문제는 보수와 진보의 문제나 여당과 야당의 문제가 아닐 뿐만 아니라 정쟁의 대상이 되어서도 안 될 것이다. 인구는 국력을 구성하는 핵심 요소이므로 국가 소멸을 막기 위해 시급하게 여야정 협의체를 구성하여 저출산 문제를 해결하거나 국가 경쟁력 강화에 나서야 할 때이다.

　이제는 국가 존립까지 위협하는 저출산 문제를 해결하기 위해 그때그때 상황 논리에 의한 출산장려정책을 발표할 것이 아니라 우리 사회에 고착화된 결혼 기피, 출산 기피, 사교육, 지방 소멸, 노사 관계, 빈부 격차, 고용 문제 등 제반 사회문제를 동시에 해결할 수 있는 범정부 차원에서 종합적인 대책이 필요할 때이다.

《뉴욕 타임스》의 칼럼니스트 로스 다우서트는 "우리나라 출산율 하락으로 한국 인구가 흑사병이 창궐했던 14세기 중세 유럽보다 더 빠른 속도로 감소할 수 있다. 현재 합계출산율 1.8명인 북한이 어느 시점이 되면 남침할 가능성도 있다."라고 꼬집었다. 또한 《파이낸셜 뉴스》 사설의 "그야말로 누구도 생각하지 못한 '특단의 아이디어'를 찾아내야만 이 난국을 타개할 수 있다."라는 말은 결코 지나쳐서는 안 될 것이다. 우리나라 저출산 문제는 국내보다는 오히려 해외에서 더 우려할 정도로 심각한 상태라는 것이다.

중장년층이라면, "한민족은 5천 년의 유구한 역사를 자랑하는 단일 민족국가, 한반도의 지정학적 위치 때문에 외침을 수백 번 받았고, 이를 민족 단결의 힘으로 극복했다."라는 웃픈 역사를 배웠던 기억이 있을 것이다. 이제는 무방비 상태에서 국난이 닥칠 때까지 수수방관할 것이 아니라 국난을 예방할 수 있는 특단의 조치를 강구해야만 할 때이다.

천연자원이 부족한 우리나라는 세계에서 가장 부지런한 우리 부모 세대들의 높은 교육열을 바탕으로 한강의 기적을 통해 선진국 대열에 합류하였다. 하지만 한 나라의 국력을 좌우할 인구가 없다면 국가 경쟁력 확보는 불가능하다. 급감하는 합계출생률을 높이지 않아 국가 시스템이 제대로 작동할 수 없는 상황에 처한다면 후진국으로 전락하는 것은 한순간이 될 것이다.

김태유 서울대 명예교수는 "빼앗긴 나라는 되찾을 수 있어도 소멸한 나라는 되찾을 수 없다."라고 했다. 국가를 구성하는 인구가 없어

자체 소멸한 나라는 지구상에서 영원히 사라질 수밖에 없다. 정부와 정치권, 기성세대와 기득권층은 물론 청년들 모두의 생각이 바뀌지 않고, 행동이 바뀌지 않는다면 '한강의 기적은 곧 한강의 자멸'을 불러올 것이다. 지구상에서 가장 먼저 사라질 수 있는 국가 소멸이라는 굉장히 무섭고 살벌한 경고가 현실이 되지 않도록 결혼 장려와 출산 장려 그리고 우리 아이들을 살릴 수 있는 한국형 혁명적 교육개혁을 더 이상 지체해서는 안 될 것이다.

우리 정부와 정치권이 강력한 리더십을 발휘하여 제반 사회문제가 더 이상 언론에서 기사화되지 않고, 매일 뿌듯한 얘기들만 뉴스거리가 되는 나라, 지구촌의 모든 사람이 살고 싶은 나라를 만들 수 있기를 희망한다.

| 3 | 우리나라 청년들의 관심과 행동이 필요 |

　헬조선이라고 부르는 대한민국에서 살아가는 청년들, 연애, 결혼, 출산을 포기하는 삼포세대, 취업과 내 집 마련을 포기한 오포세대, 건강과 외모까지 포기한 칠포세대, 희망과 인간관계도 포기한 구포세대, 꿈이 없는 삶 자체까지 포기하겠다는 10포세대(다포세대), 흙수저로 태어나 평생을 벌어도 내 집 마련을 꿈도 꾸지 못하는 수저 계급론, 어차피 한 번뿐인 내 인생이니 내 마음대로 살겠다는 욜로족(YOLO), 출산하면 양육비와 교육비가 부담되어 아이를 낳지 않겠다는 딩크족(DINK) 등 우리 청년들의 고달픈 삶을 직간접적으로 대변하고 있는 단어들이다.

　기성세대가 헬조선을 만든 것은 분명하지만 전쟁의 폐허 속에서 세계 10위권의 경제대국으로 견인하고 민주화를 이룬 것도 기성세대이다. 청년과 기성세대를 명확하게 구분할 기준도 모호하고, 청년들도 곧 기성세대가 되므로 무작정 기성세대를 싸잡아 비난할 일도 아니다. 청년의 부모인 기성세대 대부분은 주말이나 휴일 없이 열심히 살았고, 자신의 노후 준비보다는 자식들의 안락한 미래를 위해 모든 것을 올인한 사람들이다.

　다만 기성세대 중 소수의 특권층이 만들어 놓은 사생결단의 경쟁 사회에서 살아가는 청년들은 일류대 지향의 입시 지옥은 통과했지만 양질의 일자리가 부족하여 연애를 할 수 없고, 수도권 집중화로 내 집 마련의 어려움 때문에 결혼하자니 겁나는 세상이 되었고, 운 좋게 결혼하더라도 사교육비 부담 때문에 감히 출산을 엄두도 낼 수 없는 답답한 현실이다.

저출산 문제는 청년들이 당면한 현실을 반영하고 있다. 모든 청년이 사랑하는 연인을 만나 연애하고, 지인들의 축복 속에서 화려하게 결혼하고, 단란한 가정을 꾸려서 사랑하는 아내와 토끼 같은 자식들을 낳아 알콩달콩 행복한 삶을 꿈꾸고 있을 것이다.

기성세대와 기득권층이 저출산 문제 해결 방안으로 청년들을 위한 좋은 일자리를 창출하고, 안정적 주거를 보장하고, 부모의 지원이 없더라도 가정을 꾸릴 수 있는 사회를 만든다면 모든 청년이 결혼과 출산을 망설일 이유가 없을 것이다. 하지만 기득권층이 해결 방안에 접근하기 위해 자신들의 기득권을 내려놓는 것이 두려운 것이다. 이것이 두렵고 자신들의 공고한 기득권을 유지하고자 우리 청년들의 개인주의적 성향과 이기적인 생각 때문이라고 책임을 전가하고 있는 현실이다.

본서는 저출산 문제를 극복할 담론으로 "청년들이 결혼과 출산을 망설이지 않도록 정부를 중심으로 제 주체들이 한국 사회의 구조를 혁신하고, 우리 사회의 암적인 존재인 일류대 진학을 위한 사교육비 부담을 없앨 수 있는 '한국형 혁명적 교육개혁'"을 제시하였다.

N포세대라는 이면에는 실제 모든 것을 포기하고 싶지 않다는 열망이 숨어 있을 것이다. 기득권층의 견고한 사회·경제·정치적인 구조를 바꾸지 않고 기존 제도에 순응한다면 우리 청년들은 자신의 노력만으로 좋은 일자리, 안정적 주거, 동등한 기회 등 건강한 사회가 보장되는 나라를 만들 수 없다. 청년들이 적극적으로 행동하면서 청년 중심의 친화적인 세상으로 바꿔 나가야만 청년들의 삶과 미래가 있을

것이다.

첫째, 우리나라 정치 그 자체를 바꿔야 한다. 민주 국가의 가장 큰 힘은 다수의 국민이고, 정부와 정치인들을 견제할 장치는 선거이다. 정치인은 국민의 풍요로운 삶을 지원하기 위해 존재한다. 선거를 통해 정치인들을 감시할 능력을 갖춰야만 한다. 보수와 진보로 편 가르기에 매몰되거나 학연, 지연, 혈연, 군연, 직연 등에 의존하기보다는 청년 친화적인 정치인, 국민의 고달픈 삶에 공감해 줄 정치인, 청년들의 목소리를 대변할 정치인을 선출하고, 그런 정치인을 평가할 능력을 갖춰야 한다. 만약 정치에 대한 혐오감으로 무관심하거나 주권자의 권리를 포기한다면 청년들에게 더 이상 희망이 없을 것이다.

둘째, 정부와 지자체, 공직자와 정치권이 청년들의 당면 과제를 해결하도록 요구해야만 한다. 청년들이 연애와 결혼 그리고 출산을 할 수 있는 사회를 만들기 위해서는 정부와 정치인들에게 끊임없이 요구해야만 한다. 정부가 저출산 문제를 해결할 컨트롤타워 역할을 담당할 부처를 설치하고, 국가보육 시스템을 구축하도록 해야만 청년들이 결혼과 출산을 망설이지 않는 사회가 만들어질 것이다.

셋째, 기업의 사회적 역할과 노동자의 삶에 무관심한 기업들을 감시해야 한다. 영리 목적의 기업은 이윤 추구를 위한 경영은 인정하지만 기업의 이윤 추구를 위해 비혼주의를 강권하거나 출산율이 낮고 육아휴직을 방해하는 기업, 비정규직 중심이거나 사고가 잦은 기업, R&D 투자나 인재 채용보다는 사내 유보금만 쌓는 기업, 그리고 사회공헌 활동 실적이 저조한 기업 등은 청년 친화적 기업이라 할 수 없을 것이다.

넷째, 언론의 기능을 상실한 편파 방송과 여론몰이에 치중하는 언론사를 감시해야 한다. 언론매체의 생명은 사실 보도이다. 언론이 정부 권력의 감시자 역할에 충실해야만 국민의 생각과 판단이 올바르게 정립되어 청년들의 삶까지 윤택해진다. 사실 보도보다는 노골적인 정치 편향과 권력에 기생하면서 하수인 역할을 자초하는 언론, 공정성과 공익성을 상실한 언론, 기득권층을 노골적으로 옹호하는 언론, 상황 논리에 따라 바뀌는 언론 논평 등과 같이 언론의 고유 기능인 공정성과 정론의 길을 유지하지 못한다면 결국 청년들의 삶은 짓밟힐 수밖에 없을 것이다.

다섯째, 정부와 정치권이 국민을 살릴 수 있는 교육개혁을 요구해야 한다. 교육부와 국가교육위원회가 다양한 사회문제를 유발하는 '일류대와 사교육비' 문제에 접근하기보다는 관료사회와 기득권층 보호를 위해 또다시 입시 제도 중심으로 개혁안을 마련하는 것은 아닌지 확인하고, 국민의 고충을 해결하고, 국가 경쟁력 강화를 목표로 설정한 교육정책을 마련하도록 요구해야만 할 것이다.

우리 청년들이 우리 사회를 감시하기 위해 이와같이 행동한다면, 우리 청년들의 삶은 한층 윤택해질 뿐만 아니라 선진국 지표인 국민 1인당 GNP, 고용률, 합계출산율, 혼인율, 국방력, R&D 투자 규모, 노인복지 비용, 유리 천장 지수, 주택 보급률, 행복지수, 외교력 등이

OECD 국가 중 1위를 달성하면서 세계를 리드할 수 있다. 또한 나쁜 사회지표인 1인 가구, 미혼율, 낙태율, 빈부 격차, 실업률, 자살률, 지역감정, 학교 폭력, 노인 빈곤율 등은 OECD 상위권에서 최하위로 떨어뜨려 지구상에서 가장 행복한 선진 복지국가를 건설할 수 있을 것이다. 궁극적으로 국민의 삶의 질을 향상하여 행복지수가 가장 높은 대한민국, 지구촌 사람들 모두가 가장 살고 싶은 나라, 세계의 모든 나라에서 이민 가고 싶은 국가를 건설하자.

"국가의 발전은 교육의 발전을 앞지를 수 없다."

"국가가 당신에게 뭘 해줄지 묻지 말고, 여러분이 국가를 위해 뭘 할 수 있는지 물으라."

- 존 F. 케네디 -

사단법인 한국결혼장려운동연합(공익법인) 후원 안내

사단법인 한국결혼장려운동연합은 국가 존립의 위기에 닥친 저출산 고령사회의 문제를 극복하는 데 일조하기 위해 설립되었습니다.

국내 미혼 남녀의 자연스러운 만남을 위해 노력하는 결혼중개업체 및 소속 결혼 상담사 등을 중심으로 미혼 남녀를 대상으로 결혼 장려 운동을 전개하기 위해 끊임없이 노력하고 있습니다. 뿐만 아니라 결혼 및 출산과 직간접적으로 관련 있는 업종에 종사하는 분들이 참여하여 저출산 고령화사회에 직면할 당면 문제 해결에 이바지함을 목적으로 다양한 사업을 진행 중입니다.

(사)한국결혼장려운동연합의 건강한 발전을 위해 여러분들께서 후원에 동참하실 수 있으며, 후원금은 후원해 주신 분들의 뜻에 어긋나지 않도록 소중히 사용될 것이며, 후원해 주신 분들의 뜻에 보답할 수 있도록 열심히 노력하겠습니다.

■ 후원금 기부(개인 및 단체)

개인 업체, 단체, 기업 자격으로 기부해 주신 분은 '후원자' 명단에 공시되며, 소속된 회사 또는 개인을 홍보할 기회를 제공합니다.

■ CMS 출금 신청

법인 발전을 위해 고객이 직접 동의하면서 매월 정기적으로 '지정된 계좌' 또는 '신용카드'에서 자동 출금을 하는 방법으로 동참할 수 있습니다.

▶ 정기 결제: https://www.ihappynanum.com/Nanum/B/EQ8HGCZL3V

■ 무통장 입금처

▶ 농협 301-0323-6559-41 예금주: (사)한국결혼장려운동연합

※ 공익법인이므로 연말정산 시 세제 혜택: '기부금 영수증 발급' 가능

■ 문의처

▶ 1599-7921 (후원 및 제반사항)

미혼자들의 셀프매칭플랫폼(www.k-marry.kr) 회원 가입

사단법인에서 운영하는 셀프매칭플랫폼(www.k-marry.kr)에 회원 가입 후 신원 인증 절차를 마치면, 배우자를 찾을 때까지 온·오프라인을 활용하여 이성과 자연스러운 만남이 가능합니다.

주변의 미혼자들에게 조건 대 조건의 결합이 우선인 고가의 결혼정보회사를 권할 것이 아니라 (사)한국결혼장려운동연합의 셀프매칭플랫폼에 가입할 수 있도록 안내해 주시기 바랍니다.

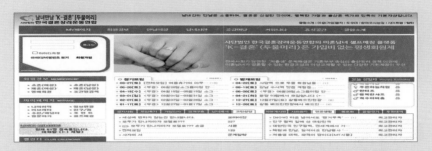

■ 회원 가입: 회원 가입비는 없으며 법적으로 솔로인 분들만 회원 가입

■ 신원 인증 서류: (Fax) 02-6008-4884(개인 정보는 철저하게 보호, 발급 일자 공개)

① 필수 사항(인증회원): 혼인관계증명서(상세), 가족관계증명서(상세)

② 선택 사항(모범회원): 졸업증명서, 재직(사업자)증명서, 재산세납부증명서

■ 시스템 활용 방안

① 상세 프로필: 결혼은 조건이 아니지만 배우자 찾기 위한 상세한 프로필을 제공

② 셀프매칭용: 본인이 직접 회원 검색(19개 조건별 검색), 상세 프로필 열람 후 직접 연락

③ 프로필 검색: 미혼 남녀 만남 행사 이전 참가 예정자, 행사 이후에는 참가자와 연락

④ 쪽지 시스템: 개인 정보 노출 없이 고객인 이성에게 연락을 주고받을 수 있는 시스템

⑤ 시간 절약: 프로필을 통해 어느 정도 알고 만날 수 있으므로 시간을 절약

⑥ 교제 기간 단축: 첫 만남부터 대화의 소재가 풍부하여 쉽게 가까워질 수 있음

⑦ 동호회 활동: 자연스러운 만남의 기회를 제공하기 위한 다양한 형태의 동호회 활동

⑧ 각종 게시판: 이벤트 모임, 정기 모임, 번개 모임, 공개 구혼, 익명 게시판, 실명 게시판

⑨ 1:1 대화방/채팅: 자신의 연락처 노출 없이 이성과 1:1 채팅 및 단체 채팅 가능

⑩ 프로필 잠금 기능: 프로필을 잠그고 교제 중인 이성에게 집중 가능(견물생심)

⑪ 형평성의 원칙: 이성의 사진을 보고 싶을 경우 자신의 사진도 업로드

⑫ 피해 예방 조치: 쪽지 신고 및 운영위원회를 통해 가해자 회원은 즉시 탈퇴 처리

결혼가족상담사 자격증 교육안내

저출산문제 해결은 기혼부부 대상의 출산장려에 앞서 미혼남녀를 대상으로 결혼장려 필요성을 인식시키거나 결혼을 희망하는 미혼자를 대상으로 결혼할 수 있도록 지원하는 결혼가족상담사의 역할은 매우 중요합니다.

결혼가족상담사는 기업체와 사회단체, 상담기관, 문화센터 등에서 결혼과 가족의 의미에 대해 상담하고, 생애발달과 결혼계획, 행복한 가족체계 유지를 위한 프로그램을 전문 개발하거나 체계화된 프로그램을 원활하게 운영할 수 있는 역량있는 인재들을 양성합니다.

결혼가족상담사 자격증 취득 후 본인이 희망할 경우 직접 창업하거나 기등록된 결혼중개업체의 종사자(프리랜서)로 활동을 통해 평생 자유업으로 활동할 수 있습니다.

■ 자격정보

자격명	결혼가족상담사
등급명	1, 2급 통합과정
등록번호	제 2023-001628호
자격종류	등록민간자격증
발급기관	사단법인 한국결혼장려운동연합
교육비용	◇ 교육일정 확정시 별도공지
환불규정	◇ 응시료: 접수마감 전까지 100%환불, 검정 당일 취소시 30% 공제후 환불 ◇ 발급비: 자격증 제작 및 발송 이전 취소시 100% 환불되나 이후 취소시 환급불가

■ 자격관리 및 운영(발급) 기관정보

기관명	(사) 한국결혼장려운동연합	대 표 자	오 필 상
연락처	1599-7921	이 메 일	doomool2060@naver.com
소재지	서초구 서초대로 78길42,411호(현대기림)	홈페이지	www.k-marry.org

■ 소비자 알림

상기 '결혼가족상담사' 자격은 자격기본법 규정에 따라 등록한 민간가격증으로 국가로부터 인정받은 공인자격이 아닙니다. 민간자격 등록 및 공인제도에 대한 상세내용은 민간자격정보서비스(www.pqi.or.kr)의 '민간자격 소개'란을 참고하여 주십시오.

지은이

오필상
사단법인 한국결혼장려운동연합 이사장

김선희
현) 사단법인 한국결혼장려운동연합 자문위원
현) 한국기독교 유아교육 연합회 아산지부장
현) (사)한 자녀 더 갖기 운동연합 아산지부장
현) 유아교육기관 운영 (효. 인성교육)
현) 심리상담치료학과 교수
□ 상담심리치료학 박사
■ 저서: 『마음을 바꾸는 몸, 몸을 바꾸는 마음』

김인배
현) 사단법인 한국결혼장려운동연합 총재
현) 인터내셔널 슈퍼퀸 모델협회 회장
현) (사)서울특별시의정회 사무총장
현) (사)세계합기도연맹 부총재
전) 정부 공공기관 감사
전) 서울특별시의회 의원
□ 해병대 장교 전역, 고려대 행정학 석사

박주철
현) 사단법인 한국결혼장려운동연합 고문
현) 한국신중년중앙회 회장
현) 한반도경제교류협동조합 이사장
현) (사)과학키움연합회 사무총장
현) (사)벤처한림회 사무총장
현) ㈜목우 대표이사
현) 코끼리조명 회장

홍유진
현) 사단법인 한국결혼장려운동연합 기획위원
현) (사)연세사회복지회 이사
현) ㈜노블홍 노블레스 결혼정보회사 대표
현) 연세대 행정대학원 총동창회 부회장
현) 매칭전략연구소 대표
□ Ph. D 자연치유학 박사
■ 저서: 『당신에게 연애가 어려운 이유』

국가 소멸 위기의 저출산문제 해결 방안

출산정책 이전에 결혼장려와 한국형 교육개혁이 필요하다

1판 1쇄 발행 2024년 2월 1일
지은이 오필상, 김선희, 김인배, 박주철, 홍유진

펴낸곳 (주)하움출판사   **펴낸이** 문현광
편집 양보람   **마케팅·지원** 김혜지

이메일 haum1000@naver.com   **홈페이지** haum.kr
블로그 blog.naver.com/haum1000   **인스타** @haum1007
연락처 070-4281-7160   **팩스** 062-716-8533
주소 전북 군산시 수송로 315 MJ빌딩 3층 하움출판사

ISBN 979-11-6440-523-7(03330)

좋은 책을 만들겠습니다.
하움출판사는 독자 여러분의 의견에 항상 귀 기울이고 있습니다.
파본은 구입처에서 교환해 드립니다.